Marc Chagall
Das graphische Werk

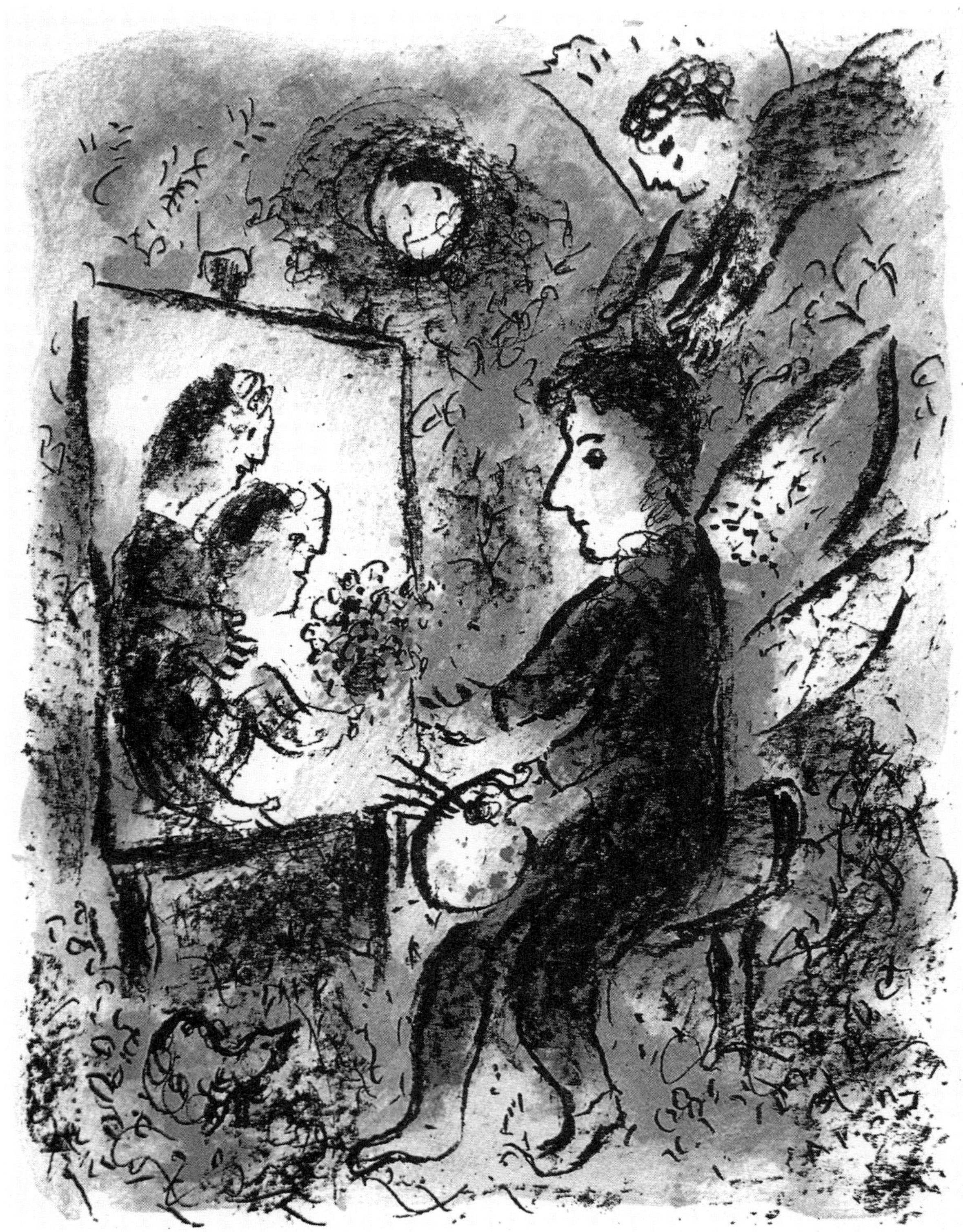

Marc Chagall
Das graphische Werk

Radierungen
Holzschnitte
Lithographien

Belser Verlag
STUTTGART
ZÜRICH

Einbandmotiv: Marc Chagall, Die Liebenden (M.S. 494)
Lithographie aus der Folge „Der Zirkus“, 1962–1966
Frontispiz: Marc Chagall, Der anderen Klarheit entgegen (S. 1050),
vergleiche Abb. 200

CIP-Kurztitelaufnahme der Deutschen Bibliothek
Forestier, Sylvie:
Marc Chagall - das graphische Werk: Radierungen, Holzschn.,
Lithogr. / [Orig.-Text: Sylvie Forestier u. Laurence Sigalas.
Übers. aus d. Franz.: Heigrid Betz]. - Sonderausg. - Stuttgart; Zürich: Belser, 1988
Einheitssacht.: Marc Chagall - l'œuvre gravé <dt.>
ISBN 3-7630-2065-9
NE: Sigalas, Laurence:; Chagall, Marc [III.]; HST

Anschrift: Chr. Belser Verlag, Falkertstraße 73,
D-7000 Stuttgart 1

Die französische Ausgabe dieser Veröffentlichung entstand
anläßlich der Gedächtnisausstellung *Marc Chagall –
L'œuvre gravé,* Nizza, Musée National Message Biblique
Marc Chagall, 4. Juli – 5. Oktober 1987.
Veranstalter: Réunion des musées nationaux,
Bibliothèque Nationale, Association des amis du
Musée National Message Biblique Marc Chagall, Nice
Originaltext: Sylvie Forestier u. Laurence Sigalas
Übersetzung aus dem Französischen: Heigrid Betz
Fotografie: Nationalbibliothek Paris, Nippon Advisart,
Patrick Gérin, Jean-Pierre Lagiewski
Gesetzt aus der Garamont Amsterdam
bei Steffen Hahn, Kornwestheim
Reproduktion: Bussière Arts Graphiques, Paris
Druck: Franz W. Wesel, Baden-Baden
Printed in Germany

Inhalt

Dank

Die Gedächtnisausstellung zum 100. Geburtstag von Marc Chagall im Musée National Message Biblique Marc Chagall in Nizza (Juli-Oktober 1987) kam mit der freundlichen Unterstützung von Frau Valentina Chagall zustande, wofür ihr herzlich gedankt sei, ebenso hat Frau Ida Chagall dieses Vorhaben in dankenswerter Weise gefördert.

Durch das großzügige Entgegenkommen der Nationalbibliothek in Paris konnte diese Ausstellung in sehr großem Umfang verwirklicht werden. Der Generaldirektor der Französischen Nationalbibliothek, André Miquel, Professor am Collège de France, gab die Zustimmung zur Leihgabe von 141 wesentlichen Blättern. Unser Dank gilt ferner den folgenden Persönlichkeiten: Herrn und Frau Alain Mazo, Herrn und Frau Jacques Mourlot, Herrn Jean-Louis Prat.

Behilflich waren ebenso: Frau Laure Beaumont-Maillet, Hauptkonservatorin des Kupferstichkabinetts der Nationalbibliothek, Frau Andrée Pouderoux, Konservatorin an der Nationalbibliothek, wie auch die Gesellschaft der Freunde des Musée National Message Biblique Marc Chagall Zuschüsse gab.

Schließlich sei stellvertretend für zahlreiche ungenannte Helfer Herrn Charles Sorlier für seinen unermüdlichen Einsatz gedankt.

Der Verlag Gerd Hatje in Stuttgart gab die freundliche Genehmigung zum Abdruck der ausgewählten Textpassagen aus der Veröffentlichung: Marc Chagall, Mein Leben, Stuttgart 1959.

Vorwort

Am 28. März 1985 hat Marc Chagall uns verlassen, einer der größten Künstler des 20. Jahrhunderts, der das biblische Alter von fast 100 Jahren erreicht hat.

Er hatte sich in Saint-Paul niedergelassen, in jener französischen Landschaft des Lichtes und der Freiheit, die ihm zur zweiten Heimat geworden war. Er liebte unser Land: das Nationalmuseum der Biblischen Botschaft Marc Chagall in Nizza, das seinen Namen trägt, verdankt seine Existenz der Großzügigkeit des Künstlers und seiner Gattin, Frau Valentina Chagall.

In seinem Museum ehrt der französische Staat diesen großen Künstler. Eine seinem graphischen Werk gewidmete Ausstellung, die in kollegialer Zusammenarbeit zwischen der Nationalbibliothek und den Nationalen Museen zustandekam, bezeugt unseren Dank und unsere Bewunderung.

Angesichts der 200 ausgewählten Exponate, die aus diesem Anlaß ausgestellt wurden, offenbart sich erneut das schöpferische Universum dieses großen Meisters, der uns mit dem seltenen Glück der reinen Anschauung beschenkt.

Olivier Chevrillon
Direktor der Museen Frankreichs

Die Französische Nationalbibliothek trug gerne mit ihren Beständen zu der Ausstellung des graphischen Werkes von Marc Chagall in Nizza bei. Wir verfügen zwar nicht über das gesamte graphische Werk des Künstlers, der sich stets sehr großzügig erwiesen und uns wichtige Werke seiner Kunst zur Verfügung gestellt hat, doch besitzt die Nationalbibliothek z. B. die ersten Radierungen des Künstlers aus seiner Berliner Zeit, wovon nur noch ganz wenige Exemplare vorhanden sind.

Die Nationalbibliothek konnte zum Zeichen des Dankes und der Bewunderung zwei Chagall-Ausstellungen in den Jahren 1956 und 1970 veranstalten, und auf diese Weise zu den Ehrungen für den Künstler beitragen.

Als im Jahr 1987 der hundertste Geburtstag von Marc Chagall anstand, waren wir selbstverständlich bereit, auch zu diesem Anlaß, der im Musée National Message Biblique Marc Chagall festlich begangen wurde, nach Kräften beizutragen. Die Leihgaben der Nationalbibliothek bestehen aus 141 Exponaten, ein weiterer Beweis für die lange und fruchtbare Zusammenarbeit zwischen der Nationalbibliothek und den Nationalmuseen.

André Miquel
Generaldirektor der Französischen Nationalbibliothek

Werden in den Geschichtswerken Kupferstiche verglichen, so zieht man zum Vergleich auch Zeichnungen heran. Daher rührt die weit verbreitete, aber falsche Meinung, von der man sich schwer freimachen kann, daß ein Kupferstich eine gravierte Zeichnung sei. In den Augen des Stechers sind aber seine Stiche genau so von seinen Zeichnungen unterschieden, wie das Genie eines Tizian von den Schauspielen verschieden ist, die er darstellt.

Das gilt genau so für den Liebhaber von Chagall, soweit er nicht Amateur des Kupferstichs ist, und der Unterschied zwischen der imaginären Zeichnung und den Radierungen liegt nicht in dem tiefen Schwarz oder den möglichen Finessen der Radierung, sondern in deren unterschiedlicher Finalität.

André Malraux

Es kommt mir so vor, als hätte mir etwas gefehlt, wenn ich mich, abgesehen von der Farbe, nicht zu einem Zeitpunkt meines Lebens auch mit der Radierung und der Lithographie befaßt hätte. Seit meiner frühen Jugend, als ich mit dem Stift umzugehen begann, habe ich etwas ersehnt, das sich wie ein großer Fluß ausbreiten könne, um selbst entfernte, verlockende Gestade zu erreichen.

Wenn ich einen lithographischen Stein oder eine Kupferplatte vor mir habe, glaube ich, einen Talisman zu berühren. Darauf, so scheint mir, kann ich meine ganze Trauer und meine ganze Freude übertragen... All das, was im Lauf der Jahre mein Leben bewegt hat: Geburten und Tod, Hochzeiten, die Blumen, die Tiere, die Vögel, die armen Arbeiter, die Eltern, die Liebenden in der Nacht, die biblischen Propheten, – auf den Straßen, in den Häusern, im Tempel und im Himmel. Und mit dem Alter die Tragödie des Lebens in uns und um uns.

Marc Chagall

Der Meister

Marc Chagall begann im Jahr 1922 mit der Verwirklichung seines druckgraphischen Werks. Er war 35 Jahre alt und damals bereits international als außergewöhnlicher Künstler bekannt, der in Frankreich und Rußland Bilder gemalt hatte, die zu den Meisterwerken des 20. Jahrhunderts gehören. Er war also kein Anfänger mehr, sondern ein Mann im Vollbesitz der künstlerischen Ausdrucksmittel, als er in Berlin auf Anregung Paul Cassirers mit seinen Radierungen begann, die zur Illustration des autobiographischen Berichts „Mein Leben" bestimmt waren. Es gab Übersetzungsschwierigkeiten, denn diese Biographie war in russischer Sprache verfaßt und ist nie in ihrer ursprünglichen Fassung erschienen.

Die erste Ausgabe der französischen Übersetzung von Bella Chagall kam in Frankreich 1931 bei den Editions Stock heraus, nachdem Cassirer die ersten Radierungen des Malers in Form einer Mappe herausgebracht hatte. Dieser Ausgabe war ein sofortiger Erfolg beschieden, den vermutlich auch Ambroise Vollard kannte, als er sich entschloß, Chagall mit Illustrationsaufgaben zu betrauen.

Im Berlin der Inflationsjahre waren die Lebens- und Arbeitsbedingungen außerordentlich ungünstig und so ist es kein Wunder, daß Marc Chagall sich nicht lange bitten ließ, als ihm sein Jugendfreund, der Dichter Blaise Cendrars, aus Paris schrieb: „Komm zurück, Du bist hier berühmt und Vollard erwartet Dich!" Er beantragte ein Visum und traf am 1. September 1923 in Begleitung seiner Frau und der Tochter in Paris ein.

Ambroise Vollard, Jahrgang 1868, hatte ein ungewöhnlich sicheres Gespür für Talente und war im unfehlbaren Kunsturteil seinen Zeitgenossen um mindestens 50 Jahre voraus. Bereits 1895 hatte er einen Skandal riskiert, als er in seiner Pariser Galerie in der Rue Laffitte die ersten Ausstellungen von Cézanne und van Gogh veranstaltete. 1901 hatte er seine Wände einem völlig unbekannten spanischen Maler von 20 Jahren zur Verfügung gestellt, Pablo Ruiz, der bald unter dem Namen Picasso Weltruhm erlangen sollte.

Vollard hatte die Idee, begabten Künstlern, die oft keine routinierten Graphiker waren, Aufträge für Illustrationen und Künstlergraphik zu erteilen. Er mißtraute den anerkannten „peintres-graveurs" und ihrer professionellen Routine, da bei ihnen die Kunstfertigkeit meist das Schöpferische überwiegt. Auf seine Weise veranlaßte Vollard als Händler und Vermittler, daß Cézanne, Renoir, Redon, Toulouse-Lautrec, Vuillard, Sisley, Bonnard graphische Blätter schufen, die zu den unbestrittenen Meisterwerken moderner Druckgraphik gehören. Vollard brachte berühmte Editionen heraus von Künstlern wie Picasso, Braque, Rouault, Chagall und nahm es gelassen in Kauf, daß er dafür zu seiner Zeit oft mehr unverständige Kritik als Zustimmung zu hören bekam.

Seit der ersten Begegnung schlug Vollard seinem neuen Schützling Chagall vor, er solle ein Werk mit Radierungen illustrieren. Chagall entschloß sich zu den „Toten Seelen" von Nicolai Gogol, ein russisches Thema, das seiner Erfahrung und Neigung sehr entgegenkam. In den Jahren 1924 bis 1925 setzte er sich leidenschaftlich mit diesem Stoff auseinander, um 118 Radierungen zu dem Buch zu schaffen, davon 96 selbständige Blätter, 11 Randzeichnungen, 11 Vignetten; die letzteren entfielen in der endgültigen Fassung.

1925 wandte sich Chagall im Anschluß an die „Toten Seelen" den „Fabeln" von La Fontaine zu. Es gab allerdings Kritiker, die diesen Versuch beargwöhnten: es gehe nicht an, daß „die Dichtung eines so klaren französischen Meisters" durch „die Schattenbilder eines Fremdlings verdunkelt" würden.

Kaum war die letzte der 100 Illustrationen zu den „Fabeln" vollendet, drängte Vollard auf die Illustrationen zur „Bibel". Chagall nahm diese künstlerische Herausforderung an, er reiste zu Studien nach Palästina und wandte sich einer Folge vorbereitender Gouachen zu, worauf er mit den 105 Illustrationen zur Bibel begann. 1939 beim plötzlichen Tode Vollards lagen erst 66 dieser Blätter fertig vor.

Beim Ausbruch des 2. Weltkrieges, als die

Juden von der Naziverfolgung bedroht waren, beschloß Marc Chagall mit seiner Familie in die Vereinigten Staaten überzusiedeln, um der drohenden Vernichtung zu entgehen. Ein Jahrzehnt lang verbrachte er dort. Die 39 verbleibenden Illustrationen zur Bibel nahm er nach seiner Rückkehr nach Frankreich im Jahr 1952 wieder auf, um sie bis 1956 zu vollenden.

Während der Jahre im amerikanischen Exil fehlten Chagall die spezialisierten Werkstätten für meisterliche Druckgraphik, daher mußte er sich von dieser Kunst völlig fernhalten. Vollard hatte mit größerer Intensität die Verwirklichung der von ihm angeregten graphischen Meisterwerke verfolgt, als deren unmittelbaren Verkauf. So kam es, daß die Auflagen der „Toten Seelen", der „Fabeln" und der „Illustrationen zur Bibel" aus der Zeit vor 1939 in versiegelten Paketen wohlverwahrt auf ihre Stunde warteten. Der findige Verleger Tériade konnte dann diesen Schatz von den Erben Vollards günstig erwerben und in drei vielbewunderten Bänden während der 50er Jahre herausbringen, als die Bereitschaft zur Aufnahme solcher Werke ungleich größer war als vor dem Kriege.

Der nach Frankreich zurückgekehrte Chagall traf in Paris mit Fernand Mourlot zusammen, bei dem er die Technik der Lithographie für sich entdeckte, in der er bald zu den großen Meistern gehören sollte. Wollen wir den Platz Chagalls im Bereich der Lithographie gerecht würdigen, so ist ein kurzer Überblick dieser Kunst sicher nützlich:

Der *Steindruck,* die *Lithographie,* die Aloys Senefelder im Jahr 1796 erfand, gibt dem Künstler die Möglichkeit, mit Hilfe von fettiger Spezialtinte und Kreiden auf die Oberfläche einer porösen Kalkschieferplatte zu zeichnen. Der Stein mit der fertigen Zeichnung wird dann einer ätzenden Säure ausgesetzt. Dieses Verfahren erlaubt, nur die mit der Zeichnung versehenen Partien der Druckplatte mit der Druckfarbe einzufärben. Wird ein Papierbogen mittels der Handpresse auf die Druckplatte aufgebracht, so ergibt sich ein seitenverkehrter Abdruck der Zeichnung. Die jeweils kleinen lithographischen Auflagen werden üblicherweise vom Künstler selbst numeriert und signiert.

In neuerer Zeit hat sich an Stelle der Kalkschieferplatten der Zinkplattendruck, die *Zinkographie,* durchgesetzt, die technische Vorteile hat. Grundsätzlich ist jedoch dieses Verfahren und sein Ergebnis mit der Lithographie verwandt.

Seit 1812 widmete sich in Frankreich Philibert de Lasteyrie du Saillant dieser Technik. Er gründete 1816 in Paris die erste lithographische Druckerei. Goya hat, als einer der ersten großen Meister, 1825 in Bordeaux vier lithographische Blätter zur „Tauromachie" ausgeführt.

In den 30er Jahren des 19. Jahrhunderts unternahmen zahlreiche Künstler Versuche mit dieser neuen graphischen Drucktechnik: Géricault, Ingres, Delacroix. Daumier allerdings war derjenige, der in der Lithographie sein eigentliches Medium fand und so bedeutende Blätter wie „La rue Transnonain" oder „Le Ventre Législatif" (1834) hervorbrachte.

Im Jahr 1837 beantragte der Drucker Engelmann in Mühlhausen/Elsaß ein Patent für sein Verfahren der „Imprimerie lithocolore", einer Farblithographie zur Imitation von Malerei. Dieser Prozeß ist mit der monochromen Lithographie verwandt, der Künstler kann jedoch durch Überlagerung von unterschiedlichen Farben Wirkungen erreichen, die einem gemalten Bild nahekommen. Der wendige Jules Chéret vervollkommnete 20 Jahre später dieses Verfahren, als er 1858 sein erstes mehrfarbiges Plakat „Orpheus in der Unterwelt" herausbrachte. 16 Jahre später trat Manet (1874) mit seinem „Polichinelle" hervor. Die Impressionisten, mit ein paar Ausnahmen bei Renoir, Degas und Pissaro vernachlässigten die Lithographie. Die Liebhaber der Druckgraphik hatten damals größeres Interesse für minuziöse Radierungen im Stil des 18. Jahrhunderts, die penibel von Hand koloriert wurden.

Nicht einmal die „Pferderennen" von

Manet oder die Traumvisionen eines Odilon Redon fanden beim Publikum Beachtung. Bonnard wiederum brachte unter dem Einfluß von Chéret, der als Plakatkünstler Erfolg hatte, sein erstes farbiges Plakat „France-Champagne“ 1889 heraus. Im Gegensatz zur herkömmlichen Meinung war es Bonnard, der Toulouse-Lautrec die Anregung zur Lithographie gegeben hat, in der jener höchste Vollendung erreichte. Er brachte ihn mit seinem Drucker Ancourt zusammen, in dessen Atelier Lautrec seine berühmte Lithographie „Moulin Rouge“ (1891) fertigte; ebenso hat Vuillard eine Reihe vortrefflicher Farblithographien hervorgebracht.

Diese drei großen Künstler – Bonnard, Lautrec, Vuillard – stehen am Anfang der modernen Farblithographie. Der geistreiche Claude Roger-Marx hat über sie geschrieben: „‚Elles‘ von Toulouse-Lautrec, die ‚Landschaften‘ von Vuillard sowie ‚Einige Aspekte des Lebens von Paris‘ von Bonnard stellen die subtilste Kammermusik dar, die sich mit vier bis sechs Farbplatten orchestrieren läßt.“ Mit Chagall lassen wir das Quartett und das Sextett hinter uns, um zur Symphonie fortzuschreiten. Wir nähern uns einem der virtuosesten Meister der Kunst, der mit gleicher Sicherheit Malerei, Keramik, Skulptur, Mosaik, Glasmalerei wie die Graphik meisterte.

Wir dürfen uns keiner Täuschung darüber hingeben, daß Chagall niemals improvisierte, sondern daß alle seine Arbeiten das Ergebnis langer und intensiver Bemühung sind. Er unterzog sich nämlich langen Studien und Versuchen in den Ateliers von Spezialisten, um in die Geheimnisse der verschiedenen Materialien und Techniken einzudringen, sei es Email, Marmor, Glas, Kupfer oder Stein.

Seine ersten Lithographien, genau 35, sind in den Jahren 1922–1923 in Berlin entstanden. 1946 schuf Chagall, als Emigrant in Amerika, auf Anregung von Jacques Schiffrin die Illustrationen zu „1001 Nacht“. Die 13 Blätter dieses Albums stehen am Beginn seiner Farblithographie. Diese Illustrationen entstanden jeweils in sechs bis acht Druckgängen und wurden praktisch ausschließlich mit der Kreide gezeichnet; der Künstler experimentierte noch, doch nahm seine Meisterung der Farbe auch in diesem Medium zusehends zu.

Nach Paris zurückgekehrt, trat Chagall in Verbindung mit dem bekannten Drucker Fernand Mourlot, dem die Wiederbelebung der Lithographie nach dem Kriege großenteils zu verdanken ist. Zwischen 1950 und 1952 kam Chagall häufig in das alte Atelier in der Rue de Chabrol, nicht wie ein berühmter Meister, sondern mit der Bescheidenheit des lernbegierigen Anfängers. Aufmerksam lernte er von bewährten Fachleuten, wie seinem Drukker Sagourin, um alle die Kniffe und Feinheiten des Metiers genau kennenzulernen. Einige seiner Etuden wurden nur in wenigen Exemplaren abgezogen, viele wurden vernichtet, denn Chagall wollte weniger seine Fertigkeit auf dem Gebiet der Lithographie unter Beweis stellen, als die Technik umfassend meistern lernen.

Die lithographische Produktion Marc Chagalls erinnert mich an die eindrucksvoll gleichmäßige Widder-Allee des Amuntempels im ägyptischen Karnak, wo wir von Schritt zu Schritt wieder einem neuen Meisterwerk begegnen. Der vollständige Katalog der Lithographien umfaßt exakt 1500 Exemplare, wobei die letzte Arbeit „Vers l'autre clarté“ ist, ein Titel, den ich diesem Blatt geben durfte, nachdem Chagall mir sein „Gut zum Druck“ am Morgen des 28. März 1985, am Tage seines plötzlichen Hinscheidens, erteilt hat.

Der meisterliche Weg von Chagalls Lithographien ist von prachtvollen bibliophilen Werken gesäumt: „Der Zirkus“, „Der Exodus“, „Die Odyssee“, „Der Sturm“, „Daphnis und Chloë“, einem absoluten Höhepunkt farbiger Graphik. Dieses Buch im Format 42 x 32 cm hat Chagall in den Jahren 1957–1961 realisiert. Es enthält 42 selbständige Illustrationen, davon 16 Doppelseiten. Jede dieser Lithographien hat 20 bis 25 Farben, woraus sich die enorme Arbeitsleistung des Künstlers ermessen läßt, der dafür ein paar Tausend Zeichnungen anfertigen mußte, abgesehen von den unzähligen Entwürfen, mit denen er nicht zufrieden war und daher verwarf. Diese Arbeitsintensität Chagalls bei der Aneignung eines neuen Mediums bis zur vollkommenen Meisterung stellt ein bewundernswertes künstlerisches Phänomen dar.

Für Chagall war die Lithographie nicht irgendein Mittel zur Vervielfältigung seiner Arbeiten, sondern eine in sich notwendige Schöpfung, ohne Alternativen. Der Künstler gab sich nicht mit Vorentwürfen ab (mit Ausnahme solcher Illustrationen, die möglichst genau einem vorgegebenen Text entsprechen sollten). Es war ihm um die kreative Ursprünglichkeit des ersten Wurfes zu tun. Man darf sich angesichts der scheinbaren Mühelosigkeit dieser Arbeiten keiner Täuschung über die tatsächliche Intensität der Konzeption hingeben.

Bevor ein Blatt seine endgültige Fassung erreichte, mußten oft Wochen und Monate vergehen. Über der ersten Fassung meditierte Chagall lange, und er war erst bereit, sein endgültiges „Gut zum Druck" nach einer Zeit der Reifung, des Nachdenkens, der Wiederbetrachtung und der Bewährung zu geben.

Chagall gab den jungen Malern den Rat:

„Man muß arbeiten, fortwährend arbeiten, nachdenken, wiedervornehmen. Dem Ideal kommen wir nicht ohne immense Arbeit näher. Man muß sich hundertprozentig einsetzen. Wenn ihr nur 90 Prozent daranrückt, habt ihr entweder nicht genug Leidenschaft oder nicht genügend Talent. Man muß bis zum Ende arbeiten, absolut, nicht um des Geldes willen, sondern der Qualität der Arbeit zuliebe. Diese Qualität gibt dem Leben Sinn."

Bemerkenswert ist an Chagall entschieden die bedingungslose Treue zu sich selbst, zu den ihm vertrauten Themen, zu seinen Ursprüngen. Sein Genie war es, uns diese Ursprünge in einer neuen Weise sichtbar zu machen, so als würden wir sie zum erstenmal sehen, denn alles, was er uns zeigt, ist verschieden von unserer herkömmlichen Erwartung. Chagall besaß die Gnade, jeden Morgen wieder neu zu beginnen. Jeder Tag war für ihn wieder ein Erster Tag, die Blüte, die er sah die strahlendste, die Frucht die süßeste, und die Frau die schönste. Es war eine wunderbare Bereicherung und Lehre mitzuerleben, wie er selbst täglich die Größe und Schönheit der Schöpfung neu entdeckte.

Chagall, der Meister, übermittelt uns durch sein Werk die Botschaft der Freude, der Liebe, der Hoffnung.

Charles Sorlier

Zu Marc Chagalls graphischem Werk

„Ich bin sicher, daß Rembrandt mich liebt!" schrieb Chagall am Ende seiner Autobiographie „Mein Leben", ein Schlüssel zum Innern des Künstlers und zur komplexen kreativen und spirituellen Affinität zwischen dem Kind aus Witebsk und dem großen holländischen Meister, die seit 1922 nachweisbar ist. In jenem Jahr realisierte Chagall in Berlin seine erste Radierung. Er war 35 Jahre alt und ein fertiges Œuvre lag bereits hinter ihm; Rußland, das er im Jahre 1914 noch einmal aufgesucht hatte, mußte er nun endgültig verlassen. „Komm wieder nach Europa, Du bist hier berühmt!" hatte ihn sein Freund, der Dichter Rubiner wissen lassen. Die Desillusionierung, die Chagall in Rußland durchgemacht hatte, vor allem der harte Konflikt mit Malewitsch wie ebenso die ungeheuren Schwierigkeiten des täglichen Lebens hatten den Künstler tief getroffen. Er war zerrissen und der Abschied war unausweichlich.

Im Sommer 1922 ließ Chagall die Heimat hinter sich, im Gepäck den Rückblick „Mein Leben". Er verließ Rußlands schweren Boden, aus dem sein Werk so viel Kraft gezogen hatte. Chagall, dem seine Frau Bella mit der Tochter Ida bald folgte, ging nach Berlin „einer wahren Karawanserei, wo sich alle diejenigen begegneten, die zwischen Moskau und dem Okzident hin- und herzogen", erinnert er sich. Hier gab es eine umfangreiche Kolonie von Künstlern aller Nationalitäten, darunter Maler wie George Grosz, Bildhauer wie Archipenko, hier herrschte das Fieber einer ruhelosen Epoche. Frida Rubiner, die Frau des Dichters, übersetzte die erste dem Künstler gewidmete Monographie von Efross und Tugendhold.

Chagall kam in ein Milieu, in dem man seine Arbeiten bereits kannte und schätzte. Doch war Paul Cassirer die neue Erweiterung seines Schaffens zu verdanken. Cassirer beabsichtigte, „Mein Leben" in einer von Chagall selbst zu illustrierenden Fassung herauszubringen. Für den Künstler war das der Anlaß, sich mit der ihm neuen Technik der Radierung auseinanderzusetzen. Hermann Struck war der handwerkliche Vermittler, und es ist mehr als ein Zufall, daß sich diese Entwicklung in Deutschland vollzog, dem klassischen Land der graphischen Künste.

Eine erste Mappe mit 20 Radierungen entstand. Chagall erwies eine erstaunliche Meisterschaft. Um so überraschender bei einem Künstler, der bisher an die flüssige Pinselschrift gewöhnt war und der nun mit der harten Präzision einer für ihn neuen Technik scheinbar mühelos umging, so daß man ihn bald als „Meisterstecher" bezeichnen konnte. Er erkannte: „Die gezeichnete und die gravierte Linie sind grundsätzlich verschieden." Die Kupferplatte setzt in der Tat dem schöpferischen Impuls Widerstand entgegen. Das Werk geht aus der Materie selbst hervor. Mit einmaliger Entscheidung und ohne Korrekturmöglichkeit ritzt der Kupferstecher das Bild in die Platte, daß es erst beim Abdruck auf dem weißen Papier seinen Charakter enthüllt.

Chagall eroberte eine ihm neue Welt gestalterischer Möglichkeiten. Dieser Maler, der bereits für den farbigen Reichtum seiner Palette bekannt war, erwies sich als ebenbürtiger Meister auf dem Gebiet von Schwarz und Weiß, als Könner der Graphik von hohen Graden und legitimer Nachfahr Rembrandts.

Das geplante Projekt, die illustrierte Ausgabe von „Mein Leben" ließ sich nicht realisieren. Schon die Übersetzung dieses ehrlichen Textes mit seinem spezifischen Humor und seiner latenten Melancholie bereitete Schwierigkeiten. Daher sah sich Cassirer veranlaßt, 1923 das Album mit den 26 ersten Radierungen und Kaltnadelarbeiten zu „Mein Leben" separat herauszubringen, während die französische Textübersetzung von Bella Chagall bekanntlich erst 1931 in Paris herauskam.

In Berlin entdeckte Chagall außer der Radierung auch die Lithographie und den Holzschnitt bei Budko. Im Hinblick auf den Holzschnitt ist die Feststellung aufschlußreich, daß Chagall in seiner Berliner Zeit ein traditionelles Verfahren der russischen Volkskunst wiederbelebt hat, dessen Beispiele ihm seit langem vertraut waren. Der „Lubok" genannte russische Holzschnitt mit seinen kräftigen

Umrissen und der naiven Farbgebung gab der Phantasie des Künstlers neue Nahrung. Einige Holzschnitte steuerte er auch für „Mein Leben" bei. Weit später, 1968, als die illustrierte Ausgabe seiner Gedichte bei Gérald Cramer herauskam, entwarf Chagall wiederum Holzschnitte.

Die Arbeit für Cassirer sollte sich als Beginn einer folgenreichen neuen Entwicklung erweisen. Als Chagall sich im Herbst 1923 in Paris niederließ, gebot er über ein reiches Repertoire technischer Kenntnisse, Radierung, Kaltnadel, Aquatinta. Bis zum 2. Weltkrieg bevorzugte er als Graphiker diese Techniken. Die Meisterleistungen der späten Jahre fanden in den großen Aufträgen Vollards ihr entscheidendes Vorspiel. Drei umfangreiche Meisterwerke sind der Anregung dieses bedeutenden Kunsthändlers und Verlegers zu verdanken: die Illustrationen der „Toten Seelen" von Gogol, die der „Fabeln" von La Fontaine, schließlich die Bibelillustrationen zum „Alten Testament".

Die „Toten Seelen" entstanden zwischen 1923 und 1927, 96 Blätter Radierungen und Kaltnadelarbeit, in denen mit Humor, Mitgefühl und aus eigenem Erleben die Welt jenes ländlichen Rußland unvergeßlich beschworen wird, die Marc Chagall aus seiner Jugend vertraut war. Jacques Lassaigne hielt fest, daß es sich um die einzigartig glaubwürdige optische Aufzeichnung jenes unwiederbringlich verlorenen Rußland handle. Darüber hinaus entstand durch das Können Chagalls eine unvergleichliche Galerie menschlicher Typen und Charaktere. Es ergab sich eine seltsame Übereinstimmung zwischen dem Text Gogols und Chagalls Illustrationen, die zur Deckungsgleichheit führte. Realistisch im Detail, übertrifft Chagall doch jeglichen Naturalismus. Mit künstlerischer Freiheit setzt er die Erzählung um und vereinfacht er sie: Schwarz und Weiß gliedern den Raum, beleben die Szenen und vermitteln den poetischen Atem.

Vollard war von dem Ergebnis begeistert, das als Buch allerdings erst nach dem Krieg, 1948, von Tériade herausgebracht wurde. Ein weiteres Mal erwies Vollard seinen untrüglichen Instinkt für Qualität, indem er Chagall mit dieser Aufgabe betraute, an der er sich als bedeutender Meister der Graphik unserer Zeit erweisen konnte. Dann drängte es ihn, Chagall einen ganz anderen Auftrag zu erteilen, die Illustrationen zu den „Fabeln" von La Fontaine. Chagalls Wesen war der Poesie eines Jean de La Fontaine ganz entgegengesetzt, jener Quintessenz des französischen Geistes, die von Maß, Geschmack, Distanziertheit und leichter Ironie erfüllt ist. Diese Dichtung galt allgemein als Inbegriff französischer Geistigkeit und nationales Kulturgut. Kein Wunder, daß Vollards Bevorzugung des zugewanderten Illustrators herbe Kritik hervorrief, die bis zu Anfragen im Parlament führte. Vollard bezog selbstbewußt Stellung und wir bewundern noch immer seine souveräne Argumentation: „Es gibt so viel spezifisch Östliches in den Quellen eines Äsop und der indischen, persischen, arabischen oder chinesischen Erzähler, daß ich meine, eine angemessene Umsetzung solcher Fabeln könne am besten von einem Künstler vorgenommen werden, der durch seinen eigenen Ursprung mit jenem märchenhaften Orient vertraut ist... Wenn man mich fragt, warum gerade Chagall, werde ich antworten, weil seine Ästhetik mit der La Fontaines ganz verwandt erscheint, zugleich unbefangen und subtil, realistisch und phantastisch."

Chagall machte sich eifrig an die Arbeit, die er mit der geistigen Freiheit des 18. Jahrhunderts zu vollenden gedachte. Die Farbe schien ihm für diese Aufgabe wesentlich, daher nahm er zur Vorbereitung eine Serie von Gouachen in Angriff. Die farbige Vision ging in diesem Fall der Umsetzung in Schwarz und Weiß voraus. Darüber hinaus träumte Chagall, im Gegensatz zu den „Toten Seelen" von farbigen Illustrationen. Die Entdeckung der stimmungsvollen französischen Landschaft, wie er sie in der Provence, in der Auvergne und am Lac Chambon kennengelernt hatte, überzeugte ihn von der Notwendigkeit der Gegenwart der Naturelemente. Blumen, Bäume, Tiere sollten den Geist bekunden, der alles Leben gemeinsam durchdringt. Die Gouachen, die Chagall 1926 am Lac Chambon in der Auvergne schuf, künden von dieser Vision. Chagall zeichnete direkt mit dem Pinsel, der seiner Intuition unmittelbar Ausdruck gab, mit nervigen Farbstrichen und Schwüngen, die wie Franz Meyer interpretiert: „Ebensogut das unaufhaltsame pflanzliche Wachstum, wie die große ruhige Kraft der Tiere" wiedergeben.

Die Illustrationen zu den „Fabeln" entstanden zwischen 1927 und 1930. Die Schwierigkeiten der Farbwiedergabe bei der graphischen Arbeit veranlaßte Chagall, die Kupferplatten malerischer als bei den „Toten Seelen" zu behandeln. Er brachte hier mehrere Verfahren gleichzeitig zur Anwendung, Radierung, Auftrag von Lack, Retuschen, Abstufung und Halbtöne, Arbeit mit Kaltnadel und spitzem Stichel. Auf diese Weise gelangen ihm Umsetzungen der Farbe mittels plastischer Werte durch strahlendes Weiß, tiefes Schwarz, subtile Grautöne und gleitende Übergänge in allen Nuancen des Hell-Dunkel.

Die letzte der 100 Radierungen zu diesem Buch wurde 1931 fertiggestellt, doch auch diesmal verzichtete Vollard auf die Veröffentlichung. Wie die „Toten Seelen" brachte Tériade das Buch erst nach dem Krieg 1952 heraus. Kaum waren die „Fabeln" vollendet, vertraute Vollard dem Meister ein drittes Werk an, die Illustrationen zur „Bibel". Es handelt sich um 105 Radierungen, Meisterwerke der graphischen Kunst, die wie die „Toten Seelen" durch eine Folge bezaubernder Gouachen präludiert wurden. Die unmittelbare Anregung zog der Künstler aus dem Erlebnis der biblischen Landschaft Palästinas.

Als ihn der Krieg überraschte, begab sich Chagall 1941 auf Drängen seiner Tochter Ida in die Vereinigten Staaten. In New York herrschte eine ähnlich fieberhafte Stimmung wie im Berlin der Zwanzigerjahre. Hier trafen sich Vertriebene aus allen Ländern, darunter Max Ernst, André Breton, André Masson, Jacques und Raissa Maritain, mit denen Chagall befreundet war sowie Pierre Matisse, der Sohn des Malers, der sich als Organisator von Ausstellungen bewährte.

Chagall lernte zudem Stanley William (Bill) Hayter kennen, der auf graphischem Gebiet vielseitig experimentierte. Chagall konnte in dem berühmten *Atelier 17* arbeiten und zwischen 1943 und 1945 einige Radierungen fertigstellen.

Vor allem aber die *Lithographie* zog seine Aufmerksamkeit auf sich. Sie sollte für ihn zu einem bevorzugten Ausdrucksmittel werden. Wenn zwischen 1922 und 1945 die *Radierung* einen wesentlichen Teil seines Schaffens ausmachte, wurde seit dem Ende des Zweiten Weltkrieges die *Lithographie* zu dem bevorzugten Medium seiner Botschaft, die dadurch in aller Welt Beachtung fand.

Chagalls Begegnung im Jahr 1950 mit führenden Könnern dieser Kunst, Fernand Mourlot, Georges Sagourin und Charles Sorlier, der ihn bis in die letzten Tage getreulich begleitete, stand am Beginn einer entscheidenden neuen Schaffensphase. Die Lithographie wurde Dank dem Genie von Marc Chagall zur hohen Kunst und vermittelte der Geschichte der Druckgraphik neue Höhepunkte.

Marc Chagalls lithographisches Werk gehört zum bedeutendsten seiner Art im 20. Jahrhundert. Es umfaßt bewundernswürdige illustrierte Bücher wie die Illustrationen zur *Bibel, Daphnis und Chloë,* den *Zirkus, Im Land der Götter,* die *Odyssee,* den *Sturm,* womit große Verleger wie Tériade und Aimé Maeght Ehre eingelegt haben. Ebenso gehören die selbständigen Lithographien dazu, die Chagall als Maler und Meister der Farbe, Formgestalter und Dichter gemacht hat.

Marc Chagalls Botschaft, eine Botschaft des Friedens und der Liebe, hat vorwiegend durch sein graphisches Werk weite Verbreitung gefunden. Sein Licht der Freiheit hat den Kreis farbiger Glut und schöpferischer Gestaltung erleuchtet (Max Ernst). Chagall, der Dichter und Prophet an den Stufen des Lichts.

Sylvie Forestier

Katalog

Auf die Titel der abgebildeten Werke folgen in Klammern Buchstaben und Zahlen. Es handelt sich dabei um Hinweise auf die folgenden Katalogveröffentlichungen:

Für die Radierungen
Kornfeld, E.W., *Marc Chagall - Catalogue raisonné des graphischen Werkes.* Band I, 1922–1966,
Kornfeld u. Klipstein, Bern 1971
Sorlier, Charles, *Marc Chagall et Ambroise Vollard.* Galerie Matignon, Paris 1981

Für die Lithographien
Mourlot, F. und C. Sorlier, *Chagall Lithographe,* Bd. I–VI, 1922–1985. Mit Vorworten von J. Cain (Bd. I, II, III 1922–1957, 1957–1962, 1962–1968; R. Marteau (Bd. V 1974–1979); R. Passeron (Bd. VI 1980–1985). Ed. A. Sauret, Paris - Monte Carlo 1958–1986

Die *Maße* sind in Zentimetern angegeben, Höhe vor Breite.

Berlin
1922–1923

In Berlin traf Chagall mit dem Kunsthändler und Verleger Paul Cassirer und dessen Mitarbeiter Walter Feilchenfeld zusammen. Ihnen gefiel der Text von „Mein Leben" und sie waren bereit, ihn mit Radierungen des Künstlers herauszubringen. Auf ihre Anregung arbeitete Chagall mit dem Kupferstecher Hermann Struck zusammen, in dessen Atelier er sich rasch mit der Technik der Radierung und Kaltnadelarbeit vertraut machte.

„Mein Leben" kam dann aber erst 1931 in Paris heraus. Der eindringliche Text verrät die dichterische Ausdruckskraft des Künstlers, die später auch in seinen Gedichten hervortrat. Die spezifische Welt der jüdisch-russischen Kindheit Chagalls offenbart sich hier und gewinnt in den Radierungen Chagalls anschauliche Gegenwärtigkeit. Die künstlerischen Ausdrucksmittel entsprechen der poetischen Dichte, und die verbale Metapher verschmilzt mit der visuellen Metapher.

Traumwandlerische Sicherheit und vertrauensvoller Freimut zeichnen diesen Lebensbericht der frühen Entwicklung des Künstlers aus. Aus der Einheit von Worten und Bildern ersteht das bezaubernde Universum einer schöpferischen Selbstverwirklichung.

Zur gleichen Zeit wie die Radierung, die Chagall sehr rasch zu meistern lernte, entdeckte er den Holzschnitt für sich. Ebenso befaßte er sich intensiv mit seinen ersten Schwarz-weiß-Lithographien.

Mein Leben

11 Radierungen und Kaltnadelarbeiten für die Autobiographie von Marc Chagall *Mein Leben,* die er seit 1915 in Rußland in russischer Sprache verfaßt und 1922 fertiggestellt hat.

Der prominente Berliner Kunsthändler Paul Cassirer gab damals dem Künstler den Auftrag zu den Illustrationen.

Die Folge umfaßt 20 Blätter sowie sechs zusätzliche Blätter und kam 1928 in Berlin in einer „Editon de luxe“ von 110 Exemplaren heraus.

Die französische Fassung, „Ma Vie“, in der Übersetzung von Chagalls Frau Bella mit einem Vorwort von André Salmon erschien 1931 bei Stock.

1959 brachte der Verlag Gerd Hatje in Stuttgart in einer revidierten Fassung „Marc Chagall – Mein Leben“ in der deutschen Übersetzung von Lothar Klünner heraus. Ihr lag der 1957 bei Stock erschienene französische Neudruck zugrunde. Die im folgenden den Radierungen von Marc Chagall gegenübergestellten Textpassagen wurden mit freundlicher Genehmigung der genannten Veröffentlichung *Marc Chagall – Mein Leben,* Stuttgart 1959, entnommen.

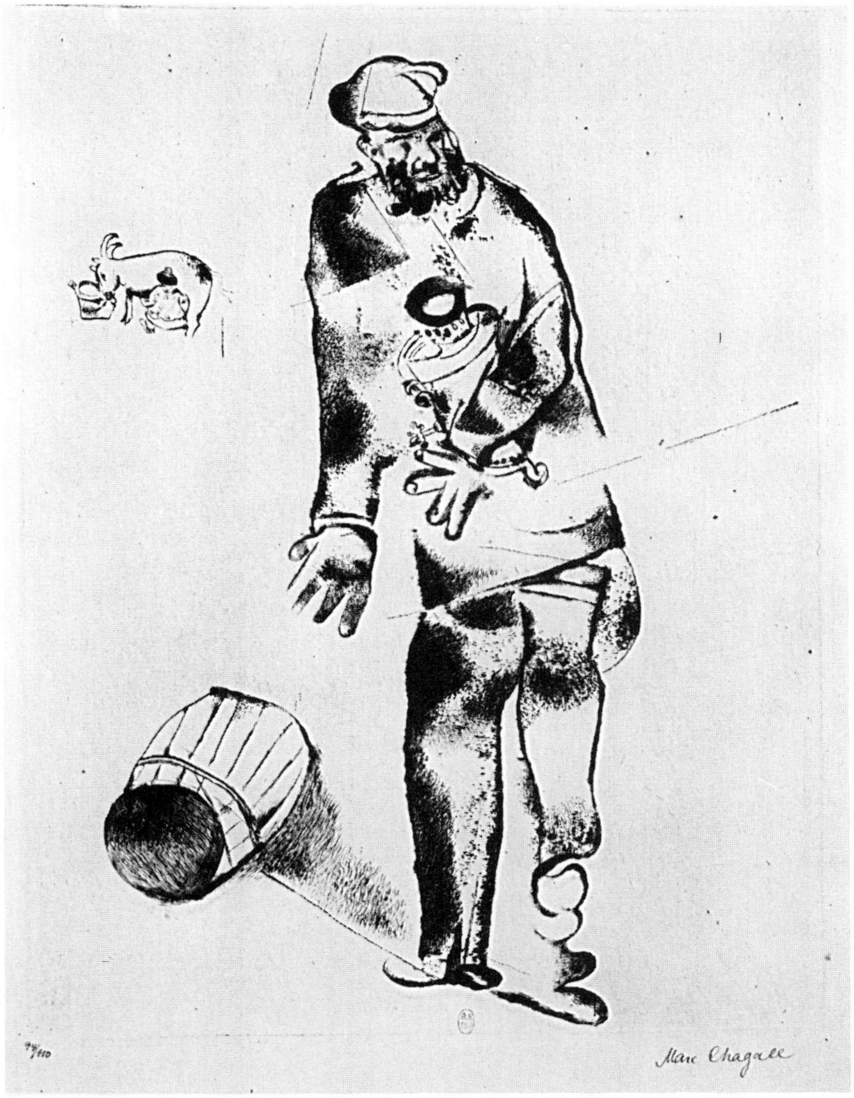

1. Der Vater

(K. 1)
Radierung und Kaltnadel
27,8 x 21,8 cm
1922
Paris, Nationalbibliothek, Kupferstichkabinett

Die Kleider meines Vaters glänzten manchmal vor Heringslake. Darüber fielen Lichtreflexe, von oben, von den Seiten. Nur von seinem Gesicht ging von Zeit zu Zeit ein schwaches Lächeln aus. Was für ein Lächeln? Woher kam es?

Es wehte von der Straße her, auf der dunkle Gestalten herumschlichen, im Mondlicht schimmernd. Dann sah ich plötzlich seine Zähne aufleuchten. Ich dachte dabei an Katzen- und Kuhzähne oder etwas Ähnliches.

Alles schien mir Rätsel und Traurigkeit an meinem Vater. Unzugängliches Bild. Er war immer müde, sorgenvoll, nur seine Augen hatten einen milden Glanz von grauem Blau.

In seinen von der Arbeit fettigen und salzigen Kleidern mit den weiten Taschen, aus denen er ein trübrotes Taschentuch hervorzog, kam er wieder nach Haus, groß und mager. Mit ihm trat der Abend ein.

Aus seinen Taschen zog er einen Haufen Kuchen und gefrorene Birnen. Mit seiner runzligen, braunen Hand verteilte er sie unter uns Kinder. Sie zergingen im Mund mit mehr Genuß, saftiger und glasiger, als wenn sie aus der Schüssel vom Tisch gekommen wären.

Und ein Abend ohne Kuchen und ohne Birnen aus Papas Taschen war für uns ein trauriger Abend.

Nur mir war es vertraut, dieses Herz des Volkes, stumpf von Schweigen und voller Poesie.

2. Mutter und Sohn
(K. 2)
Radierung und Kaltnadel
27,8 x 21,8 cm
1922
Paris, Nationalbibliothek,
Kupferstichkabinett

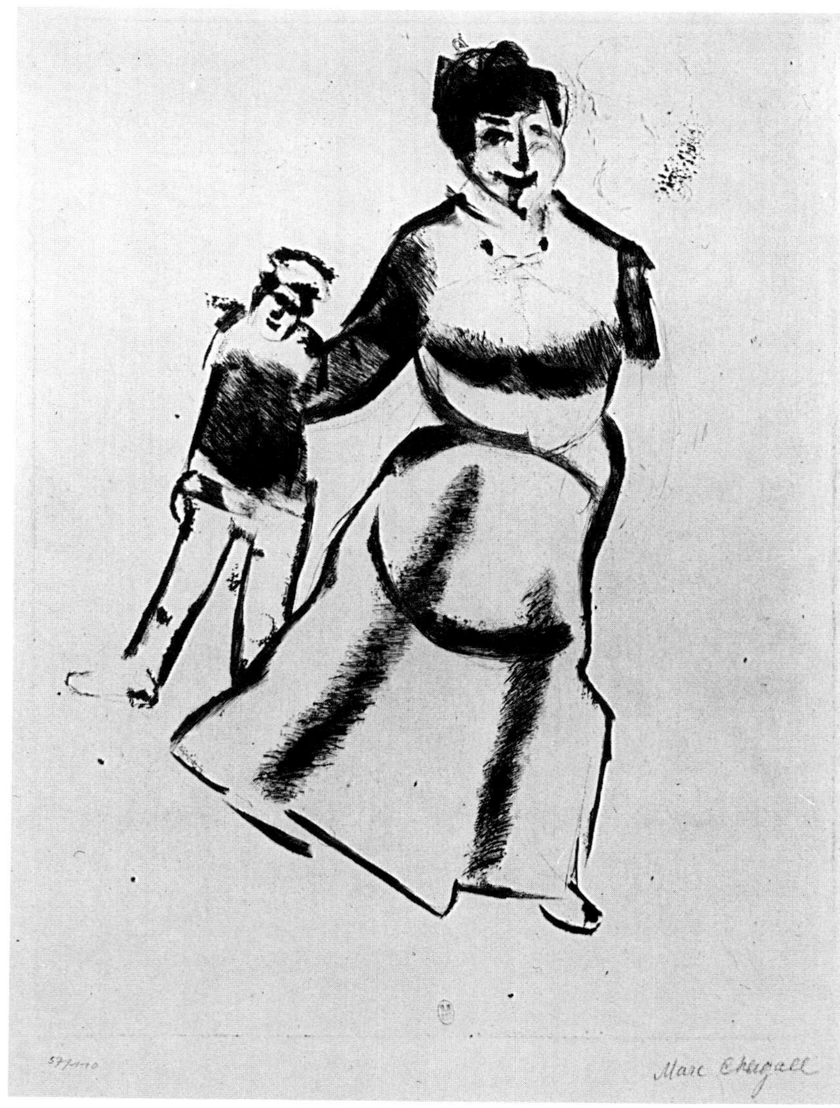

Ich möchte sagen, daß sich irgendwo in ihr mein Talent verbarg und daß ich alles von ihr geerbt habe, nur nicht ihren Geist.

Da nähert sie sich meinem Zimmer. (Bei Jawitsch, auf dem Hof).

Sie klopft an und fragt:

„Mein Sohn, bist du da? Was machst du? Ist Bella bei dir? Möchtest du essen?"

„Sieh, Mama, gefällt dir das?" Sie betrachtet meine Malerei mit Gott weiß was für Augen! Ich warte auf ihr Urteil. Endlich verkündet sie langsam: „Ja, mein Sohn, ich sehe, du hast Talent."

3. Die Pokrowskajastraße in Witebsk

(K. 5)
Radierung und Kaltnadel
17,9 x 21 cm
1922
Paris, Nationalbibliothek, Kupferstichkabinett

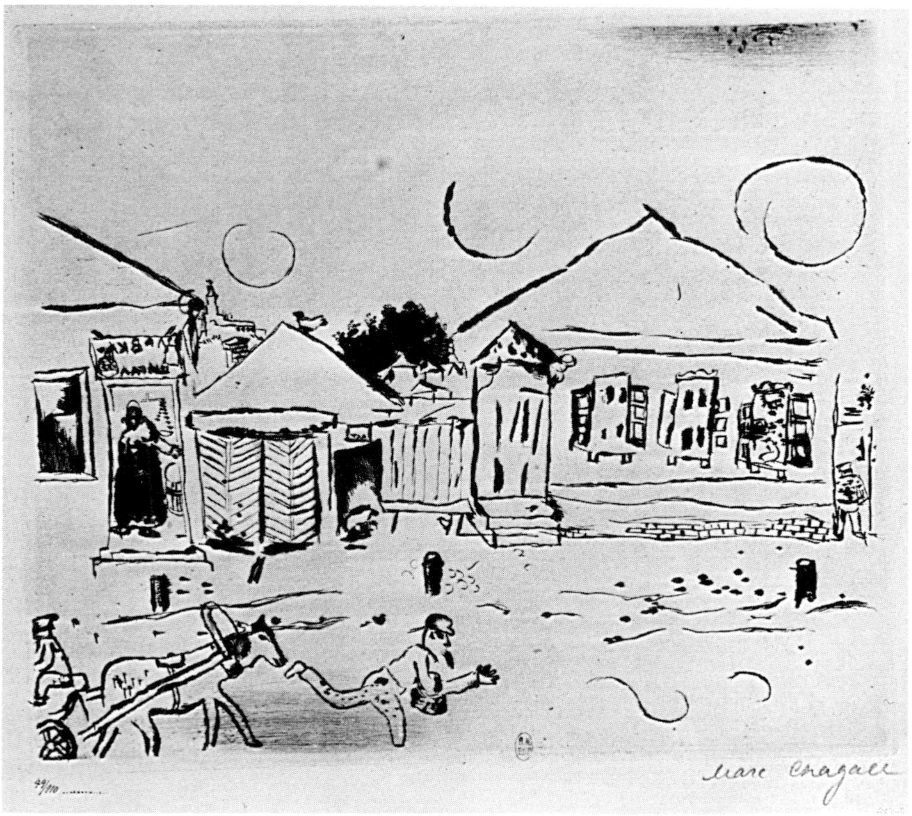

Als mein Großvater mit dem langen schwarzen Bart in Ehren gestorben war, kaufte mein Vater für einige Rubel ein anderes Grundstück.

Die Nachbarschaft kein Irrenhaus mehr wie in Peskowatik. Kirchen, Zäune, Läden, Synagogen ringsum, einfach und ewig, wie die Gebäude auf den Fresken von Giotto.

Meine traurige, meine fröhliche Stadt!

Als kleiner Junge habe ich dich beobachtet von unserer Schwelle, kindlich. Den Kinderaugen erschienst du hell. Wenn der Zaun mich störte, stieg ich auf einen kleinen Holzblock. Wenn ich dich immer noch nicht sah, stieg ich bis aufs Dach. Warum nicht? Mein Großvater stieg auch hinauf. Und in aller Ruhe schaute ich dich an.

Hier, in der Pokrowskaja-Straße, wurde ich zum zweiten Mal geboren.

4. Feuer in der Stadt

(K. 7)
Radierung
18 x 20,9 cm
1922
Paris, Nationalbibliothek, Kupferstichkabinett

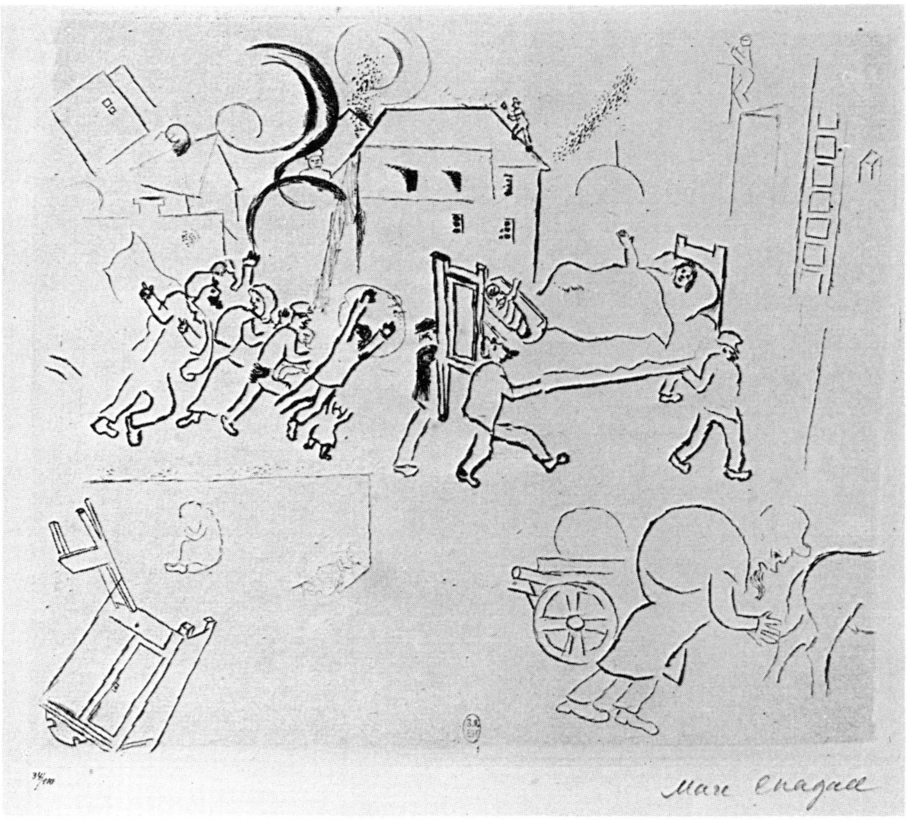

Ringsum die friedliche Stadt. Der milchige, blauschwarze Himmel ist links etwas blauer, weiter oben strahlt er ein himmlisches Glück aus.
Unterm Dach der Synagoge am andern Ufer quillt plötzlich Rauch hervor.
Als hörte man die Schreie der brennenden Thorarollen und des Altars.
Die Fensterscheiben bersten.
Schnell aus dem Wasser!
Ganz nackt renne ich über die Balken, meine Kleider zu holen.
Wie liebe ich doch Feuersbrünste!
Das Feuer sprüht nach allen Seiten. Der halbe Himmel ist schon voller Rauch. Er spiegelt sich im Wasser.
Die Läden werden geschlossen.
Alles ist in Bewegung – die Leute, die Pferde, die Möbel.
Schreie, Rufe, Stürze.
Viel teurer und lieber ist mir auf einmal mein Elternhaus geworden.
Ich renne hin, es zu sehen, ihm Lebewohl zu sagen.
Schon fällt Asche, Schatten und Feuerschein auf sein Dach. Es ist wie betäubt.
Mein Vater, ich, die Nachbarn, wir begießen es, wir machen es naß; es wird gerettet.
Gegen Abend steige ich aufs Dach, um die verbrannte Stadt besser betrachten zu können.
Alles schwelt, bricht nieder, stürzt ein.
Traurig und müde kehre ich ins Haus zurück.

5. Speisezimmer

(K. 10)
Radierung und Kaltnadel
27,6 x 21,7 cm
1922
Paris, Nationalbibliothek, Kupferstichkabinett

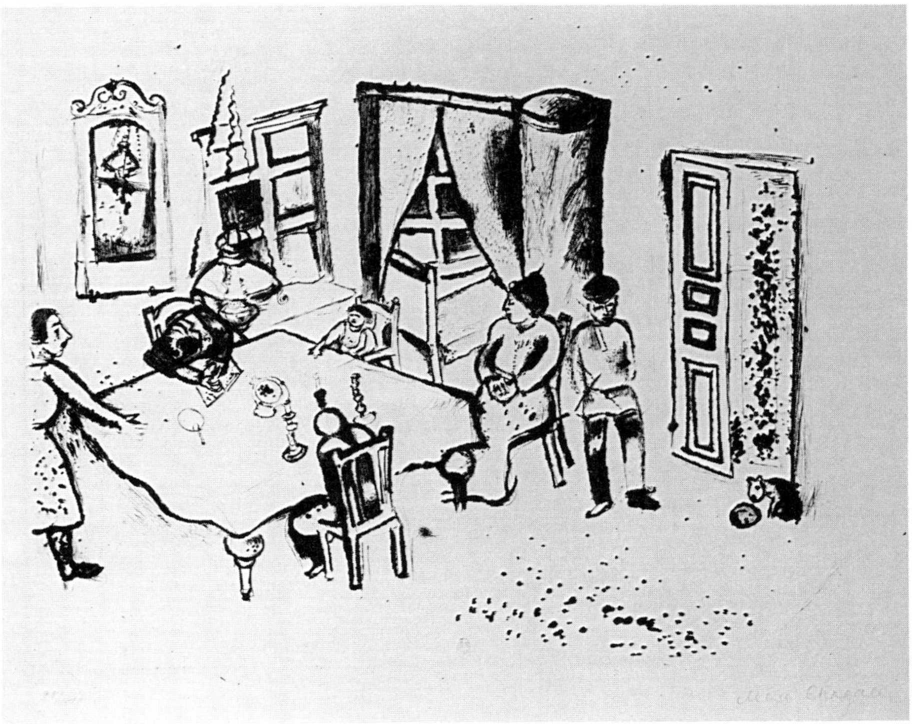

Am Sabbatabend waren alle Kinder um den Tisch vereinigt.

In der Woche aber saß nur Papa dort und trank bis gegen zehn Uhr seinen Tee.

Wenn Anjuta, die ältere Schwester, vom Spaziergang zurückkam, holte sie sich einen Hering aus unserem Laden, der neben dem Hauseingang lag, und trug ihn am Schwanz in die Stube. Die jüngeren, die später kamen, nahmen sich auch ihren Hering, jede einen.

Heringe, Gurken, Käse, Butter und Schwarzbrot, groß und rund, lagen auf dem Tisch. Die Lampe erhellte das alles kaum. Das war unser Abendbrot. Zauberhaft!

6. Haus in Witebsk

(K. 11)
Radierung und Kaltnadel
27,5 x 21,8 cm
1922
Paris, Nationalbibliothek,
Kupferstichkabinett

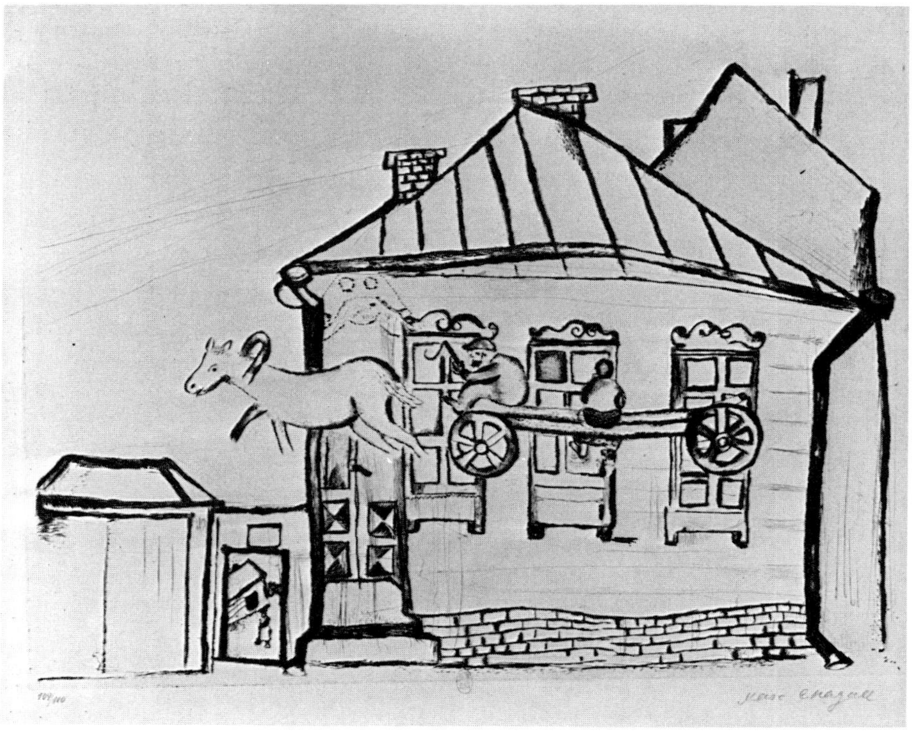

7. Haus des Großvaters

(K. 12)
Radierung und Kaltnadel
20,9 x 16 cm
1922
Paris, Nationalbibliothek,
Kupferstichkabinett

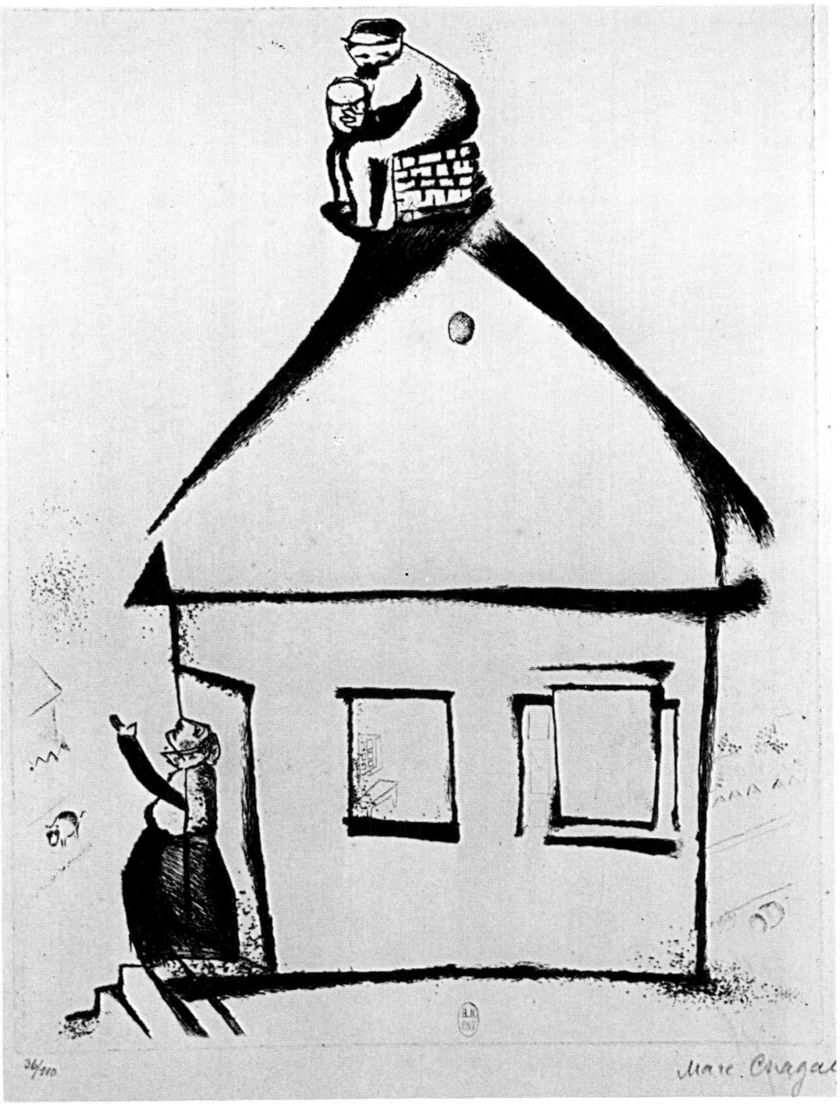

8. Vor dem Tore

(K. 14)
Radierung
20,9 x 15,9 cm
1922
Paris, Nationalbibliothek,
Kupferstichkabinett

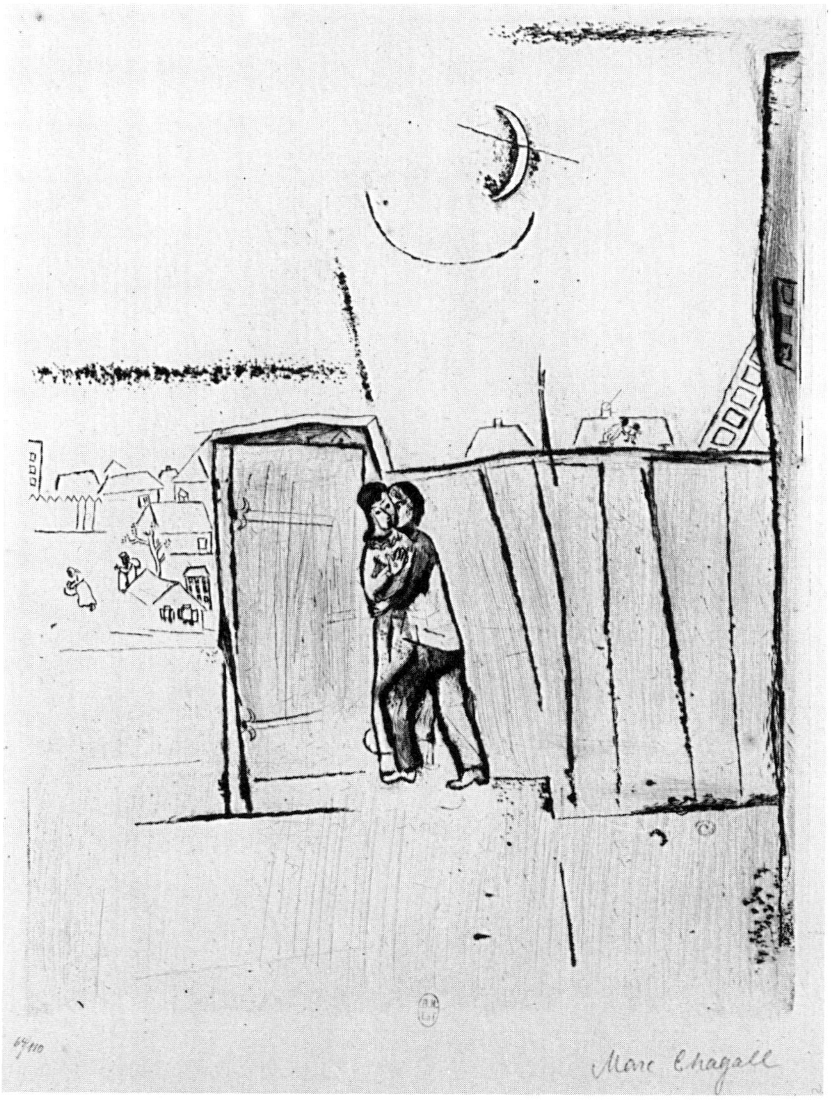

Bleiben? Welch eine Nacht! Wie heiß es ist! Wo bist du?

In romantischen Abenteuern bin ich ganz unerfahren. Bin ich nicht vier Jahre lang Anjuta nachgelaufen, schmachtend? Und wagte doch nur, am Ende des vierten Jahres – und auf ihr Betreiben – ihr einen schrecklichen Kuß zu geben, abends vor der Türe des Gartenzaunes und gerade, als ihr Gesicht lauter Pickel bekommen hatte!

9. Selbstbildnis

(K. 17)
Radierung und Kaltnadel
27,5 x 21,5 cm
1922
Paris, Nationalbibliothek, Kupferstichkabinett

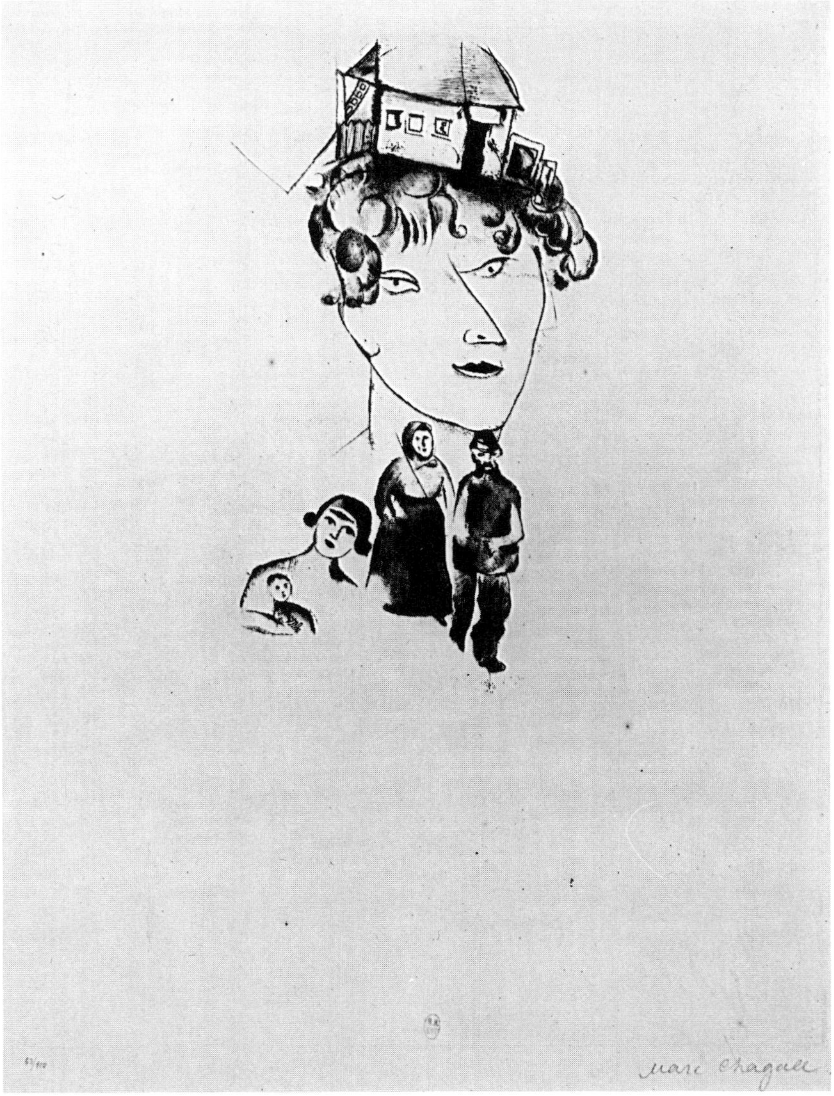

Soll ich gestehen, woraus mein Jünglingsgesicht bestand? Nach Ansicht einiger Leute und nach meinem eigenen Eindruck vor dem Spiegel war es eine Mischung von Osterwein, Elfenbeinmehl und Rosenblättern, die sich zwischen die Seiten eines Buches verirrt hatten ...

10. Die Liebenden
(K. 25)
Radierung und Kaltnadel
27,8 x 21,8 cm
Paris, Nationalbibliothek,
Kupferstichkabinett

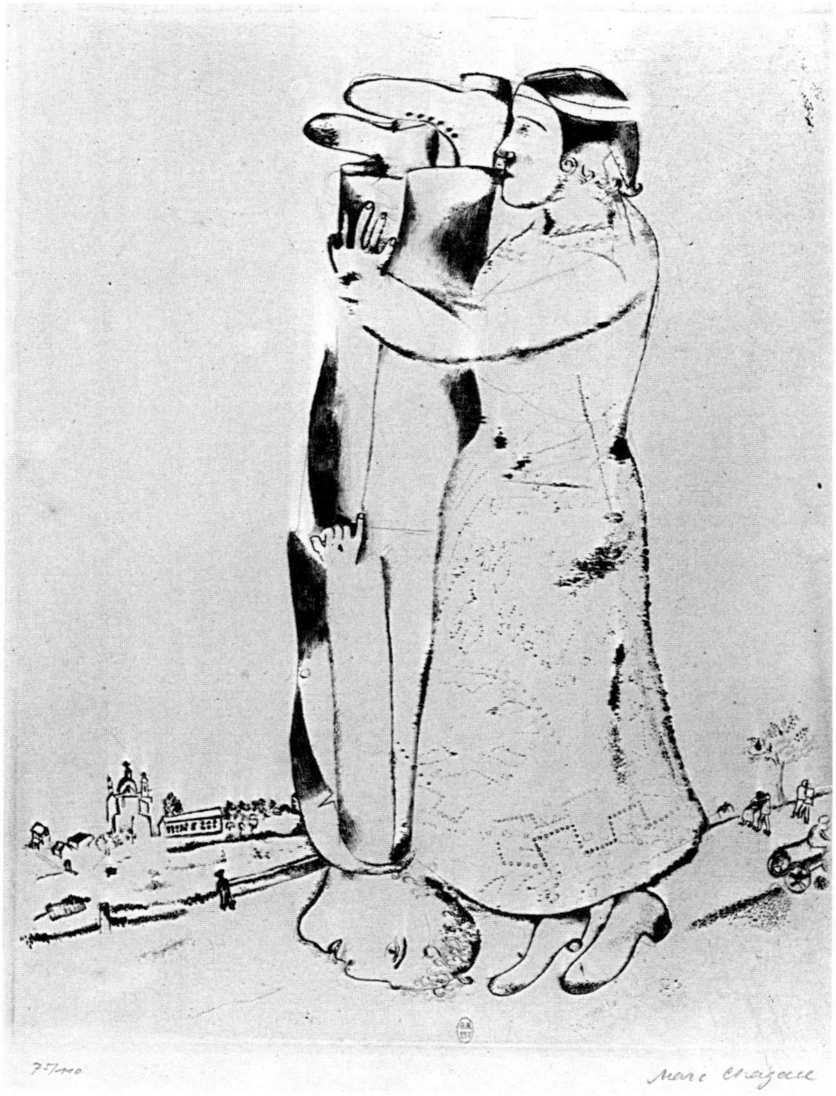

Eines Abends saß ich mit ihr am Ufer, am äußersten Ende der Stadt, dort wo sich das Bad befindet.

Unten zieht leise der Fluß dahin.

„Wage es!" dachte ich.

Sie hat meine Mütze auf dem Kopf. Ich stütze mich auf ihre Schulter. Das ist alles.

Plötzlich höre ich Schritte, eine Horde Jungens kommt heran.

Immer näher zu uns, zu mir. Ich will meine Mütze wiedernehmen. „Anjuta, gib mir meine Mütze wieder", sage ich.

Wir verlassen die Bank, aber sie trägt noch immer meine Mütze. Die Horde folgt uns.

Irgend jemand gibt mir einen heftigen Stoß in den Rücken und schreit im Davonrennen:

„Laß sie in Ruhe und untersteh dich nicht noch einmal, hierherzukommen, sonst..."

Heute sehe ich dich nicht mehr, Anjuta.

Es ist lange her, seit das geschah.

Nun bin ich groß; in mir ist nichts mehr von Kindheit und Jugend, nur die vielen traurigen Gedanken in meinem Kopf!

Wie gerne wollte ich jene Zeit noch einmal erleben, dich wiedersehen, dein Gesicht, das vielleicht schon alt ist!

Es war glatt, ohne Runzel, und ein- oder zweimal habe ich es zu küssen gewagt. Weißt du das noch?

Du hast mich zuerst an dich gezogen und mich geküßt. Ich sagte kein Wort. Mir wirbelte der Kopf. Aber ich faßte mich wieder, und der Ausdruck meiner Augen blieb unverändert, um dir zu zeigen, wie kühn ich bin.

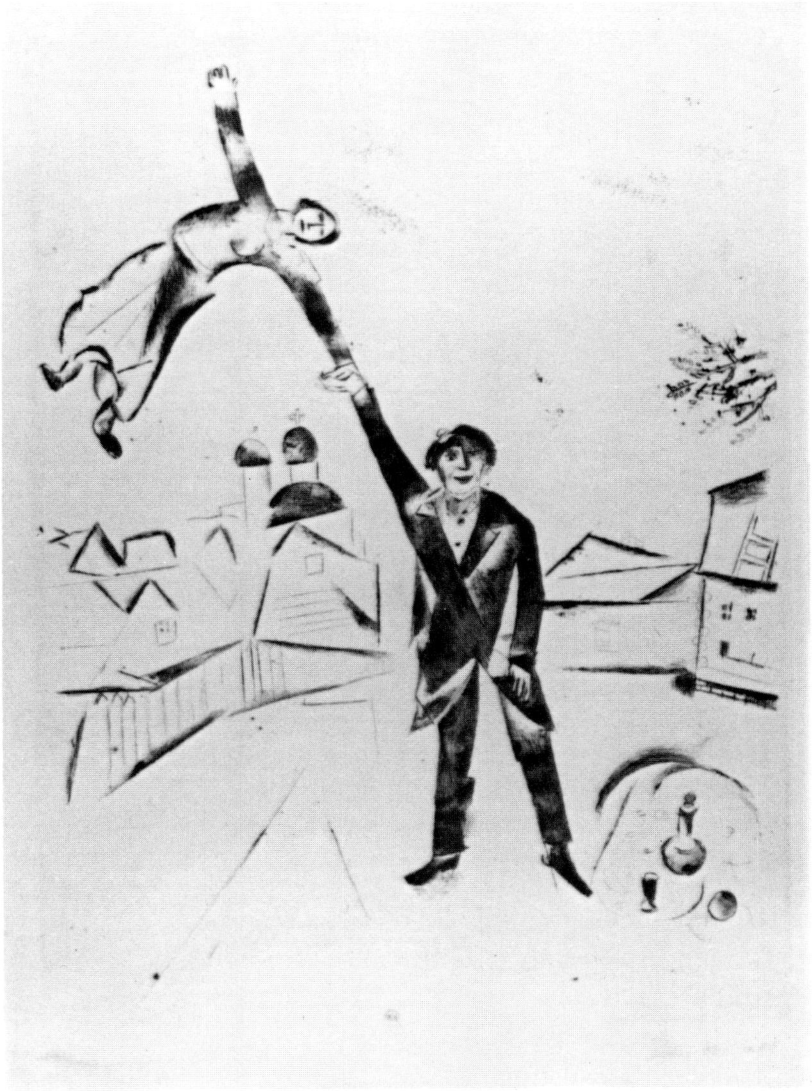

11. Der Spaziergang
(K. 26)
Radierung und Kaltnadel
25 x 19,1 cm
1922
Paris, Nationalbibliothek, Kupferstichkabinett

Ich öffnete nur mein Zimmerfenster, und schon strömten Himmelblau, Liebe und Blumen mit ihr herein.

Ganz weiß gekleidet oder ganz in Schwarz, geistert sie lange schon durch meine Bilder, als Leitbild meiner Kunst.

Ich fange kein Bild, keine Radierung an, ohne sie nach ihrem Ja oder Nein zu fragen.

12. Der Mann mit dem Samowar

(M. 4)
Lithographie
41,2 x 26,4 cm
1922, Berlin
Paris, Nationalbibliothek,
Kupferstichkabinett

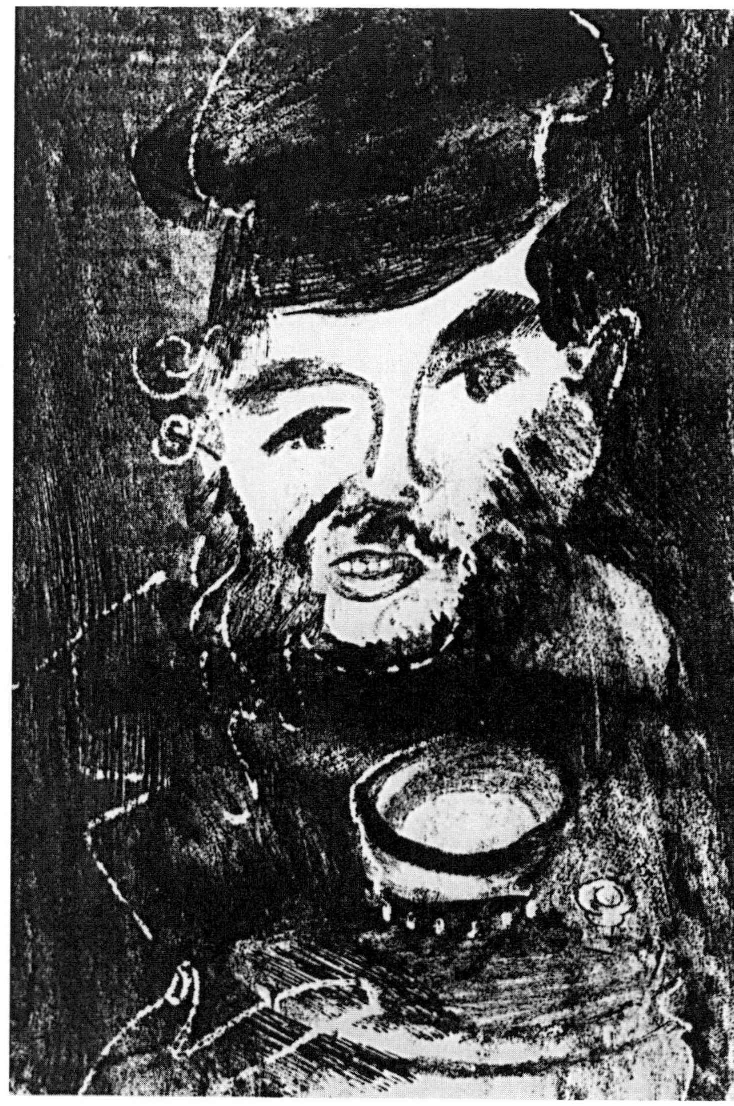

13. Der Mann mit dem Teeglas
(M. 8)
Lithographie
27 x 19,7 cm
1922, Berlin
Paris, Nationalbibliothek, Kupferstichkabinett

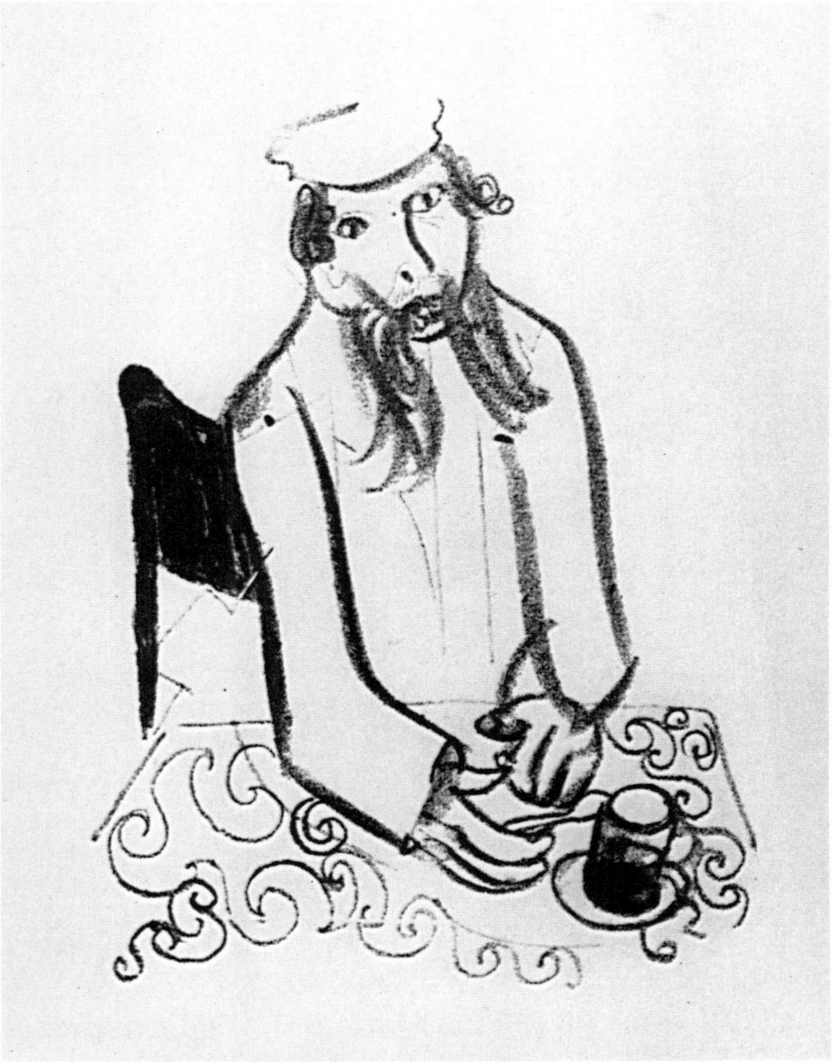

14. Am Tisch

(M. 14)
Lithographie
12 x 14,8 cm
1922, Berlin
Paris, Nationalbibliothek,
Kupferstichkabinett

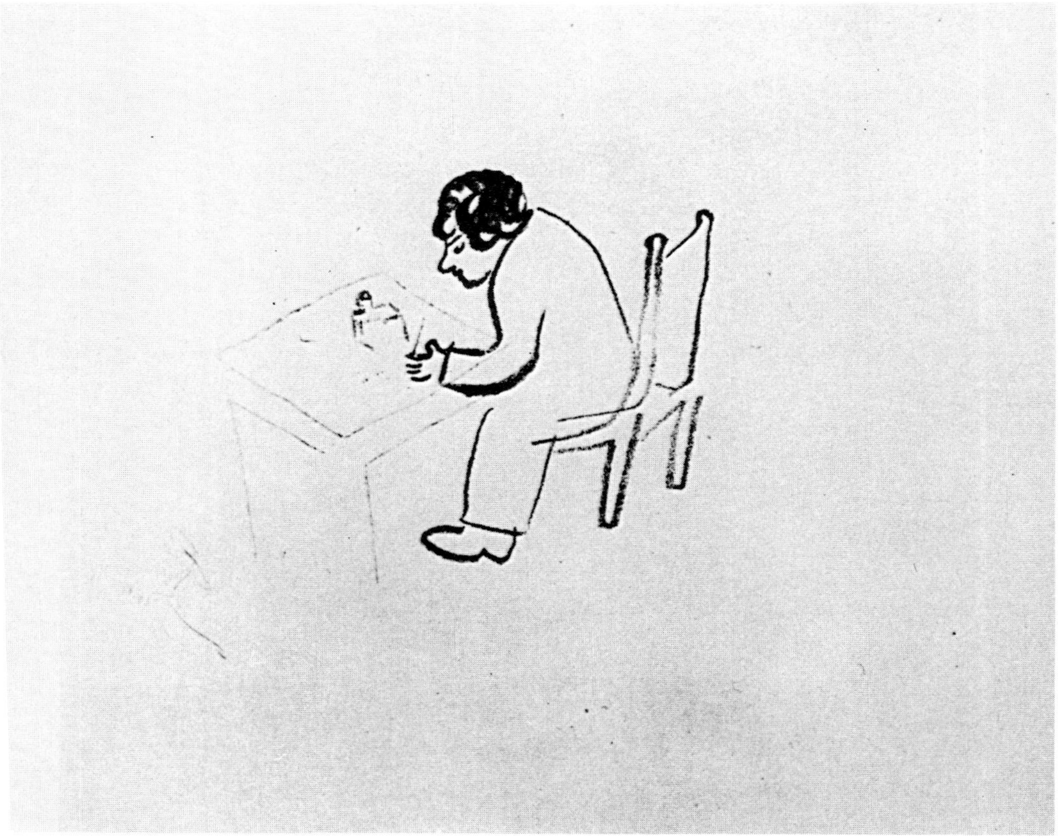

15. Der Mann mit dem Buch

(M. 15)
Lithographie
13,6 x 21,1 cm
1922, Berlin
Paris, Nationalbibliothek,
Kupferstichkabinett

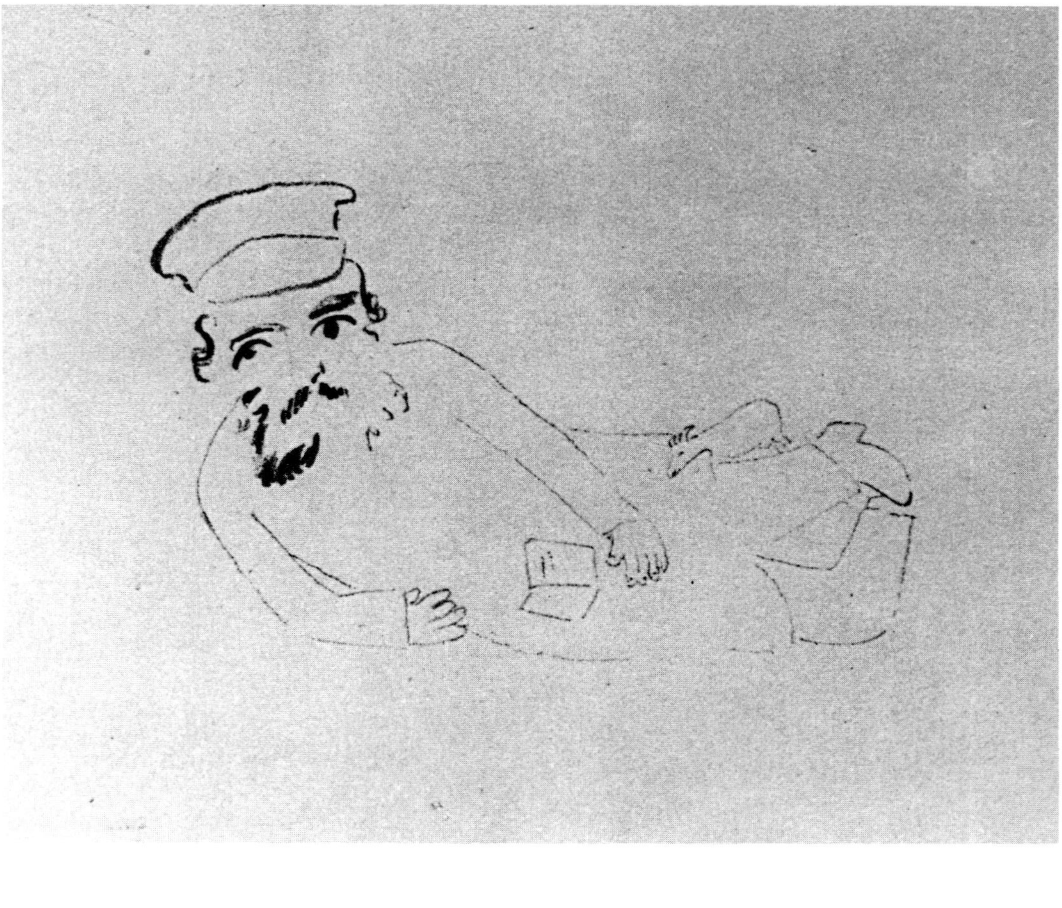

Paris
1923–1939

Im Herbst 1923 ließ sich Chagall in Paris nieder. Er folgte der Aufforderung seines Freundes, des Dichters Blaise Cendrars: „Komm zurück, Du bist berühmt und Vollard erwartet Dich!"

Dem großen Kunsthändler und Verleger waren in der Tat bei Gustave Coquiot Bilder von Chagall aufgefallen. Nachdem die Verbindung hergestellt war, bat Vollard den Künstler, die „Toten Seelen" von Gogol und die „Fabeln" von La Fontaine sowie schließlich das „Alte Testament" zu illustrieren. Eine umfassende Aufgabe, die Marc Chagall jahrelang beschäftigen sollte.

Einige Schwarz-Weiß-Lithographien wie „Der Trog" setzten die Arbeiten der Berliner Zeit fort, doch wurde die *Radierung* während dieser ganzen Werkphase zum bevorzugten graphischen Ausdrucksmittel des Künstlers. Marc Chagall mußte sich mit so unterschiedlichen Themen wie Gogols *Toten Seelen,* den *Fabeln* von La Fontaine, oder der *Bibel* auseinandersetzen und steigerte dabei sein plastisches Vermögen, die Meisterschaft der Linie und der Lichtführung, so daß er sich großen Vorgängern wie Rembrandt oder Goya näherte.

Die ausgewählten Blätter gehören zu den seltenen Beispielen, die Chagall mit Gouache gehöht hat. Der Künstler rang darum, die Farbe mit den graphischen Elementen zu verbinden. In diesem Hinblick führten ihn diese Blätter, wie jene ebenfalls mit Gouache gehöhten zur *Bibel* folgerichtig zur *Lithographie.*

16. Der Trog

2. Zustand
(M. 25 bis)
Lithographie in Schwarz
30,5 x 24 cm
1924, Paris
Paris, Nationalbibliothek,
Kupferstichkabinett

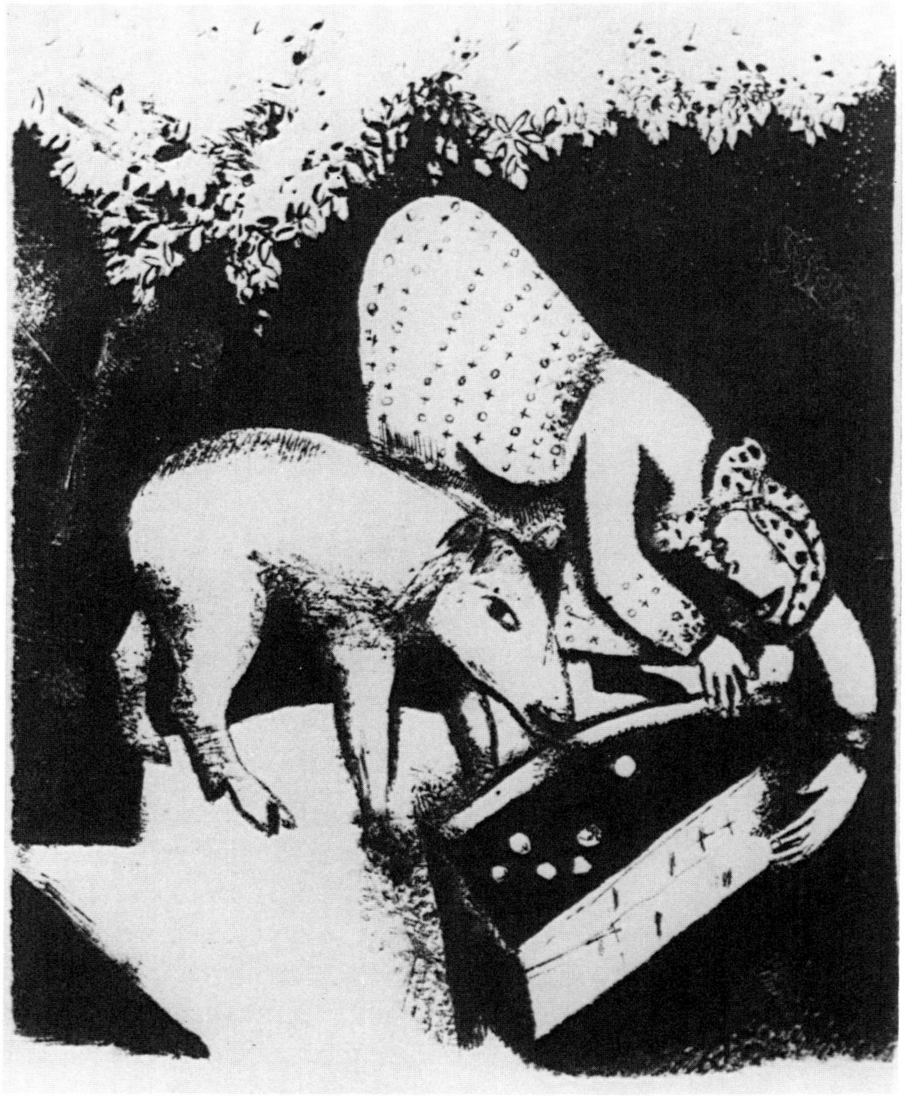

Die toten Seelen

Im Jahr 1923 schlug Ambroise Vollard Marc Chagall den Roman von Nicolai Gogol „Die toten Seelen“ zur Illustration vor.

Der Künstler stimmte begeistert zu und schuf zwischen 1923 und 1927 eine Folge von Radierungen. Erst nach dem Krieg, 1947, konnte Tériade in Zusammenarbeit mit Ida Chagall das unter Vollard begonnene Vorhaben zu Ende führen.

Das Werk kam 1948 in zwei Bänden heraus.

Die Auflage wurde in 368 Exemplaren gedruckt, die sich wie folgt zusammensetzen:
- 50 Exemplare, numeriert von 1-50, als Suite von Radierungen auf Japanpapier
- 285 Exemplare, numeriert von 5-335
- 33 Exemplare „hors commerce“, numeriert von I-XXXIII, den Mitarbeitern vorbehalten

und alle vom Künstler signiert.

17. Gogol und Chagall

(S. 48)
Radierung
28 x 22 cm
1924–1925
Paris, Nationalbibliothek,
Kupferstichkabinett

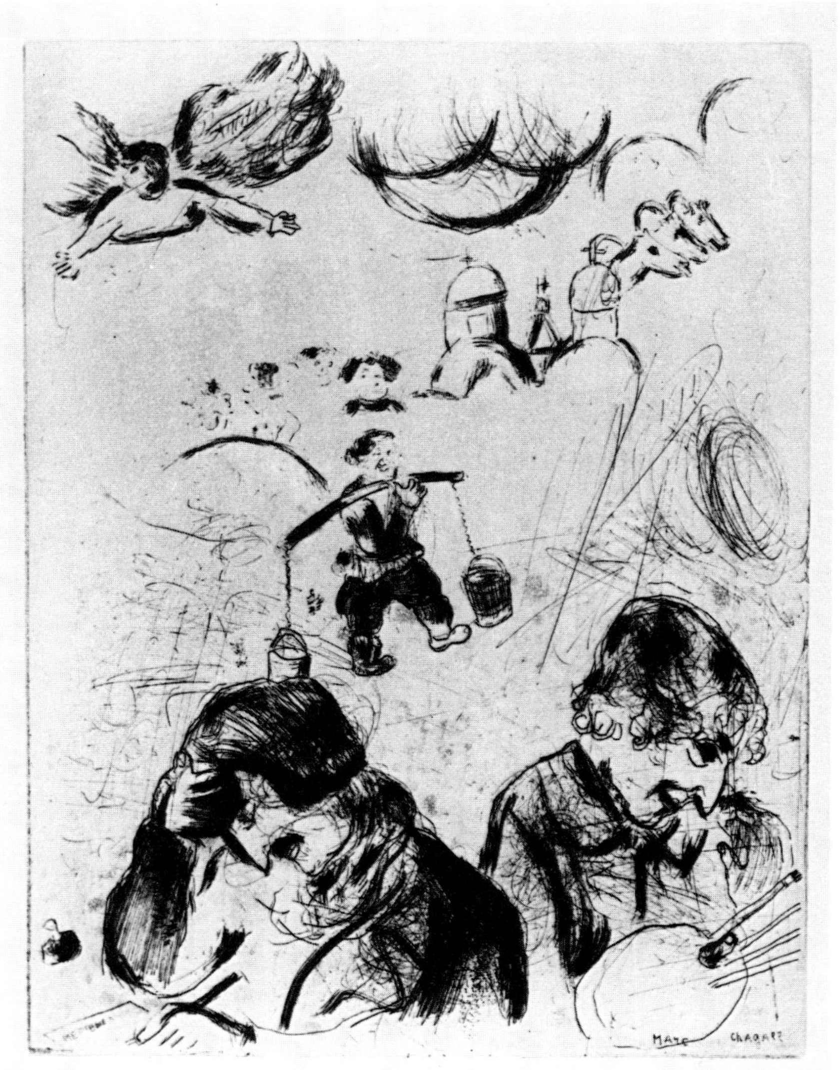

18. Die Ankunft Tschitschikows
(S. 2)
Radierung
23 x 29,5 cm
1924–1925
Paris, Nationalbibliothek, Kupferstichkabinett

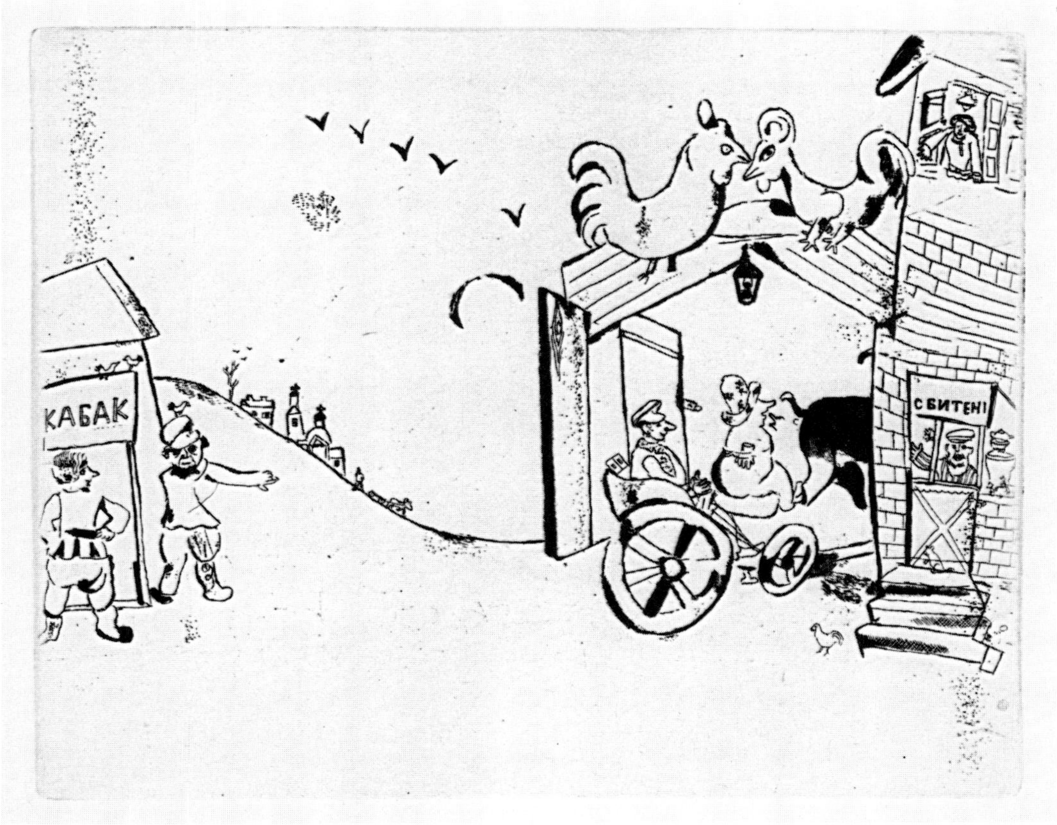

Durch das Hoftor einer Gastwirtschaft einer Provinzhauptstadt rollte eine hübsche kleine Kutsche, wie sie besonders von Junggesellen bevorzugt wird, von Kommandeuren und pensionierten Kapitänen oder Gutsbesitzern, die über rund hundert Seelen gebieten, kurz, von Angehörigen des niederen Adels. In der Kalesche saß ein Herr, der weder schön noch häßlich, weder dick noch dünn war.

Seine Ankunft in der Stadt machte weiter kein Aufsehen. Nur zwei Männer aus dem Volk, die an der Tür einer gegenüberliegenden Wirtschaft standen, machten ein paar Bemerkungen, die aber mehr dem Fahrzeug als dem Insassen galten.

19. Die kleine Stadt

(S. 4)
Radierung
23 x 29,5 cm
1924–1925
Saint-Paul, Stiftung Maeght

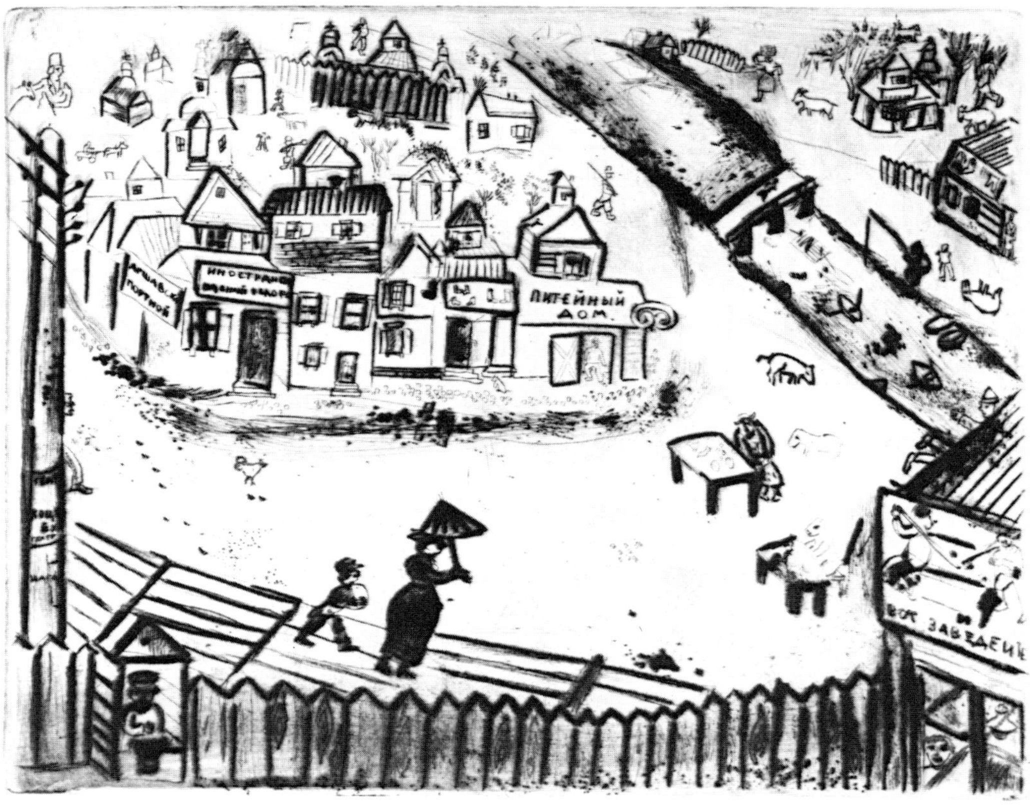

Die gelbe Farbe steinerner Gebäude unterbrach das bescheidene Grau der Holzhäuser. Die Bauwerke hatten ein, zwei oder auch anderthalb Stockwerke und meist Zwischengeschosse, wie es den Provinzarchitekten anscheinend besonders zusagte.

Stellenweise lagen die Häuser wie verloren an den Straßen, die breit wie Felder waren, und zwischen den endlos sich hinziehenden Bretterzäunen. Anderswo drängten sie sich wieder dicht aneinander; hier herrschten auch mehr Bewegung und Leben.

20. Die Abendgesellschaft beim Gouverneur

(S. 5)
Radierung
23 x 29,5 cm
1924–1925
Paris, Nationalbibliothek, Kupferstichkabinett

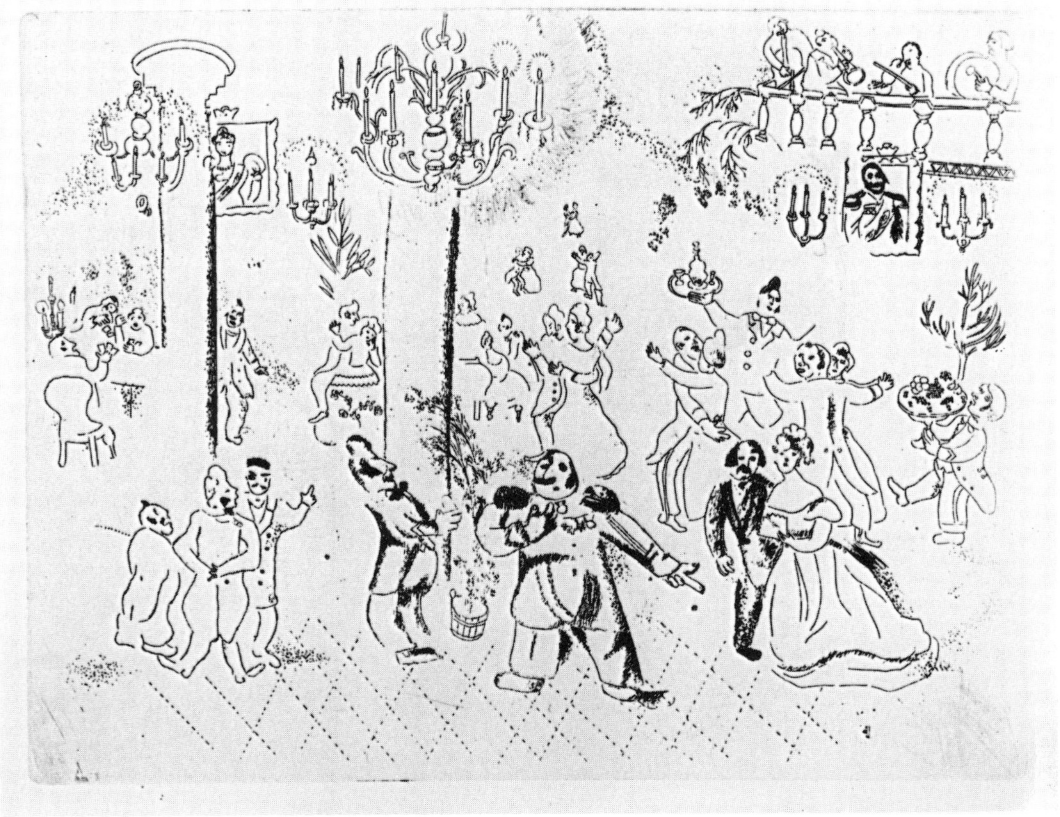

Tschitschikow hatte kaum Zeit gehabt, sich umzusehen, als ihn der Gouverneur schon beim Arm nahm, um ihn seiner Gattin vorzustellen. Wieder hatte der weitgereiste Gast Gelegenheit, seine gute Erziehung unter Beweis zu stellen: er machte der Dame ein artiges Kompliment, wie es einem achtbaren Herrn in mittleren Jahren und mittleren Ranges wohl ansteht.

Als der Tanz begann, und man sich entlang den Wänden aufstellte, um den Tanzenden Platz zu machen, konnte Tschitschikow, die Hände auf dem Rücken, die Paare, die an ihm vorbeidefilierten, ein paar Minuten lang aufmerksam mustern. Viele der Damen waren modisch elegant gekleidet, andere dagegen provinziell aufgemacht.

Die Herren waren, wie überall, von zweierlei Art. Die Schlanken machten den Damen den Hof. Einige ähnelten den Gecken von Petersburg und trugen wie jene gekräuselte Backenbärte oder hatten glattrasierte Gesichter. Sie suchten durch elegante Manieren zu imponieren und warfen mit französischen Bonmots um sich. Die Mehrheit aber bestand aus Männern, die wie Tschitschikow weder dick noch mager waren. Sie bemühten sich kaum um galante Erscheinung, sondern warteten insgeheim auf den Diener, der die Whisttische herzurichten hatte. Ihre Gesichter waren wohlgenährt und rund, manche auch pockennarbig oder mit Warzen verziert. Sie hatten weder gelockte Haare noch diabolische Schöpfe, sondern waren kurz geschoren oder trugen den Scheitel korrekt an die Stirn geklebt. Sie waren die höchsten Beamten der Stadt.

Aber ach, in den Niederungen der Welt wissen anscheinend die Dicken ihren Vorteil besser zu finden, als die Dünnen. Jene bleiben oft Unterbeamte und nur mit unwesentlichen Aufgaben betraut. Man schickt sie hierhin und dorthin, ihre Existenz ist windig und unsicher…

21. Der Kutscher Selifan

(S. 7)
Radierung
23 x 29,5 cm
1924–1925
Paris, Sammlung A. Mazo

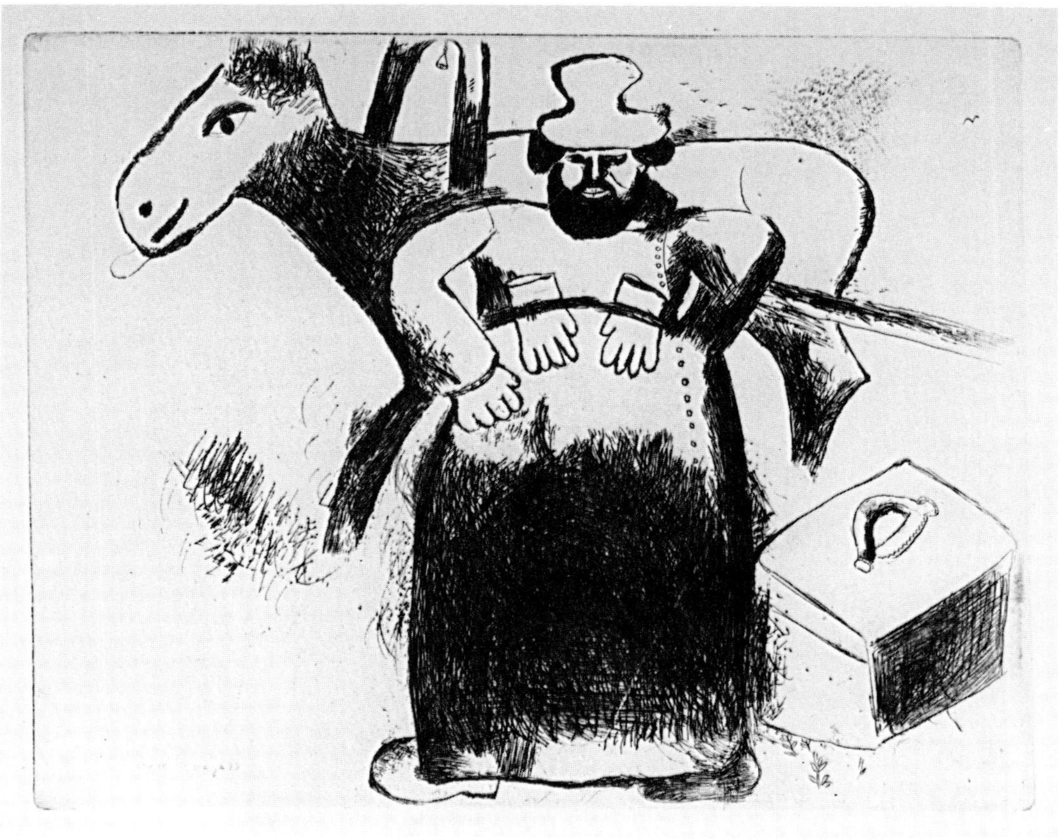

Der Kutscher Selifan fuhr ihn hinaus, ein kleiner, stämmiger Mensch. Ferner gab es den Leibeigenen Petruschka, einen jungen Mann von etwa 30 Jahren, der einen weiten Leibrock trug, der früher seinem Herrn gehört hatte. Er sah ziemlich wild aus, hatte eine dicke Nase und wulstige Lippen.

22. Manilow
(S. 1)
Radierung
29,5 x 23 cm
1924–1925
Paris, Nationalbibliothek,
Kupferstichkabinett

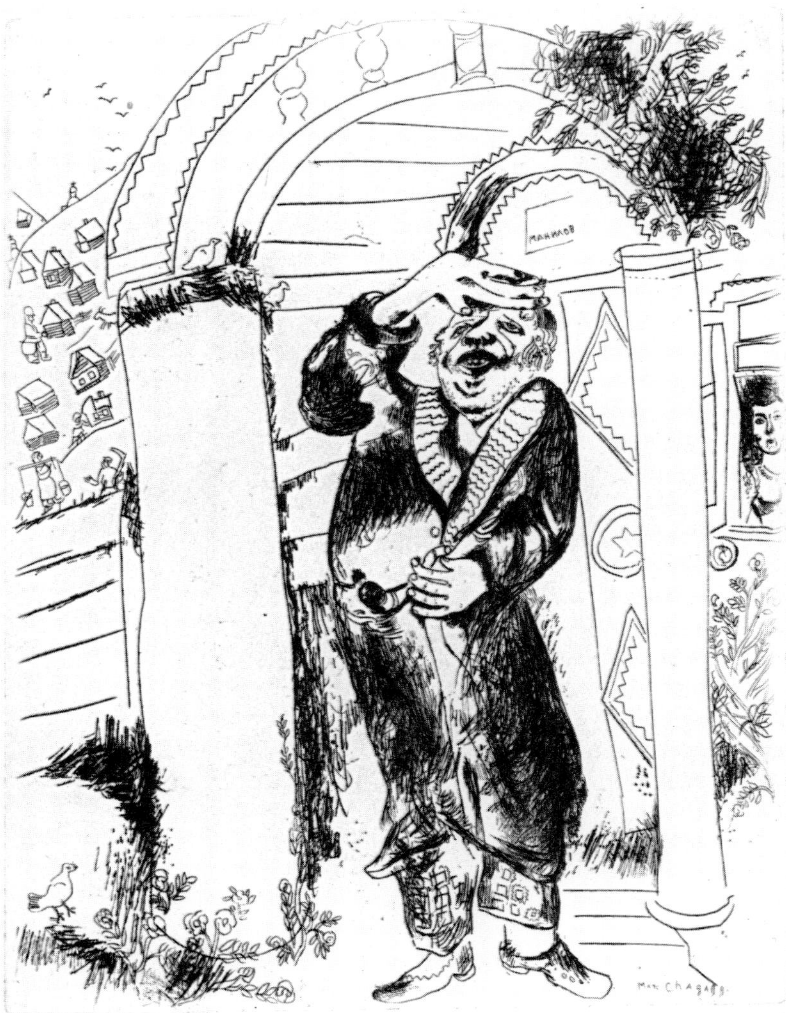

Gott allein weiß, was für einen Charakter Manilow eigentlich hatte. Es gibt gewisse Menschen, von denen man sagt, sie seien weder Fisch noch Fleisch, und Manilow gehörte zweifellos zu dieser Art. Er war blond, hatte blaue Augen und lächelte entgegenkommend mit freundlicher Miene. Seine Züge hatten einen gefälligen, etwas süßlichen Charme. Sein Gebaren, seine Sprache waren allzu zuvorkommend. „Was für ein braver und einnehmender Mensch!" konnte man auf den ersten Blick meinen, doch bald sagte man garnichts mehr, höchstens: „Was für ein komischer Teufel" und zog sich rasch zurück, um nicht vor Langeweile umzukommen.

23. Das Mahl bei Manilow
(S. 9)
Radierung
23 x 29,5 cm
1924–1925
Paris, Nationalbibliothek, Kupferstichkabinett

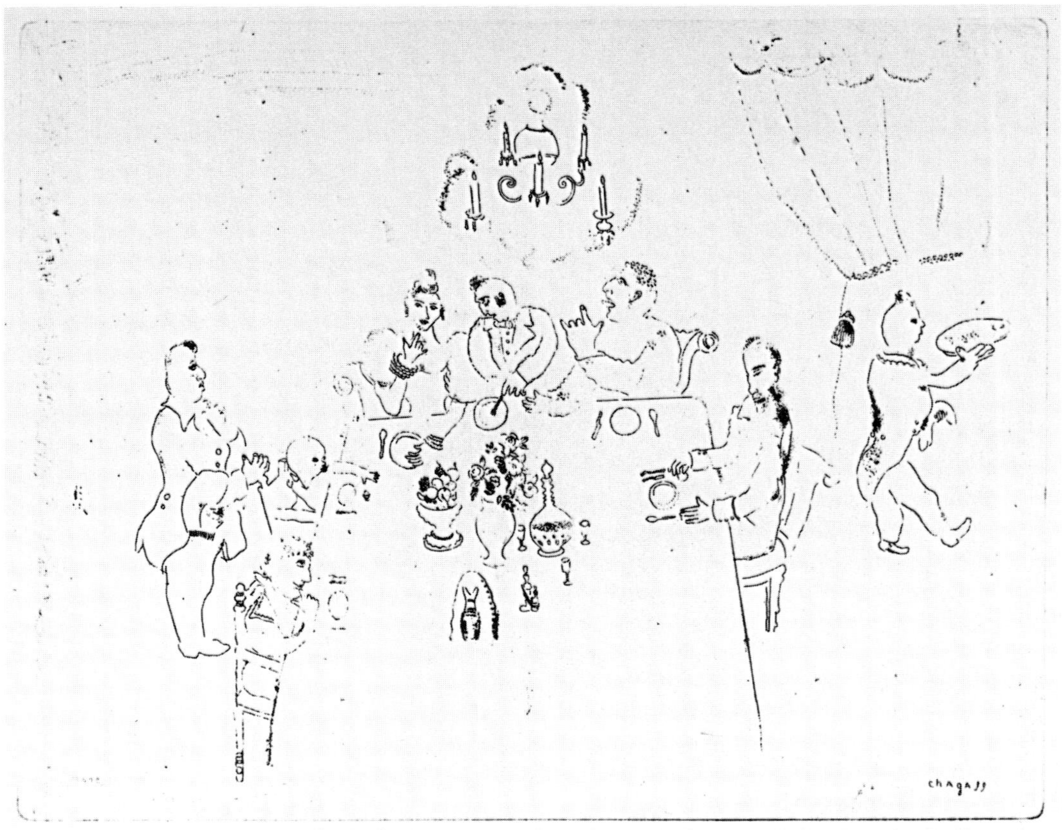

Während des Mittagessens wandte sich das Gespräch den Vorzügen des ländlich zurückgezogenen Lebens zu, während Madame Manilow sich einige Bemerkungen über das Stadttheater und sein Ensemble erlaubte.

Der Hauslehrer beobachtete die Sprechenden und sobald er bemerkte, daß sie lachen wollten, riß er den Mund auf, um mitzuwiehern. Zweifellos versuchte der arme Kerl, sich für die Güte Manilows ihm gegenüber dankbar zu erweisen. Einmal allerdings nahm er eine ernste Miene an und klopfte kurz auf den Tisch, den Blick starr auf die ihm gegenüber sitzenden beiden Kinder gerichtet, denn der Knabe Themistokles hatte seinen Bruder Alkides ins Ohr gebissen. Der Jüngere saß mit zusammengekniffenen Augen da, im Begriff schrill loszuheulen. Da er ahnte, daß sein Geschrei ihn um den Nachtisch bringen würde, schloß er zunächst den Mund wieder, um dann weiter fettglänzend ein Hammelkotelett zu benagen.

Fortwährend traktierte die Dame des Hauses Tschitschikow: „Aber Sie essen ja gar nichts, Sie haben nicht zugegriffen!" Worauf Tschitschikow pflichtschuldigst erwiderte: „Besten Dank, gnädige Frau, ich bin wirklich gesättigt. Eine gute Unterhaltung befriedigt mehr als der beste Leckerbissen."

24. Unterwegs zu Sobakewitsch

(S. 13)
Radierung
23 x 29,5 cm
1924–1925
Paris, Nationalbibliothek, Kupferstichkabinett

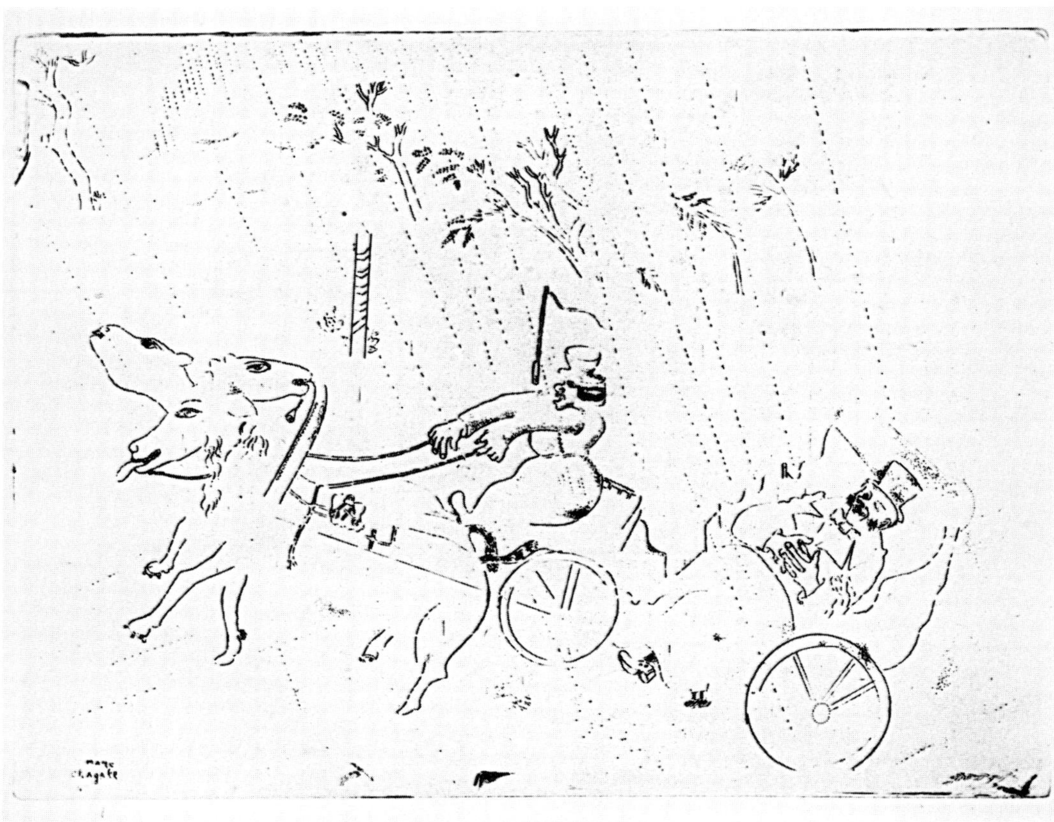

Unser Held hatte ziemliche Angst ausgestanden. Die Kutsche rollte mit voller Geschwindigkeit davon und Nosdrews Gut war schon lang hinter den Feldern und Hügeln verschwunden, doch hatte Tschitschikow noch immer Mühe, seine beunruhigenden Erinnerungen hinter sich zu lassen.

25. Der Hühnerhof

(S. 16)
Radierung
23 x 29,5 cm
1924–1925
Paris, Nationalbibliothek,
Kupferstichkabinett

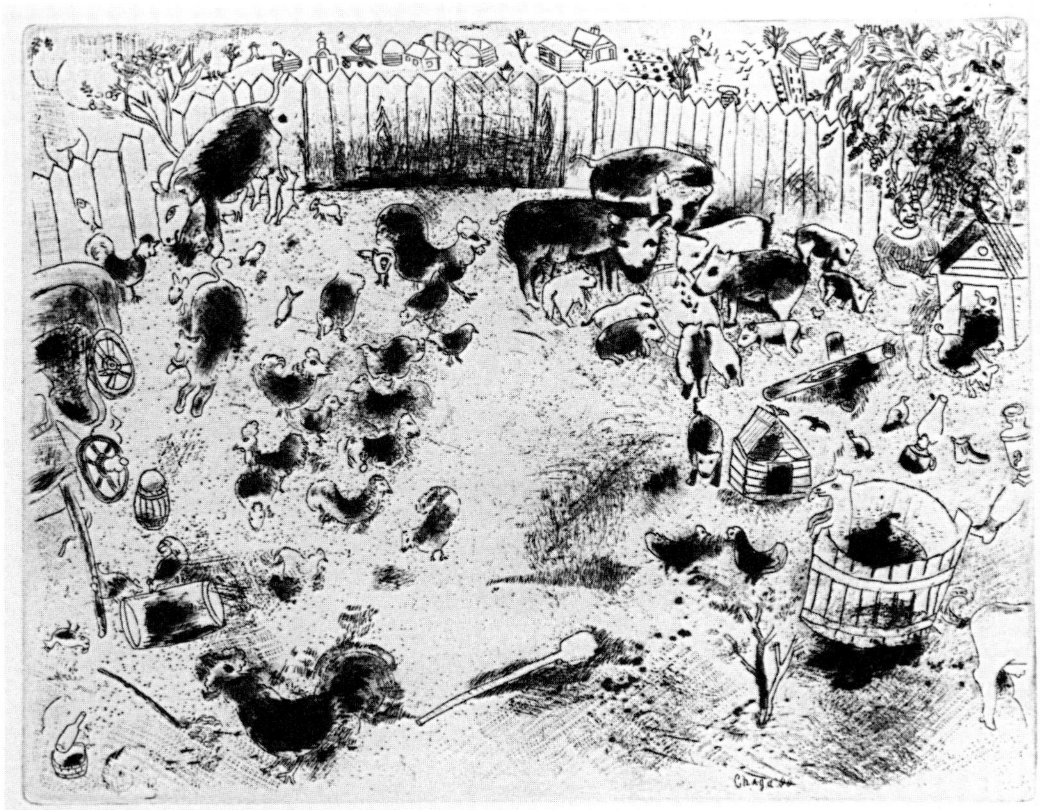

Das Fenster ging auf den Hühnerhof hinaus. Der enge Hof, der sich unten erstreckte, war voll von Geflügel. Es wimmelte hier von Puten und Hühnern, unter denen ein Hahn mit geschwollenem Kamm herumstolzierte. Er legte den Kopf zur Seite, als ob er zuhören wolle.

Ein Schwein mit seiner Ferkelfamilie durchwühlte den Abfall. Nebenbei verschlang es ein Küken und saftige Melonenschalen. Der Hühnerhof endete an einem Bretterzaun, hinter dem ein üppiger Gemüsegarten mit Kohl, Zwiebeln, Kartoffeln, roten Rüben und Kräutern anschloß.

26. Nosdrew
(S. 23)
Radierung
29,5 x 23 cm
1924–1925
Paris, Nationalbibliothek,
Kupferstichkabinett

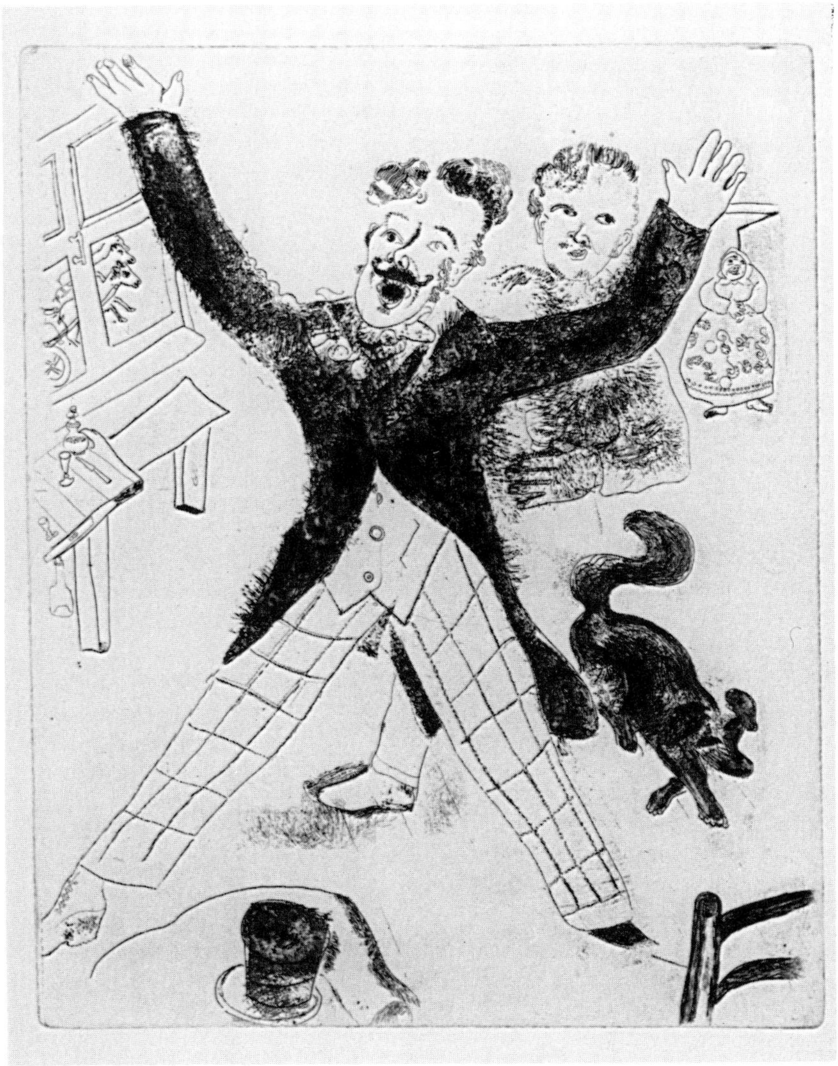

In diesem Augenblick kam der Braune in das Zimmer und warf seine Mütze auf den Tisch. Mit raschem Griff fuhr er sich durch das dichte schwarze Haar. Es war ein handfester Bursche mit vollen rosigen Wangen, schneeweißen Zähnen und pechschwarzem Backenbart. Sein Gesicht, frisch wie Milch und Blut, strotzte vor Gesundheit.

„Ah, bah!" dröhnte er und warf die Arme beim Anblick Tschitschikows erstaunt in die Luft: „Was für ein Zufall!"

Tschitschikow erkannte jenen Nosdrew, den Typ, mit dem er beim Staatsanwalt gegessen hatte und der sich mit ihm so rasch verbrüdert, obwohl er ihm dazu keinen Anlaß gegeben hatte.

27. Auflauf der Bauern

(S. 26)
Radierung
29,5 x 23 cm
1924–1925
Paris, Nationalbibliothek,
Kupferstichkabinett

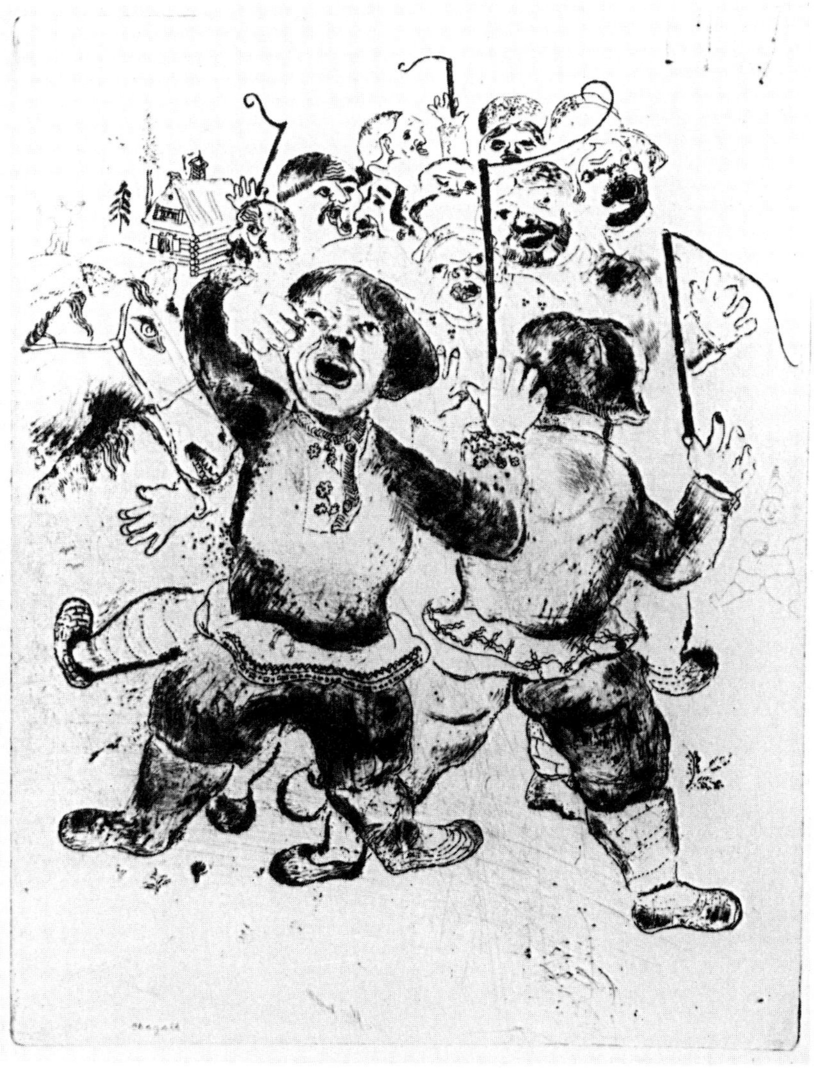

Der Tumult rief die Bauern eines Dorfes herbei, das glücklicherweise in der Nähe lag. Derartige Schauspiele sind für unsere Muschiks ein wahrer Segen, wie für die Fremden ihr Club oder ihre Gazetten.

Innerhalb kurzer Frist versammelte sich eine unüberschaubare Menge, denn in dem Dorf waren nur die ganz alten Frauen und die unmündigen Säuglinge zurückgeblieben.

Man entfernte die Stränge, und ein paar kräftige Schläge auf die Schnauze veranlaßten den Schecken zum Rückzug. Mit einem Wort, es gelang, die beiden Gespanne auseinander zu bringen.

28. Das Dorf von Pljuschkin
(S. 44)
Radierung
23 x 29,5 cm
1924–1925
Paris, Nationalbibliothek, Kupferstichkabinett

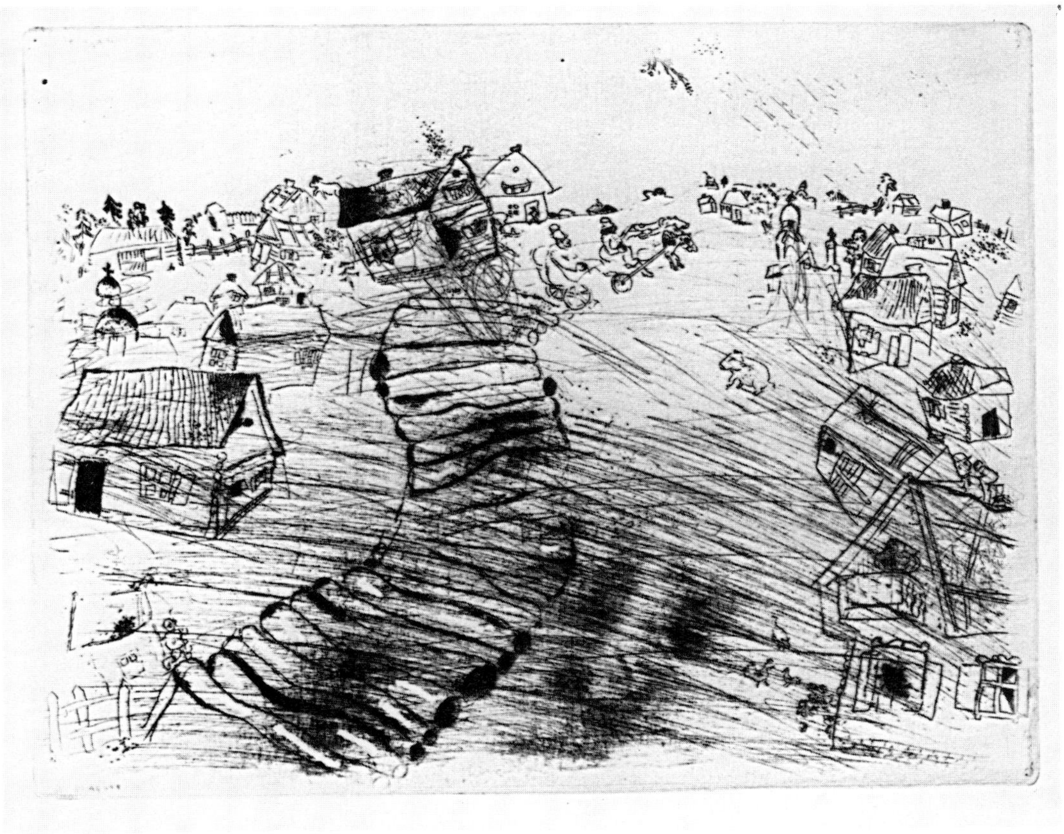

Der verwahrloste Zustand des Dorfes überraschte Tschitschikow. Alle Häuser waren vom Alter gezeichnet. Das Gebälk der Hütten war schwarz und wurmstichig. Viele der Dächer waren löchrig wie ein Sieb, andere besaßen nur noch die Sparren, wie ein Gerippe.

Es sah so aus, als hätten die Einwohner selbst die Schindeln und Bretter heruntergeholt, in der Erkenntnis, daß sie gegen den Regen keinen Schutz mehr böten, während man bei gutem Wetter den Regen nicht zu fürchten brauchte.

Wozu sich auch um eine Unterkunft kümmern, solange es die Freiheit der Kneipen und die der Straßen gibt. Durchweg fehlten in den Fenstern die Scheiben und waren die Öffnungen mit Lappen oder alten Kitteln zugestopft.

29. Disput zwischen Pljuschkin und Mawra

(S. 52)
Radierung
23 x 29,5 cm
1924–1925
Paris, Nationalbibliothek, Kupferstichkabinett

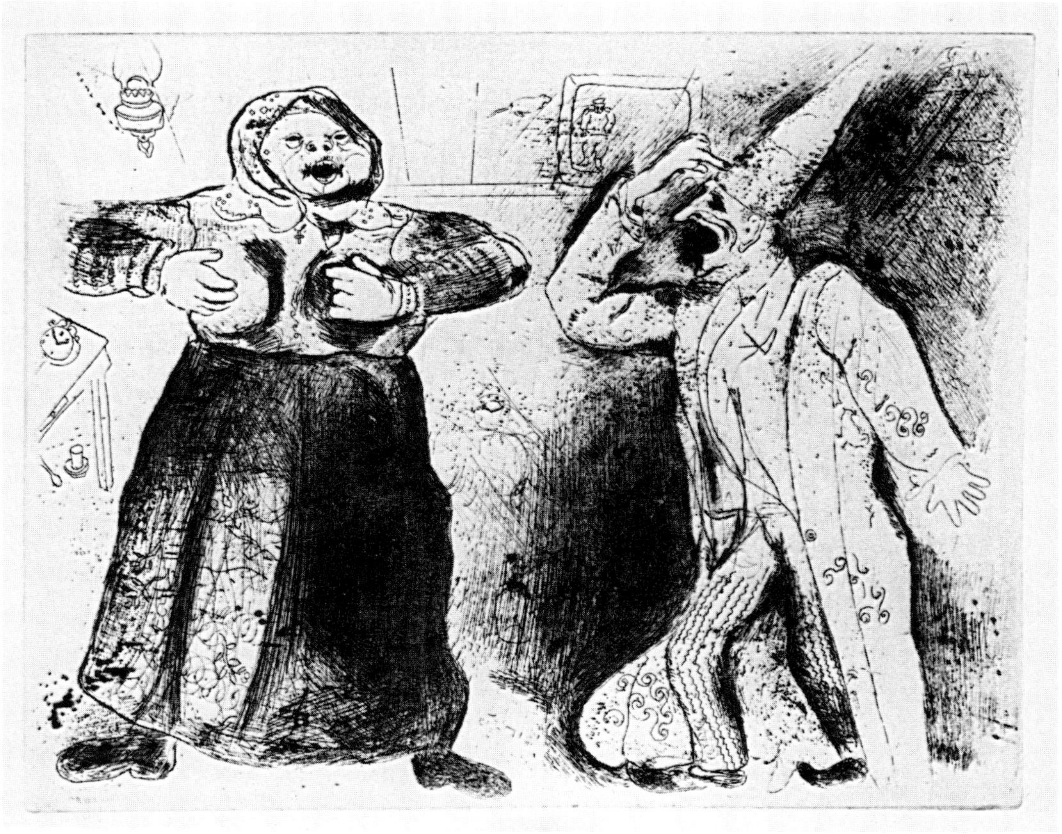

Er schaute überall herum, auf dem Tisch und unter dem Tisch, wühlte alles durcheinander und brüllte schließlich: „Mawra, he, Mawra!“

Auf diesen Ruf hin kam eine Frau angeschlurft mit einem Teller, auf dem ein Stück Kuchen lag. Es entspann sich folgender Dialog:

„Wo hast Du mein Papier hingetan, Diebin?“

„Was für ein Papier, mein Herr? Ehrenwort, ich habe nichts gesehen, außer dem Papier, mit dem Sie Ihr Schnapsglas zugedeckt haben.“

„Und ich sehe es Dir an den Augen an, daß Du es geklaut hast!“

30. Der Ackerbau
(S. 53)
Radierung
23 x 29,5 cm
1924–1925
Paris, Nationalbibliothek,
Kupferstichkabinett

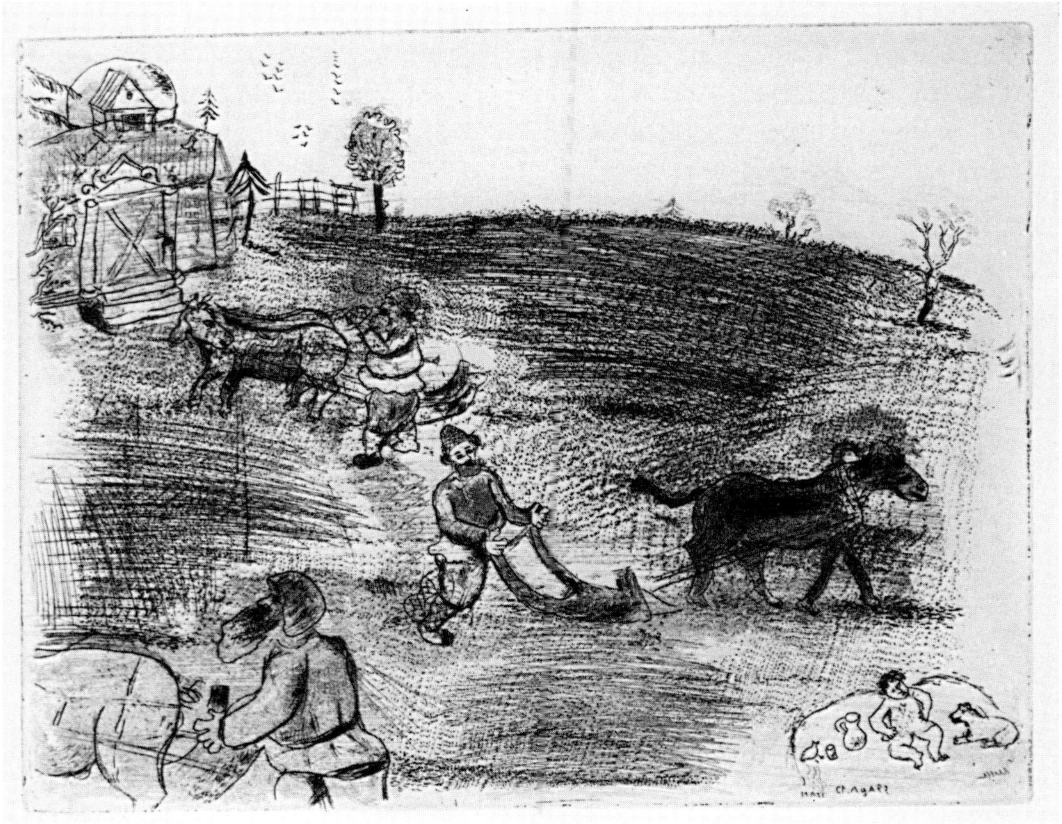

Schließlich, als er alle diese kleinen Zettel betrachtete, mit diesen Bauern, die einmal Wesen von Fleisch und Blut gewesen waren, die sich geracktert, besoffen und ihre Herren belogen hatten oder vielleicht auch rechtschaffene Burschen gewesen waren, befiel ihn ein seltsames Gefühl, das er sich nicht zu erklären vermochte.

31. Der Ball
beim Gouverneur
(S. 82)
Radierung
23 x 29,5 cm
1924–1925
Paris, Nationalbibliothek,
Kupferstichkabinett

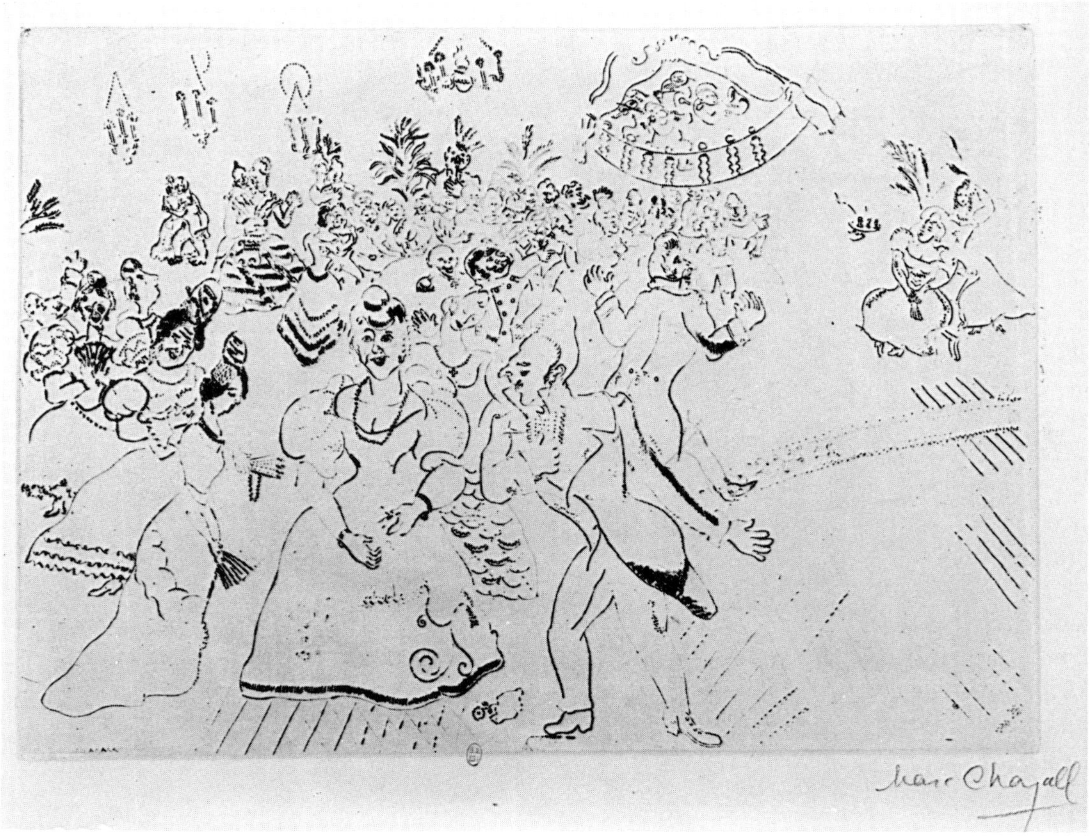

Die Fabeln von La Fontaine

Während Marc Chagall seine Arbeit an den „Toten Seelen" beendete, schlug ihm Vollard 1927 vor, die *Fabeln* von La Fontaine zu illustrieren. Die vorbereitenden Gouachen wurden in der Galerie Bernheim-Jeune ausgestellt und die Resonanz war überwiegend kritisch.

Trotzdem schuf der Künstler zwischen 1927 und 1930 eine Folge von 100 Radierungen in einer neuartigen Technik und aus ganz eigener Sicht. Zu jener Zeit reiste Chagall ins Midi, an den Lac Chambon in der Auvergne, um dort die französische Landschaft für sich zu entdecken.

Das von Ambroise Vollard konzipierte Werk kam zu dessen Lebzeiten nicht heraus, und erst Tériade machte sich im Jahr 1950 an die Edition.

Aufgrund der Technik mußte Marc Chagall auf die Ausführung in Farben verzichten, doch nahm er bei einigen Exemplaren der Folge Höhungen mit Gouache vor. 200 Exemplare wurden gedruckt, die sich wie folgt aufteilen:
- 40 Exemplare enthalten je 100 Originalradierungen, die vom Künstler eigenhändig farbig bemalt wurden, eine Folge von Radierungen auf Japanpapier und eine Folge von Radierungen auf Montval, numeriert von 1–40.
- 45 Exemplare enthalten 100 vom Künstler übermalte Originalradierungen und eine Folge von Radierungen auf Montval-Papier, numeriert von 41–85.
- 100 Exemplare mit je 100 Originalradierungen, numeriert von 86–185.
- 15 nicht für den Handel bestimmte Exemplare *(hors commerce)*, die den Mitarbeitern vorbehalten blieben, numeriert von I–XV. Sämtliche Exemplare wurden vom Künstler signiert.

Darüber hinaus wurden weitere 100 Alben mit den folgenden Illustrationen gedruckt:
- 100 Originalradierungen im Format 42 x 34 cm auf Montval-Papier, numeriert von 1–100.

Alle Blätter sind vom Künstler signiert.

32. Der Fuchs und der Ziegenbock
(S. 124)
Radierung,
mit Gouache gehöht
42 x 34 cm
1927–1930
Paris, Sammlung A. Mazo

33. Der Wolf und der Storch
(S. 127)
Radierung,
mit Gouache gehöht
42 x 34 cm
1927–1930
Paris, Sammlung A. Mazo

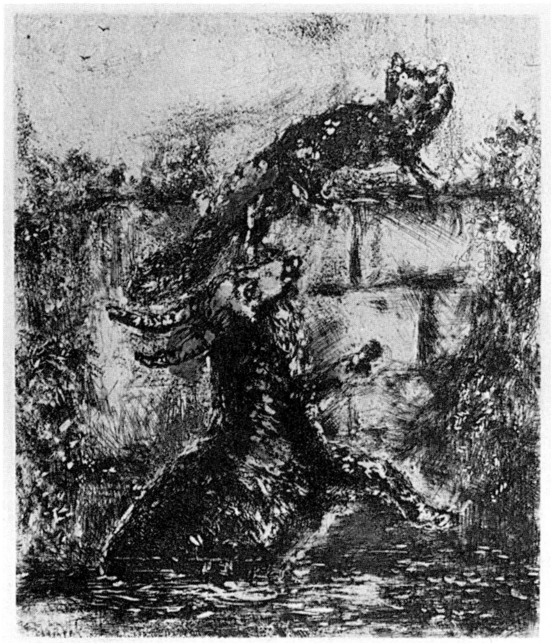

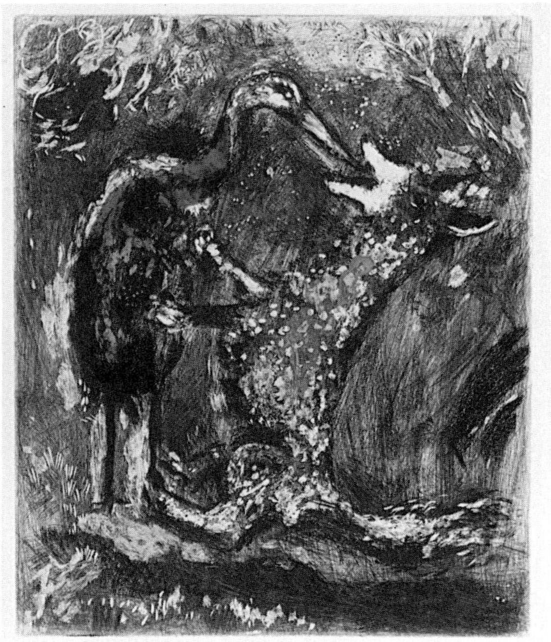

34. Der Wolf und die Schafe
(S. 130)
Radierung,
mit Gouache gehöht
42 x 34 cm
1927–1930
Paris, Sammlung A. Mazo

35. Der verliebte Löwe
(S. 138)
Radierung,
mit Gouache gehöht
42 x 34 cm
1927–1930
Paris, Sammlung A. Mazo

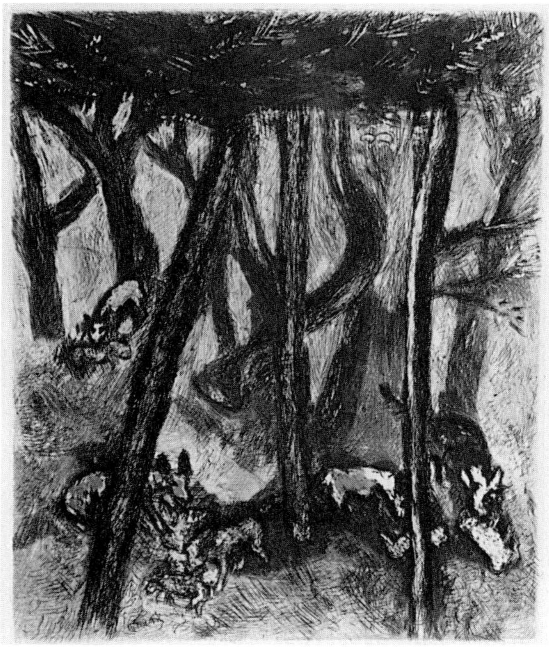

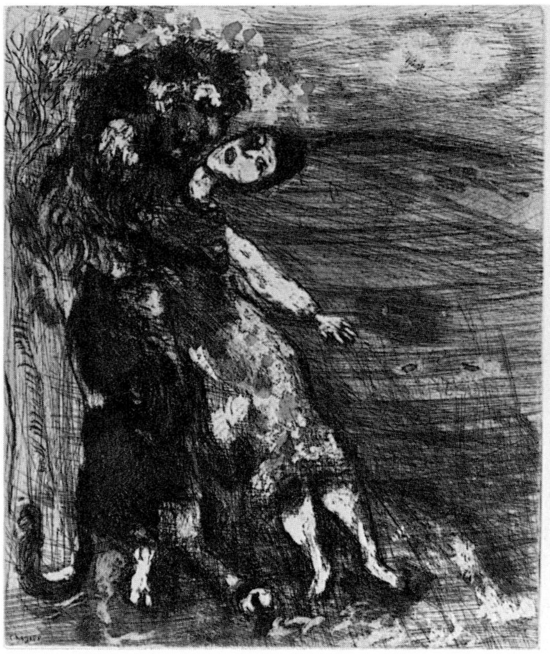

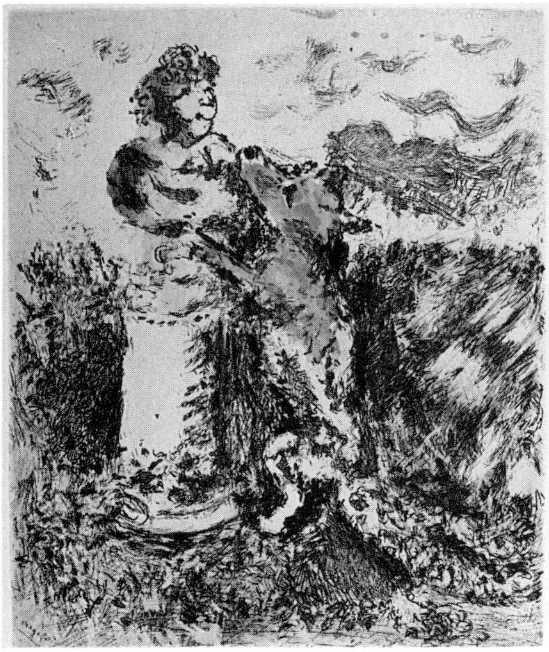

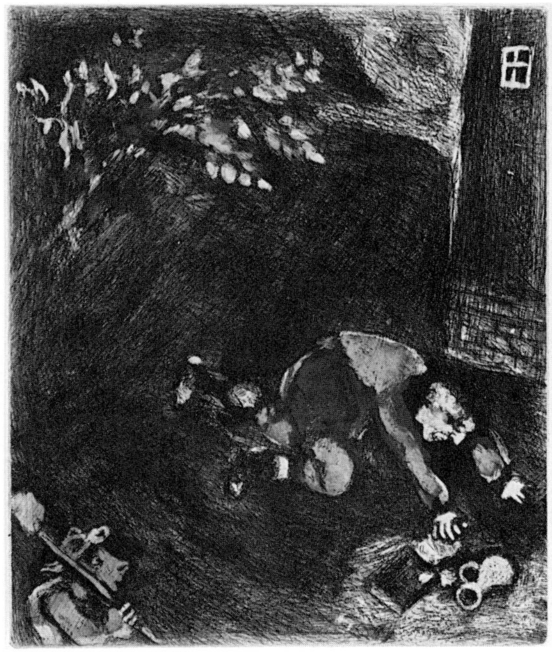

36. Der Fuchs und die Büste

(S. 139)
Radierung,
mit Gouache gehöht
42 x 34 cm
1927–1930
Paris, Sammlung A. Mazo

37. Der Geizhals, der seinen Schatz verloren hat

(S. 142)
Radierung,
mit Gouache gehöht
42 x 34 cm
1927–1930
Paris, Sammlung A. Mazo

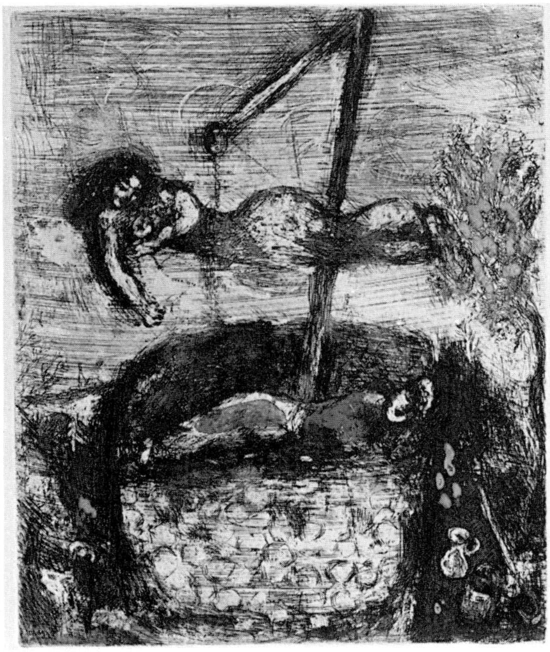

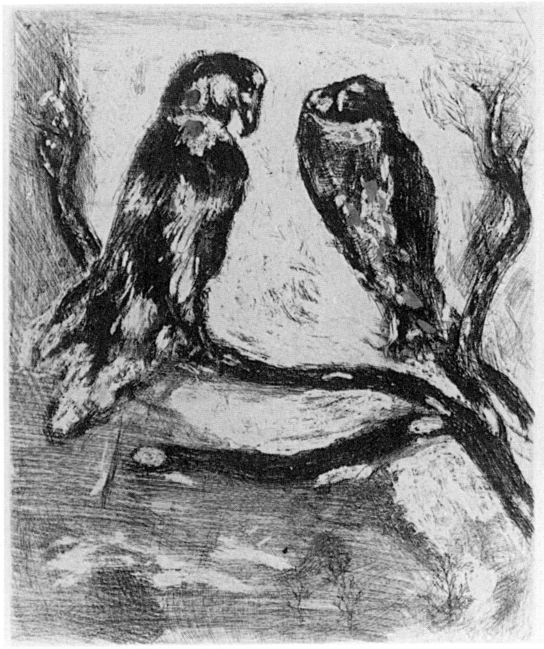

38. Das Glück und das Kind

(S. 152)
Radierung,
mit Gouache gehöht
42 x 34 cm
1927–1930
Paris, Sammlung A. Mazo

39. Der Adler und die Eule

(S. 155)
Radierung,
mit Gouache gehöht
42 x 34 cm
1927–1930
Paris, Sammlung A. Mazo

Die Bibel

1930 unternahm Chagall eine Reise nach Palästina. Seit seiner Rückkehr befaßte er sich mit den Illustrationen zur Bibel. Von 1931-1939 führte er eine Folge von 105 Radierungen aus, deren Platten, nachdem sie nach vorliegendem Auflagendruck unbrauchbar gemacht (rayiert) worden waren, von Marc und Vava Chagall dem Musée National Message Biblique Marc Chagall gestiftet wurden. Die von Ambroise Vollard geplante Edition wurde schließlich durch Tériade in den Editions Verve 1956 verwirklicht.

Die Blätter von 100 der Alben wurden vom Künstler eigenhändig bemalt und numeriert.

Die Auflage umfaßt 295 Exemplare, wie folgt:

- 275 Exemplare numeriert von 1-275
- 20 nicht für den Handel bestimmte Exemplare *(hors commerce)*, numeriert von I-XX und den Mitarbeitern vorbehalten.

Alle Exemplare sind von Marc Chagall signiert.

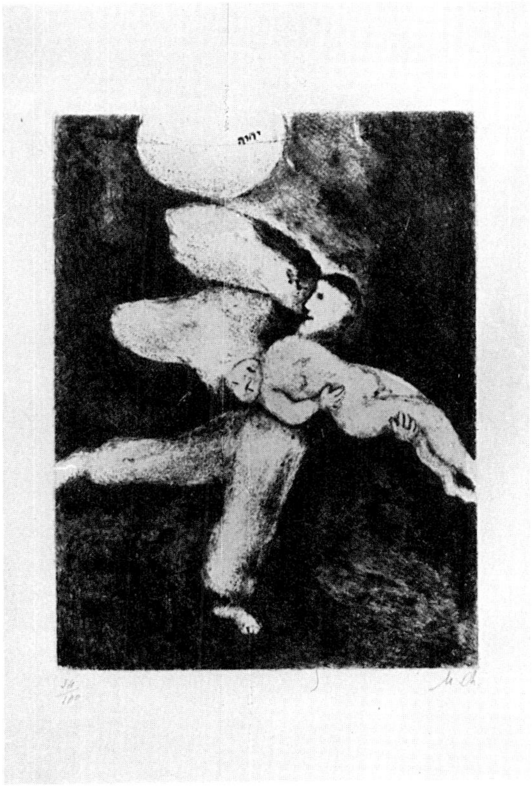

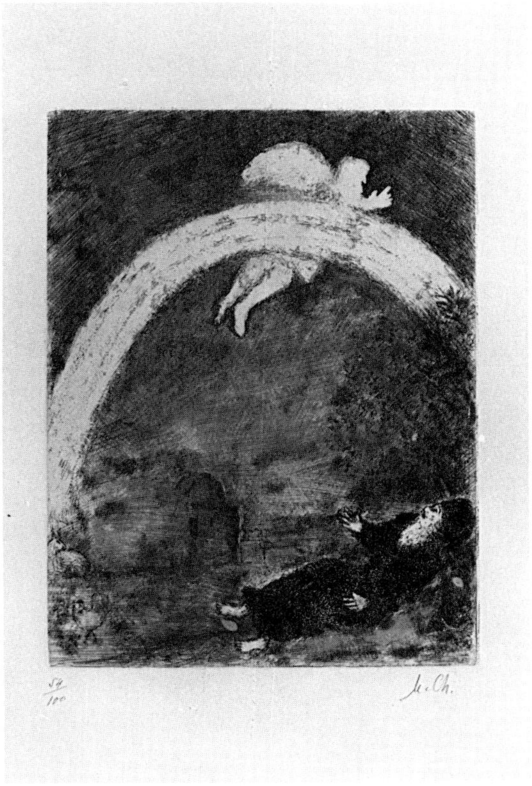

40. Gott erschafft den Menschen
Genesis, II, 7
(S. 199)
Radierung,
mit Gouache gehöht
31 x 23,1 cm
1931–1939
Paris, Sammlung A. Mazo

41. Der Regenbogen als Zeichen des Bundes
Genesis, IX, 8–17
(S. 202)
Radierung,
mit Gouache gehöht
30,7 x 23,3 cm
1931–1939
Paris, Sammlung A. Mazo

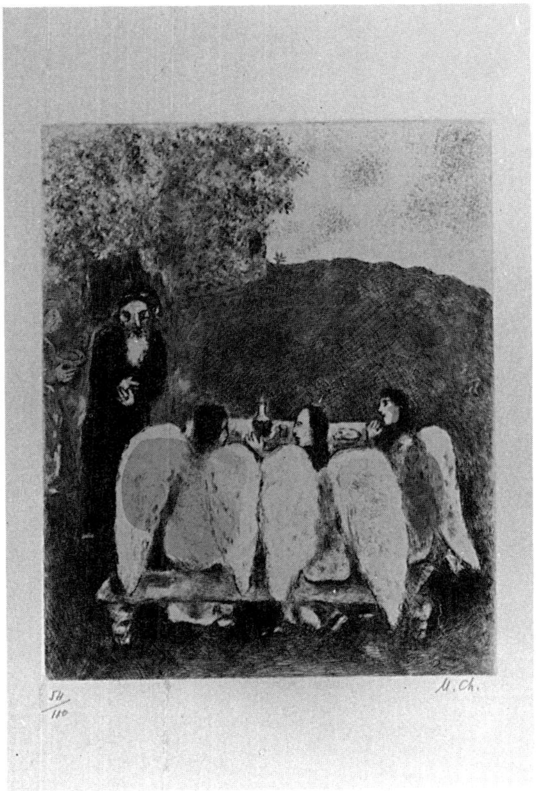

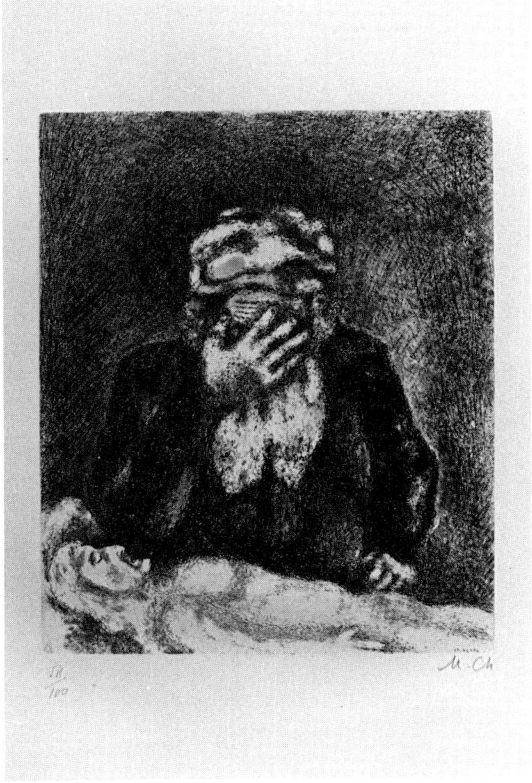

42. Abraham bewirtet die drei Engel
Genesis, XVIII, 1–8
(S. 205)
Radierung,
mit Gouache gehöht
30,9 x 24,7 cm
1931–1939
Paris, Sammlung A. Mazo

43. Abraham beweint Sarah
Genesis, XXIII, 1
(S. 210)
Radierung,
mit Gouache gehöht
29,7 x 24,5 cm
1931–1939
Paris, Sammlung A. Mazo

44. Jakobs Traum
Genesis, XXVIII, 12–15
(S. 212)
Radierung,
mit Gouache gehöht
30 x 24,5 cm
1931–1939
Paris, Sammlung A. Mazo

45. Der Kampf Jakobs mit dem Engel
Genesis, XXXII, 24–28
(V. 16; S. 214)
Radierung,
mit Gouache gehöht
30 x 24 cm
1931–1939
Paris, Sammlung A. Mazo

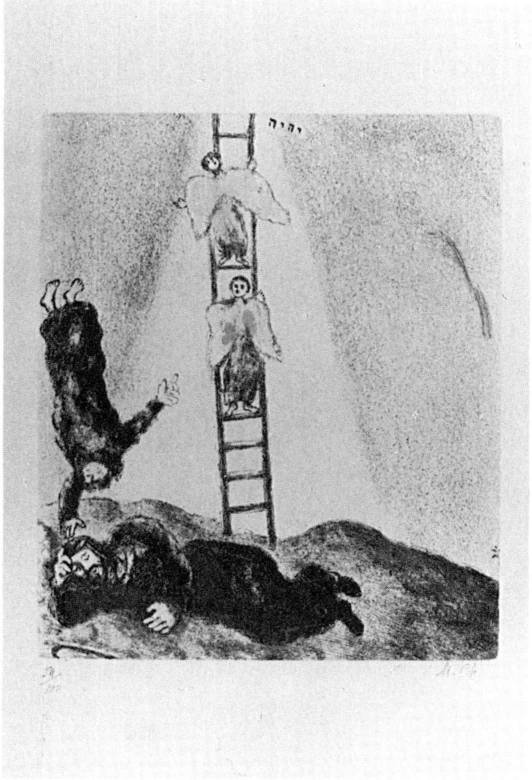

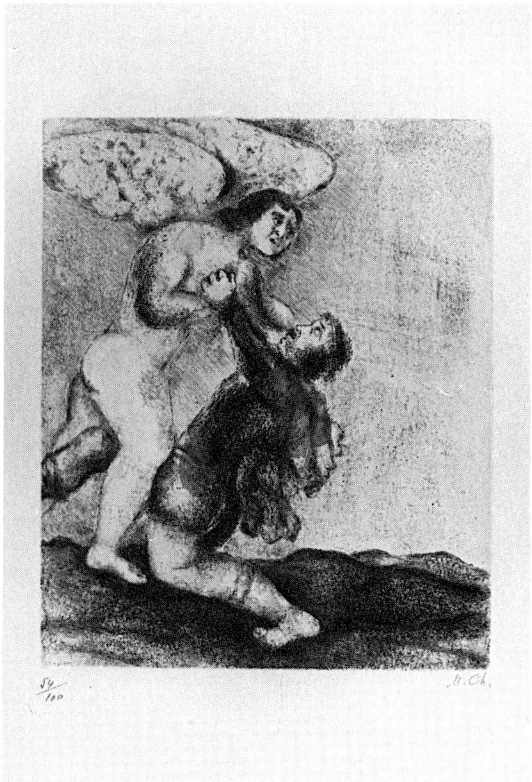

46. Joseph, der Hirte
Genesis, XXXVII, 2
(S. 215)
Radierung,
mit Gouache gehöht
30,5 x 24 cm
1931–1939
Paris, Sammlung A. Mazo

47. Die Frau des Potiphar
Genesis, XXXIX, 7–9
(S. 218)
Radierung,
mit Gouache gehöht
30,1 x 25 cm
1931–1939
Paris, Sammlung A. Mazo

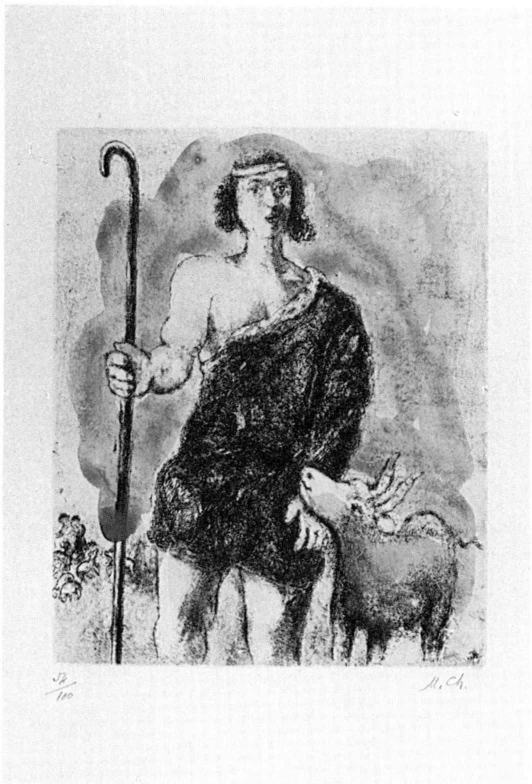

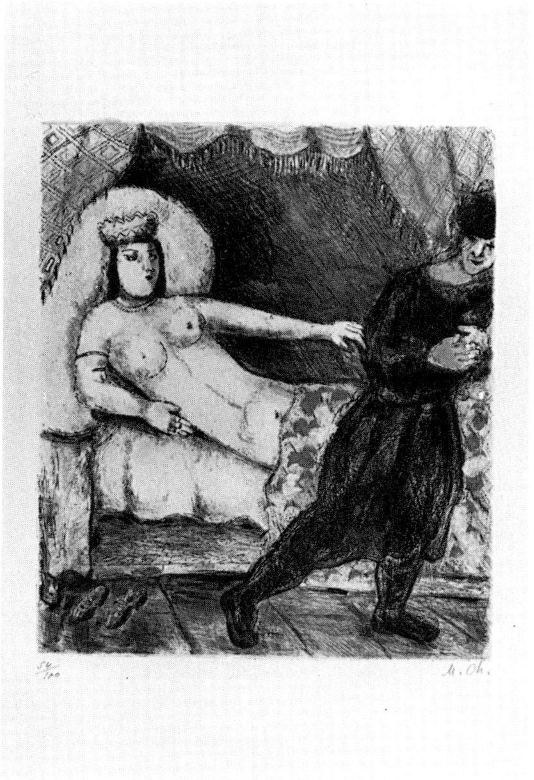

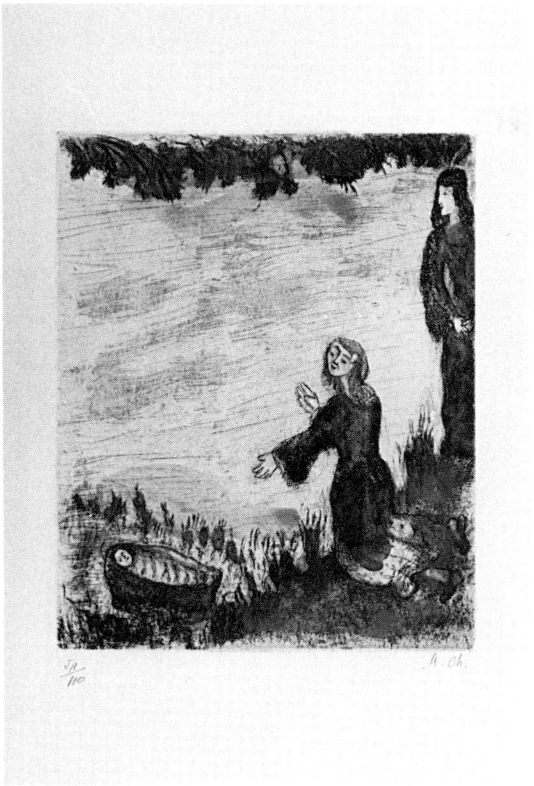

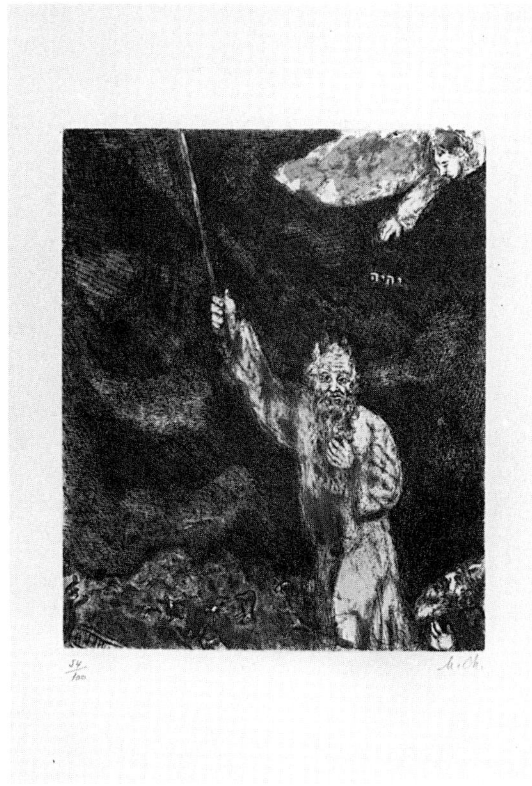

48. Moses wird aus den Wassern des Nils gerettet
Exodus, II, 1-6
(S. 224)
Radierung,
mit Gouache gehöht
29,2 x 23 cm
1931-1939
Paris, Sammlung A. Mazo

49. Moses bringt Finsternis über Ägypten
Exodus, X, 21-29
(S. 229)
Radierung,
mit Gouache gehöht
29,5 x 23,4 cm
1931-1939
Paris, Sammlung A. Mazo

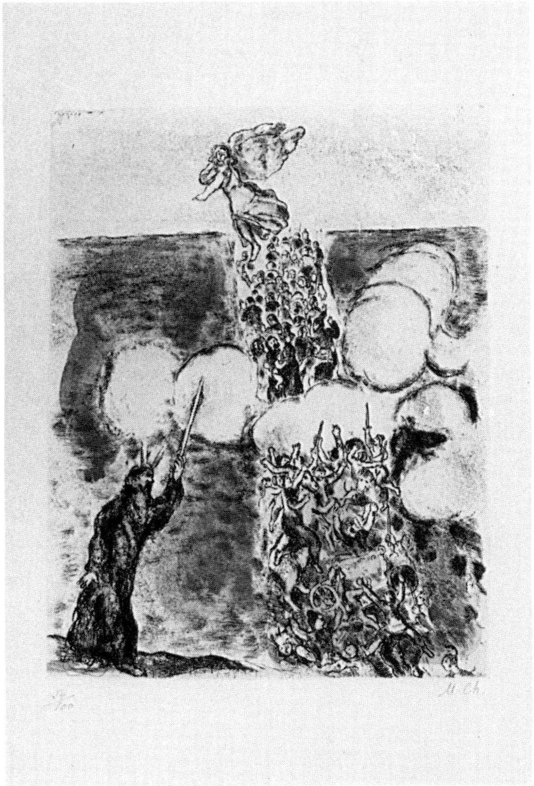

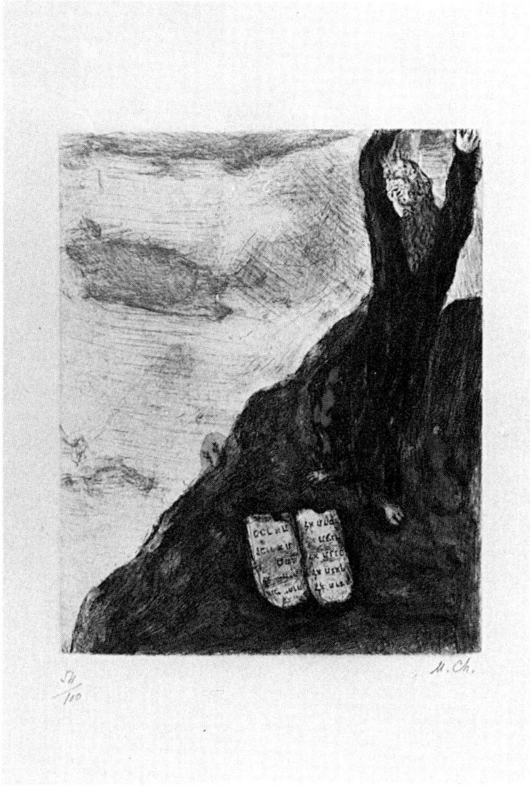

50. Der Zug durch das Rote Meer
Exodus, XIV, 19-18
(S. 231)
Radierung,
mit Gouache gehöht
32,2 x 24,3 cm
1931-1939
Paris, Sammlung A. Mazo

51. Moses zerbricht die Tafeln des Gesetzes
Exodus, XXXII, 15-19
(S. 237)
Radierung,
mit Gouache gehöht
29,6 x 23,5 cm
1931-1939
Paris, Sammlung A. Mazo

52. Aaron

Levitikus, XXIV, 1-4
(S. 238)
Radierung,
mit Aquarell gehöht
29,7 x 23,5 cm
1931-1939
Paris, Sammlung A. Mazo

53. Der Tod des Mose

Deuteronomium, XXXIV, 1-5
(S. 239)
Radierung,
mit Aquarell gehöht
31,3 x 25,4 cm
1931-1939
Paris, Sammlung A. Mazo

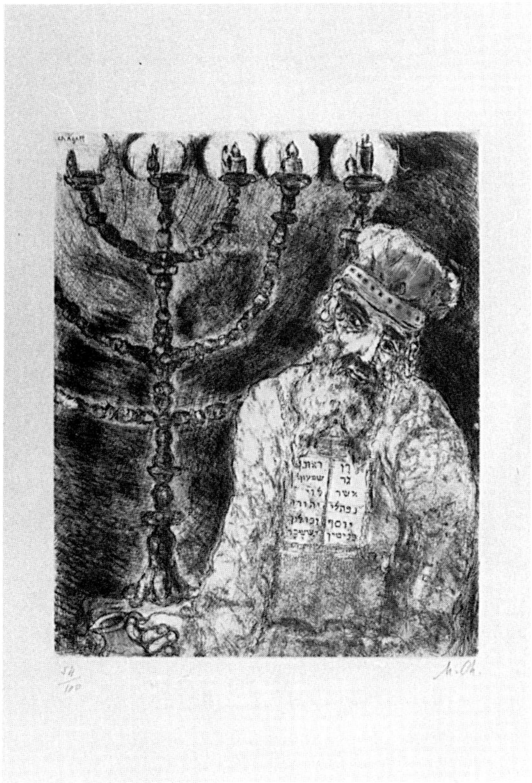

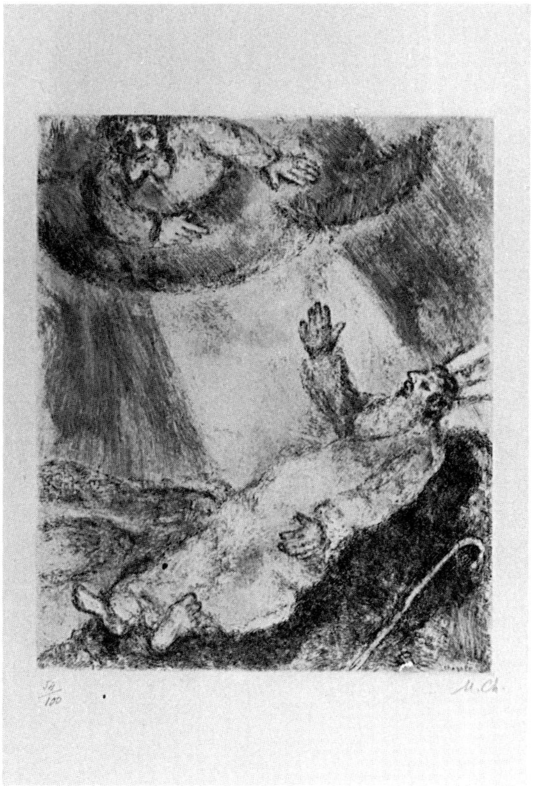

54. Die Segnung Jakobs durch Isaak

Genesis, XXVII, 26–29
(S. 211)
Radierung, 2 Zustandsdrucke
20,9 x 24,1 cm
1931–1939
Paris, Sammlung A. Mazo

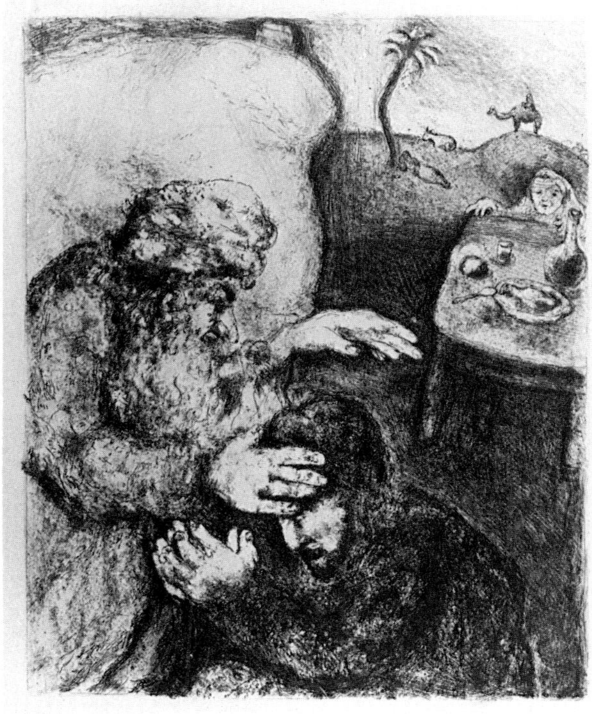

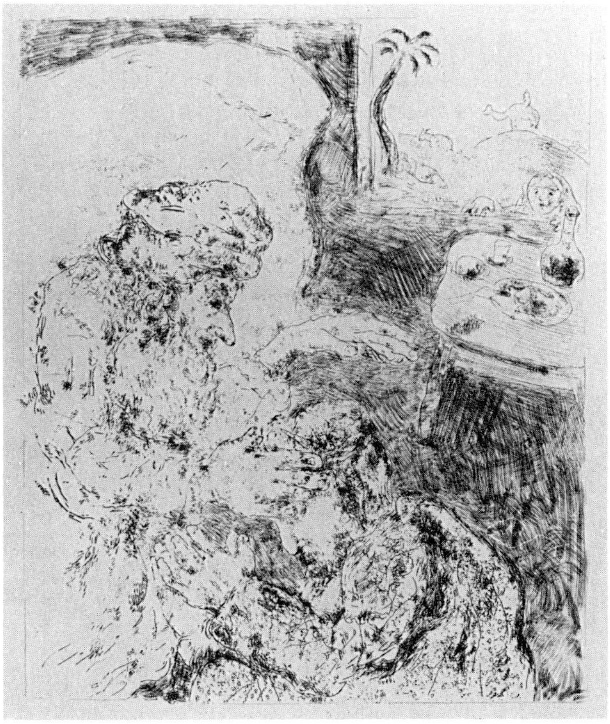

55. Moses wird aus den Wassern des Nils gerettet

Exodus, II, 1-6
(S. 224)
Radierung, 3 Zustandsdrucke
29,2 x 23 cm
1931-1939
Paris, Sammlung A. Mazo

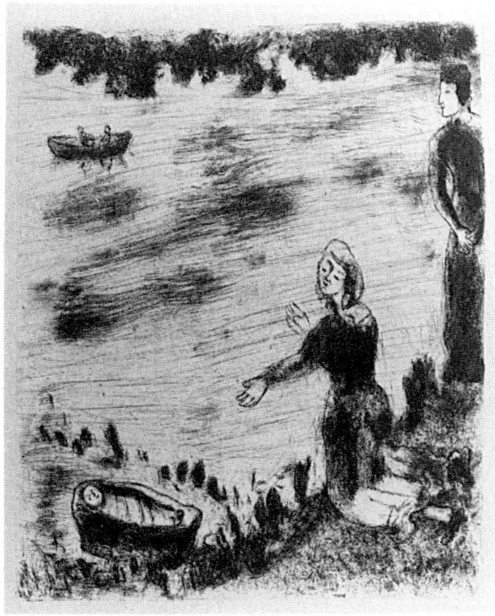
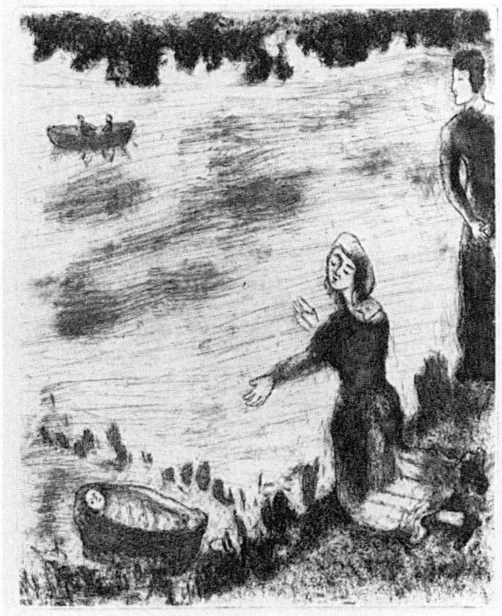
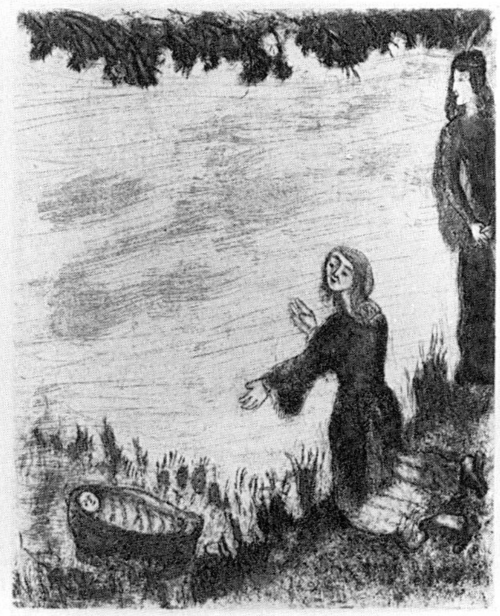

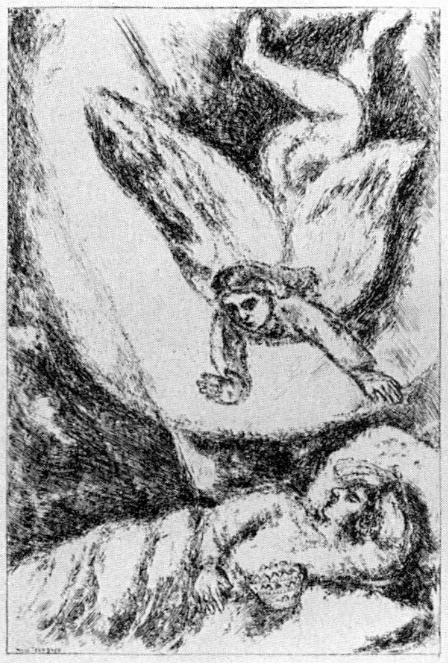
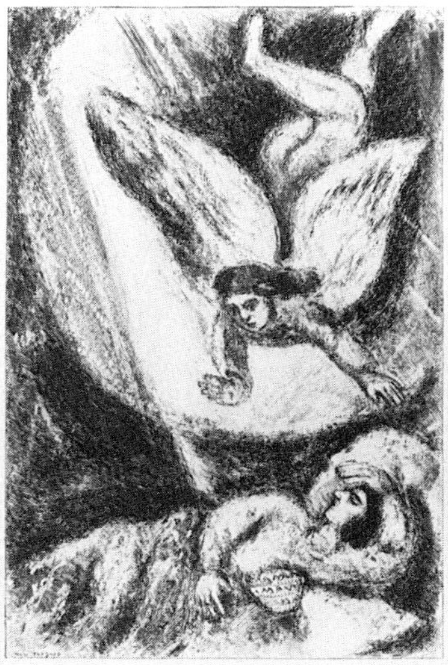
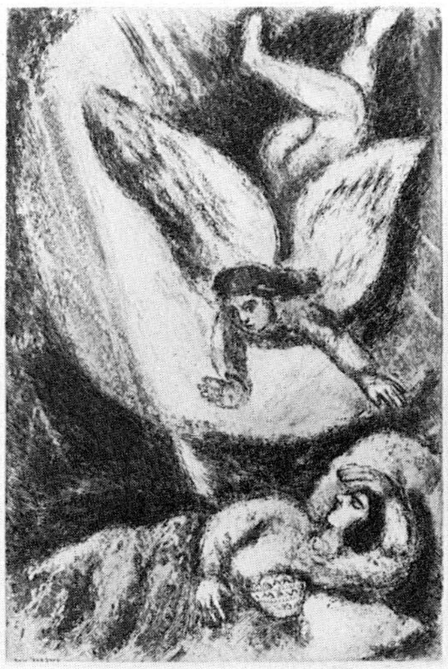

56. Salomos Traum

I. Könige, III, 5-9
(S. 275)
Radierung, 3 Zustandsdrucke
31 x 23,1 cm
1952-1956
Paris, Sammlung A. Mazo

57. Der ungehorsame Prophet wird von einem Löwen getötet
I. Könige, XIII, 20–24
Radierung, 3 Zustandsdrucke
32,4 x 22,2 cm
1952–1956
Paris, Sammlung A. Mazo

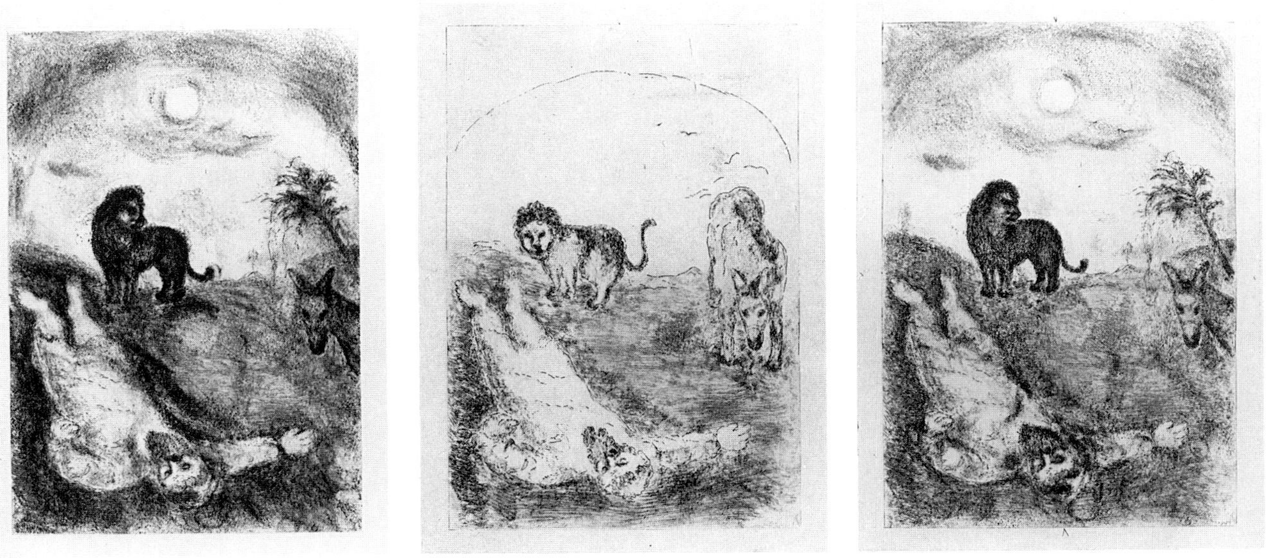

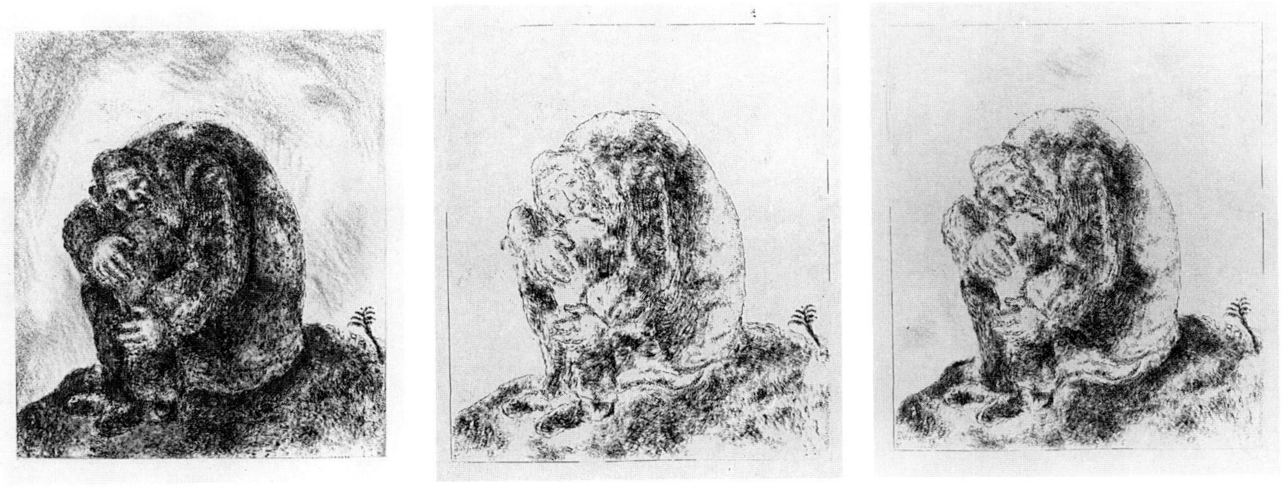

58. Elias auf dem Berg Karmel
I. Könige, XVIII, 41–46
(S. 288)
Radierung, 3 Zustandsdrucke
29,1 x 25 cm
1952–1956
Paris, Sammlung A. Mazo

Die Zeit in den Vereinigten Staaten 1941–1948

In New York nahm Chagall die graphische Tätigkeit wieder auf. Es entstanden einige Radierungen im *Atelier 17,* dessen Anreger Stanley William Hayter war. Chagall entdeckte die farbige Graphik. 1946 setzte er die Arbeit fort, die durch den Tod seiner Frau Bella unterbrochen worden war. Auf Wunsch von Jacques Schiffrin schuf er eine hinreißende Folge von Gouachen zur Illustration von *1001 Nacht.* Sie standen am Beginn seiner Farblithographie, die wiederum durch die Arbeit für die Ausstattung der Ballette „Aleko“ und „Feuervogel“ angespornt wurde.

Die ganze Pracht und dichterische Fülle der berühmten orientalischen Märchenerzählung fand hier ihre Umsetzung zu berauschender Farbigkeit.

Vier Geschichten aus den Arabischen Nächten

Während seines Aufenthaltes in den Vereinigten Staaten verwirklichte Marc Chagall eine Folge von 12 Lithographien, um vier *Geschichten aus 1001 Nacht* bildhaft zu erzählen.

In New York entdeckte er die Farbige Graphik im „Atelier 17“ bei Stanley William Hayter.

„Vier Geschichten aus den Arabischen Nächten“ *(Four Tales from the Arabian Nights)* ist das erste mit Farblithographien ausgestattete Werk Marc Chagalls. Als Voraussetzung entwarf er nach einer ihm vertrauten Methode eine Serie prächtiger Gouachen.

Das Album kam 1948 bei Pantheon Books in New York heraus. Da die Lithographien von der Presse weg verkauft wurden, ist das Werk heute nirgendwo mehr erhältlich.

Die Auflage setzt sich wie folgt zusammen:
- 90 Exemplare enthielten je 12 Farblithographien, numeriert von 1–90
- 10 Exemplare enthielten eine zusätzliche dreizehnte Farblithographie sowie die aufeinander folgenden Farbandrucke zu sämtlichen 13 Farblithographien, in römischen Ziffern numeriert von I–X.
- 11 Exemplare, bezeichnet A–K, waren nicht für den Handel bestimmt.

Sämtliche Farblithographien wurden vom Künstler signiert.

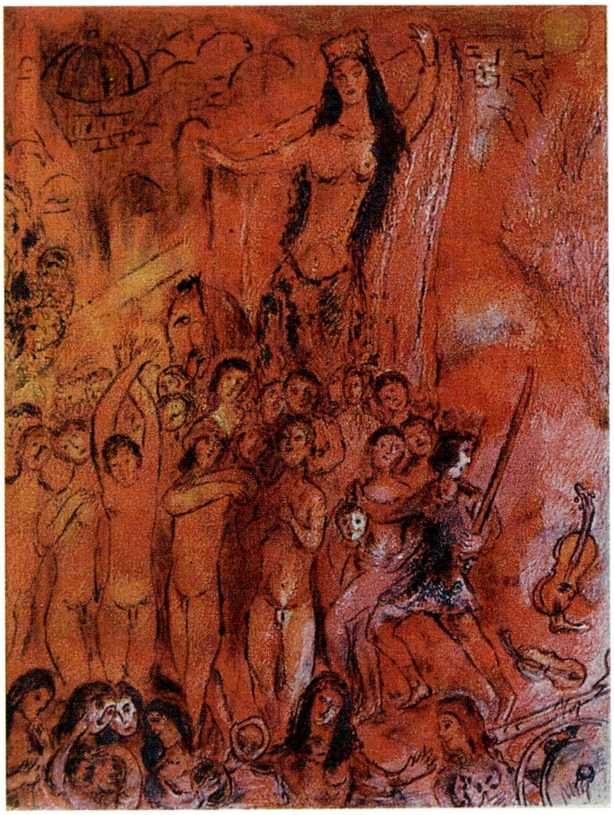

„Es waren vierzig Paare, insgesamt also achtzig, und in ihrer Mitte eine junge Frau zu Pferde, mit unverschleiertem Gesicht ..."

59. Blatt 2 des Albums: Vier Geschichten aus den Arabischen Nächten

(M. 37)
Lithographie
43,5 x 33 cm
1946
Paris, Nationalbibliothek, Kupferstichkabinett

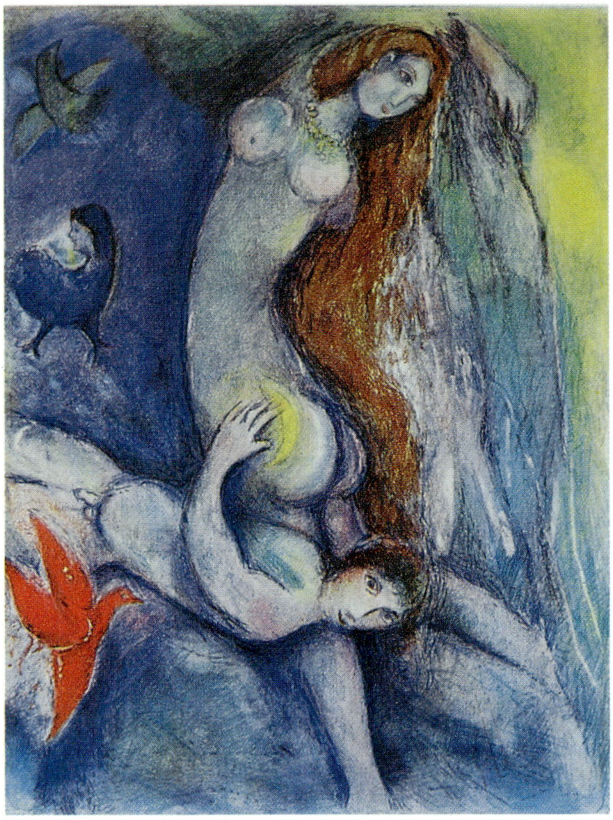

„Dann verbrachte er die Nacht mit ihr, sie umarmend und umfassend ..."

60. Blatt 3 des Albums: Vier Geschichten aus den Arabischen Nächten

(M. 38)
Lithographie
43,5 x 33 cm
1946
Paris, Nationalbibliothek, Kupferstichkabinett

61. Blatt 4 des Albums: Vier Geschichten aus den Arabischen Nächten
(M. 39)
Lithographie
43,5 x 33 cm
1946
Paris, Nationalbibliothek, Kupferstichkabinett

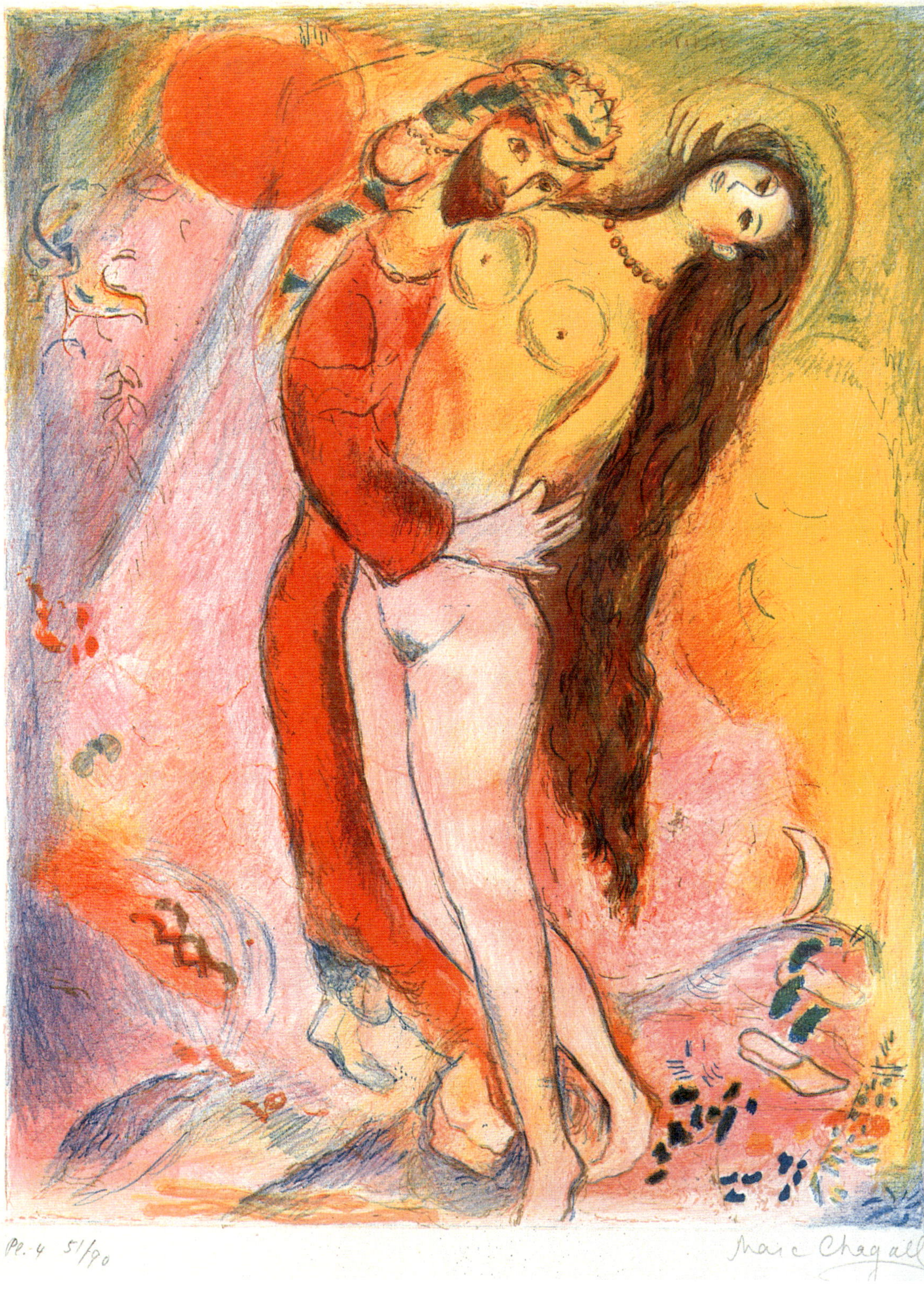

„Der König entkleidete sie mit eigner Hand und sah ihren Leib, als wäre es ein Barren von Silber…“

62. Blatt 5 des Albums: Vier Geschichten aus den Arabischen Nächten

(M. 40)
Lithographie
43,5 x 33 cm
1946
Paris, Nationalbibliothek, Kupferstichkabinett

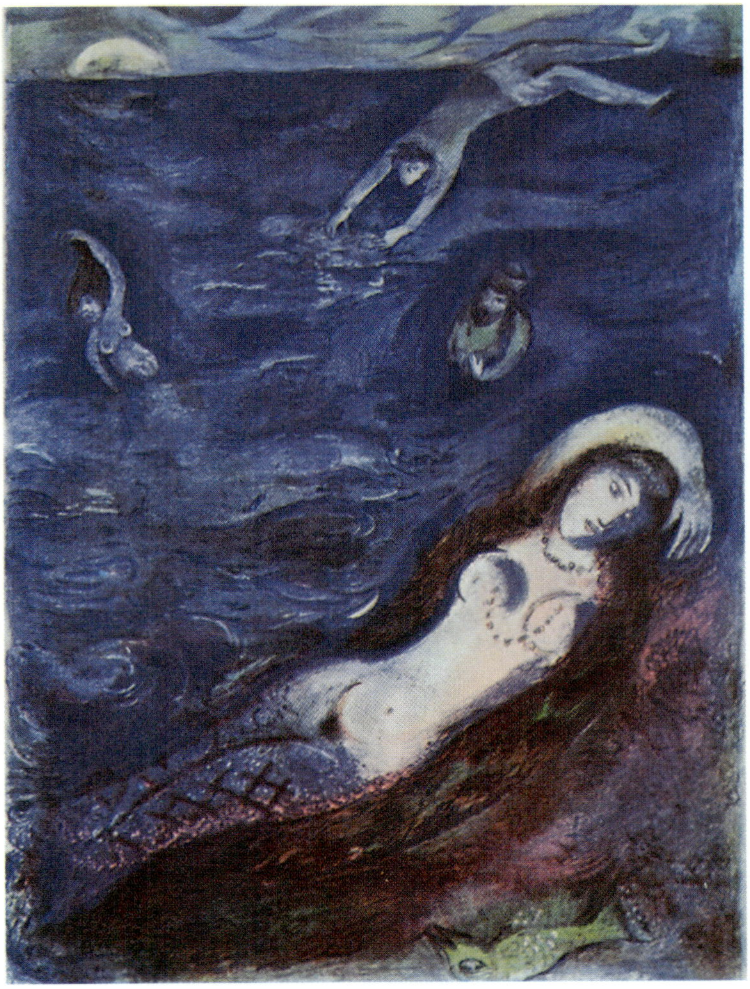

„So kam ich aus dem Meer und setzte mich nieder am Ufer einer Insel im Mondschein ...“

63. Blatt 7 des Albums: Vier Geschichten aus den Arabischen Nächten
(M. 42)
Lithographie
43,5 x 33 cm
1946
Paris, Nationalbibliothek, Kupferstichkabinett

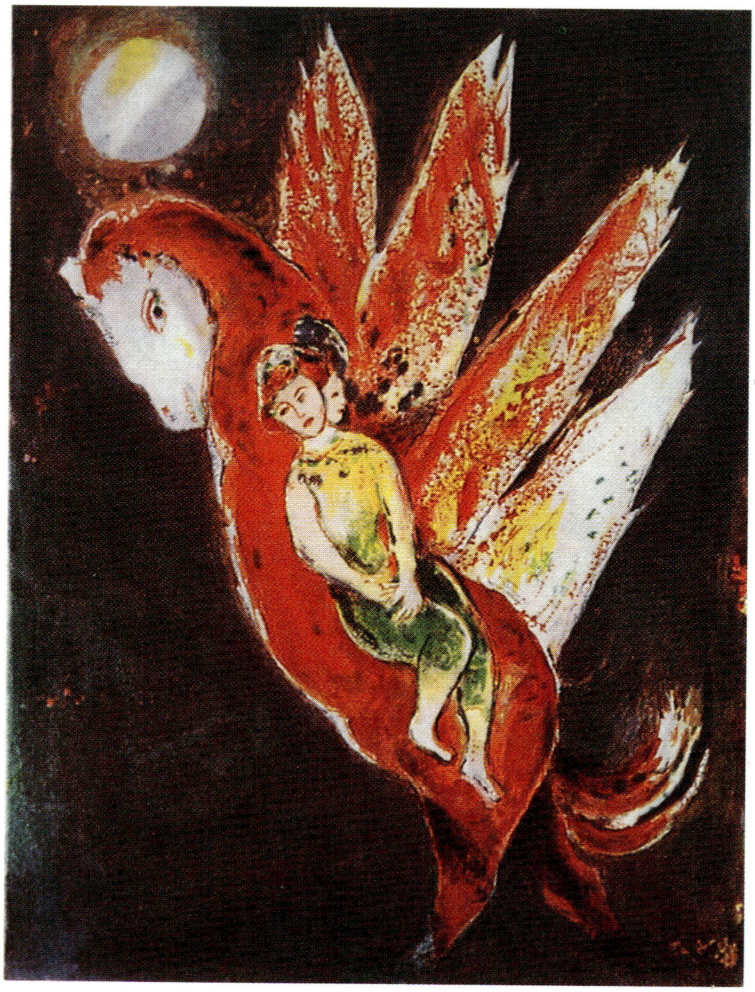

„Dann bestieg die Alte den Rücken des Dämons, nahm ihre Tochter hinter sich, und der Ifrit flog mit ihnen auf und davon ...“

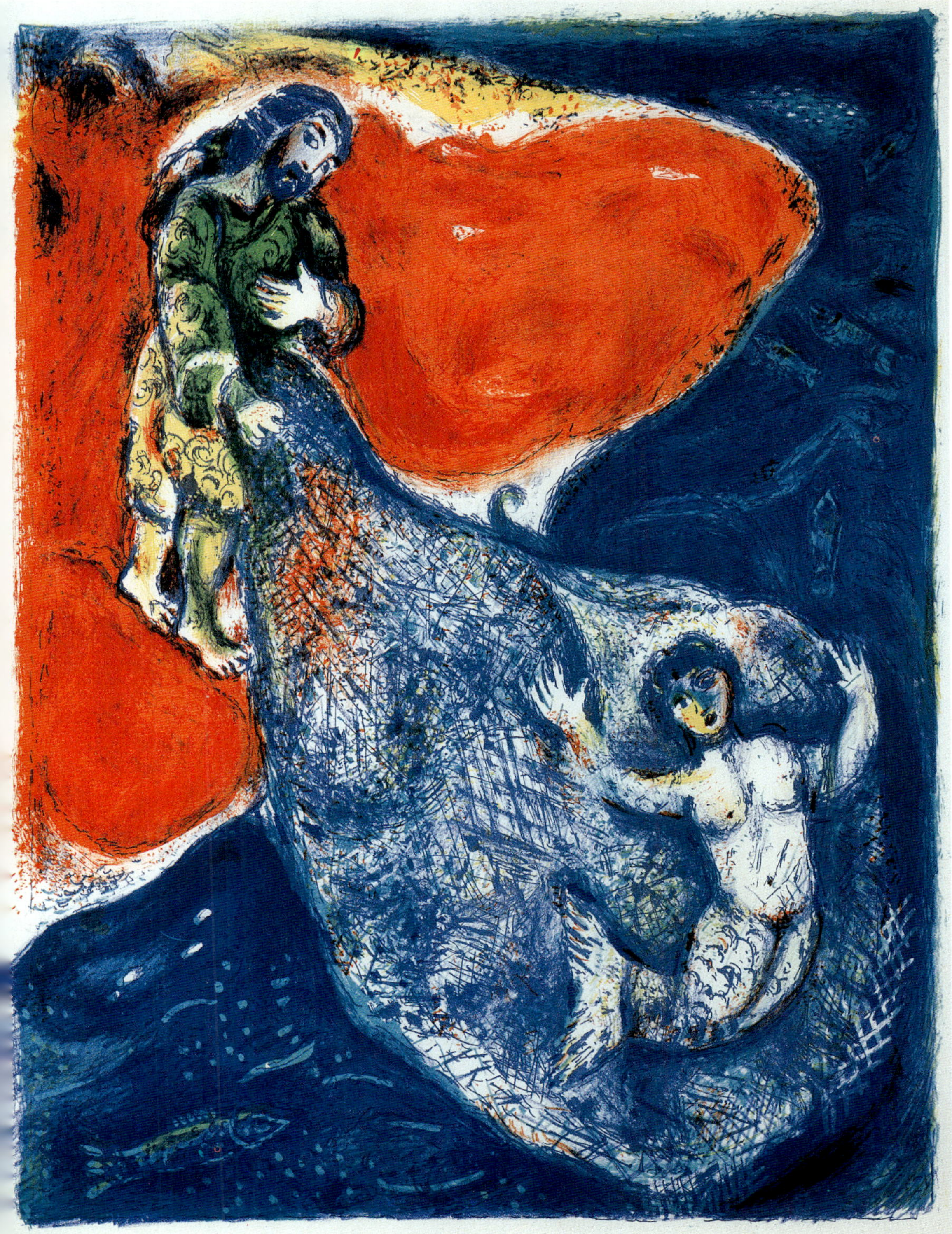

64. Blatt 8 des Albums: Vier Geschichten aus den Arabischen Nächten
(M. 43)
Lithographie
43,5 x 33 cm
1946
Paris, Nationalbibliothek, Kupferstichkabinett

„Als Abdullah das Netz an Land zog, sah er darin einen Mann, doch das Wesen rief ihm aus dem Netz zu ...“

65. Blatt 11 des Albums: Vier Geschichten aus den Arabischen Nächten
(M. 46)
Lithographie
43,5 x 33 cm
1946
Paris, Nationalbibliothek, Kupferstichkabinett

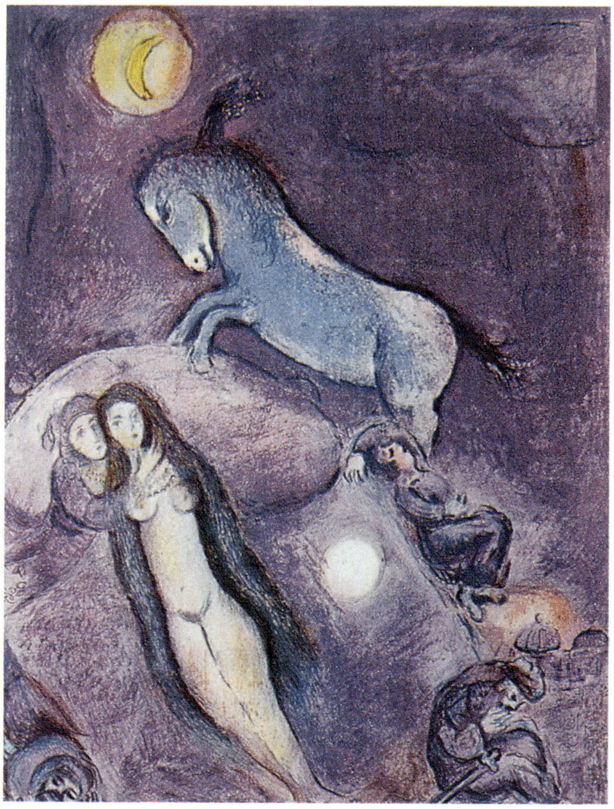

„Er ging hinauf zu dem Lager und fand dort eine schlafende Frau, bekleidet mit ihrem Haar, als wäre sie der Mond, der am östlichen Horizont emporkommt...“

66. Blatt 12 des Albums: Vier Geschichten aus den Arabischen Nächten
(M. 47)
Lithographie
43,5 x 33 cm
1946
Paris, Nationalbibliothek, Kupferstichkabinett

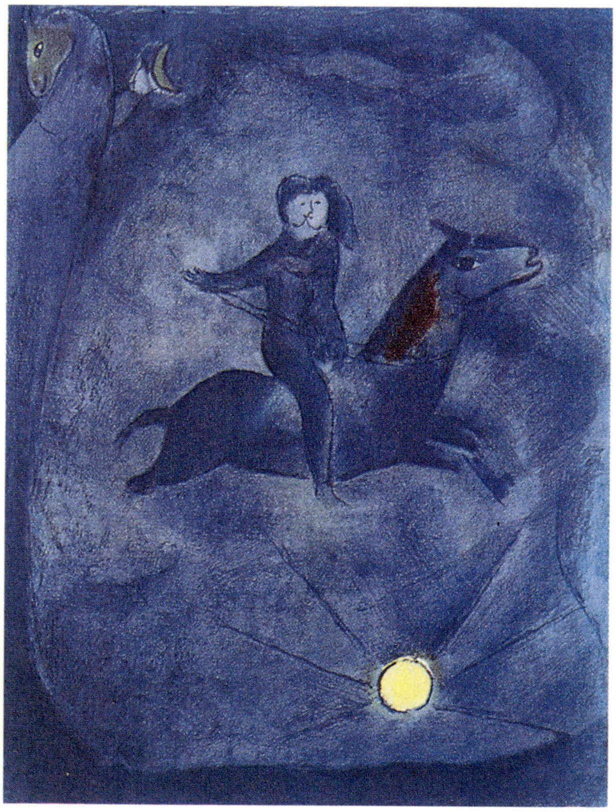

„Er bestieg das ebenholzschwarze Pferd, ließ sie aufsitzen und ihn festhalten und band sie mit festen Fesseln. Dann wandte er sich zum Aufstieg und das Pferd stieg mit ihnen hoch empor in die Luft...“

Die Rückkehr nach Frankreich 1946–1985

Nach den dunklen Jahren des Krieges und des Exils kehrte Chagall nach Frankreich zurück, seiner zweiten Heimat. Er ließ sich anfangs in Vence nieder, dann in Saint-Paul, in jenem Süden des bezaubernden Lichtes.

Die zweite Ehe mit Valentina Brodsky, Vava, schenkte ihm heitere Klarheit und Ausgewogenheit. Es folgte eine außerordentlich schöpferische Schaffensphase, in der sich die Farbe zu einem wahren Hymnus an das Leben und die Liebe steigerte. Das lithographische Werk entfaltete sich im Atelier Mourlot, in Zusammenarbeit mit dem befreundeten Lithographen Charles Sorlier. Chagall fuhr fort, große klassische Texte zu illustrieren, wie *Daphnis und Chloë* und die *Odyssee,* oder zeitgenössische.

Freunde unter den Dichtern wie Louis Aragon, Camille Bourniquel, Léopold Sedar Senghor sowie Jean Wahl oder Gaston Bachelard unter den Philosophen feierten den Magier der Kunst.

Chagall selbst steuerte den Text zu einer seiner blendendsten Folgen von Lithographien bei, dem *Zirkus,* jener eigenen Welt der Wunder und der Tristesse.

Mit Ausnahme der Holzschnitte zur Illustration seiner eignen Gedichte wurde die *Lithographie* zum bevorzugten Medium des Malers. Diese meisterliche Graphik begleitete fortan sein malerisches Werk, bis hin zu jenem vergeistigten Abschiedsblatt „Der anderen Klarheit entgegen" (Vers l'autre clarté).

Daphnis und Chloë

Zu Beginn des Jahres 1952 schlug Tériade dem Künstler vor, den Text von Longus „Daphnis und Chloë“ zu illustrieren.

Wenige Monate später brach Chagall in Begleitung seiner Frau Valentina, Vava, nach Griechenland auf. Die hellenische Landschaft bezauberte ihn, so daß er 1954 erneut dorthin fuhr und zahlreiche Skizzen von dieser Reise heimbrachte. Danach realisierte er eine Folge vorbereitender Gouachen, die er ein paar Jahre später zu Lithographien umsetzte.

Das Werk wurde 1961 von Tériade in zwei Bänden in den Editions Verve herausgebracht. Eine Folge von 46 Lithographien begleitete den Longus-Text in der Übersetzung von Paul-Louis Courier. Die Auflage setzt sich wie folgt zusammen:

250 Exemplare, numeriert von 1–250 sowie 20 nicht für den Handel bestimmte Exemplare, numeriert von I–XX.

Sämtliche Exemplare sind vom Künstler signiert.

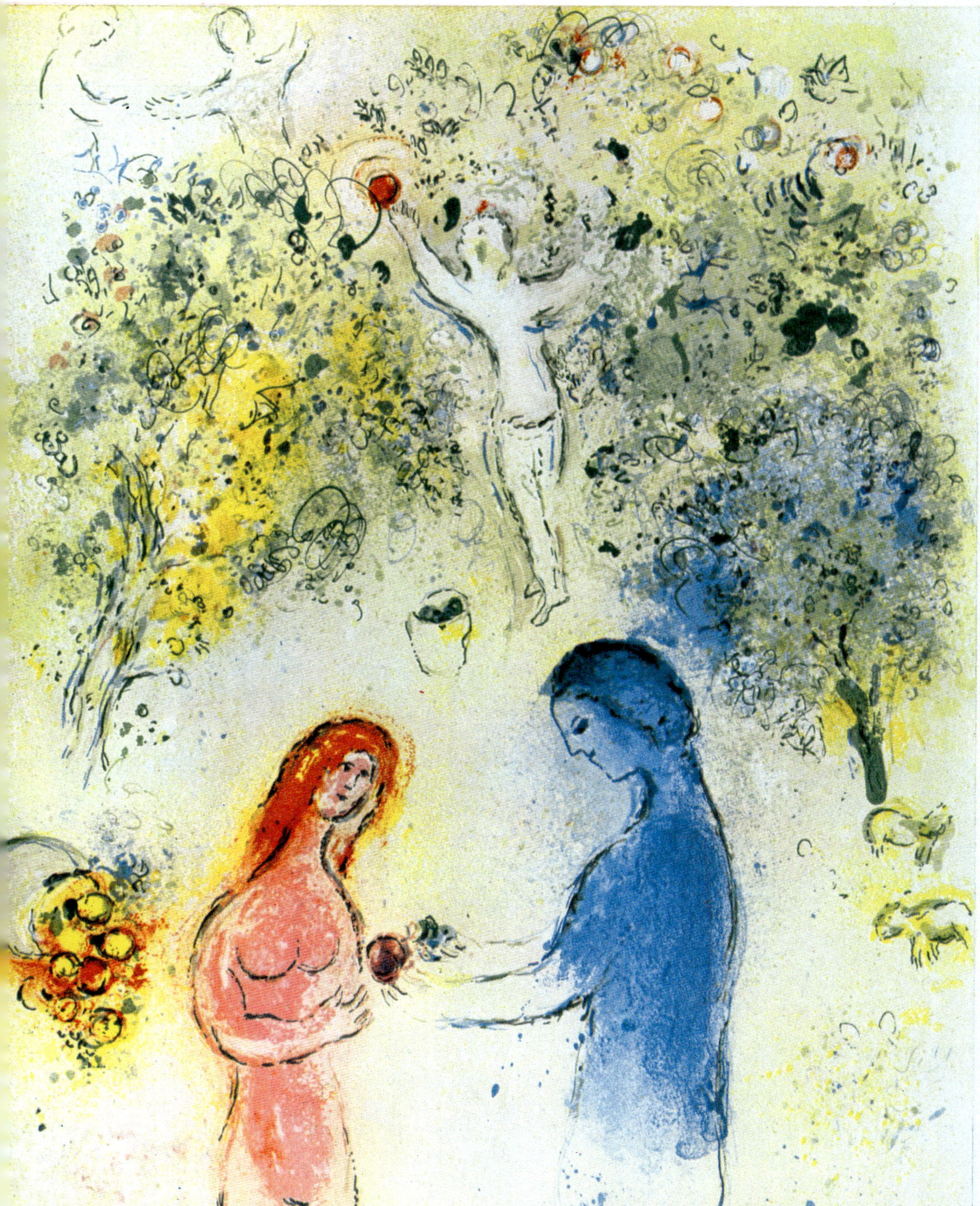

67. Daphnis und Chloë (Frontispiz)

(M. 308)
Lithographie
42 x 32 cm
1959–1961
Paris, Nationalbibliothek, Kupferstichkabinett

68. Der Hirte Dryas entdeckt Chloë
(M. 310)
Lithographie
42 x 32 cm
1959–1961
Paris, Nationalbibliothek, Kupferstichkabinett

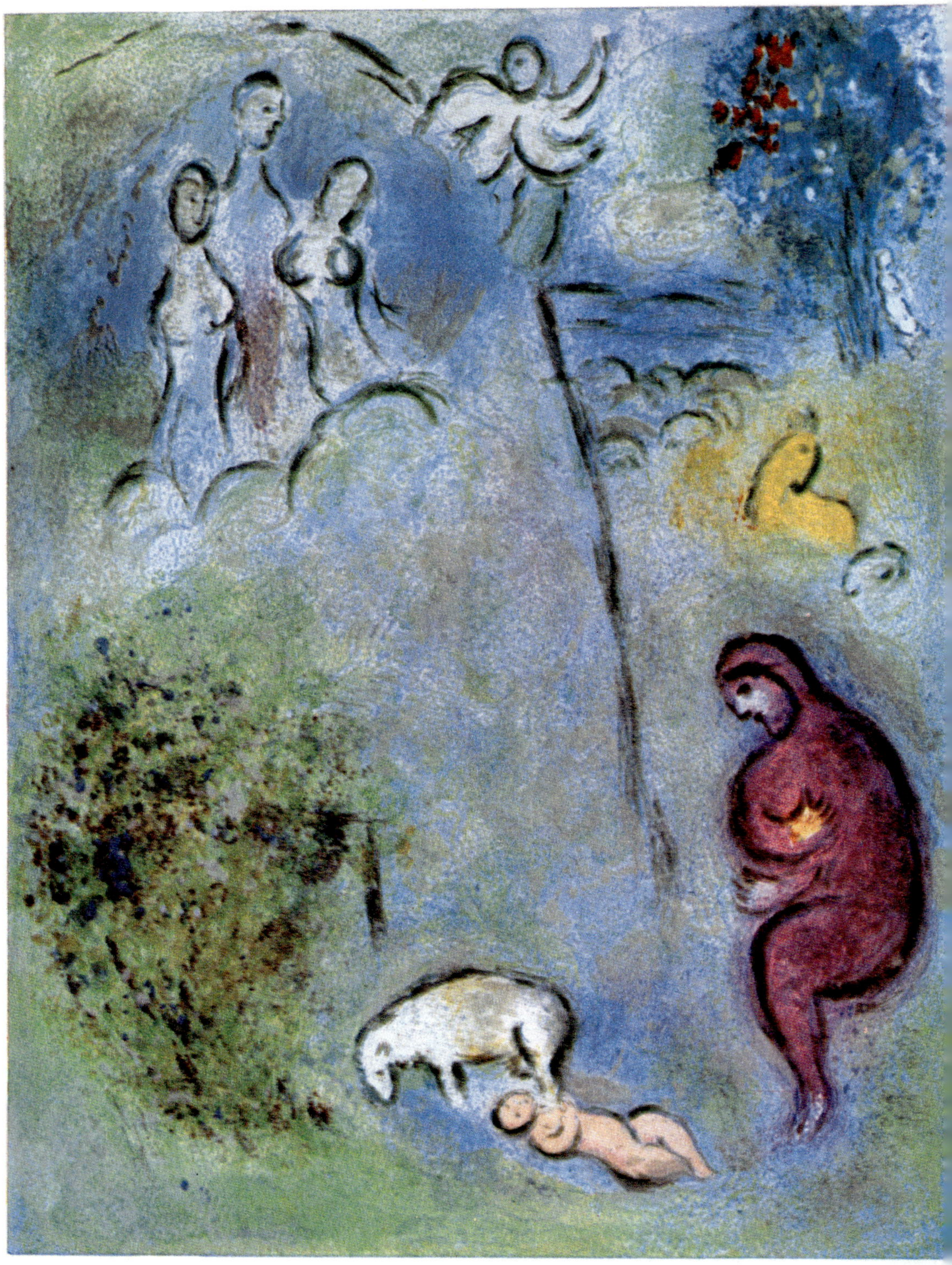

Zwei Jahre waren bereits vergangen, als einem Hirten namens Dryas, der seine Herde in der Nachbarschaft weidete, das nämliche Abenteuer widerfuhr: der gleiche Fund und das gleiche Bild… Es bot sich ihm ein ganz anderes Schauspiel, als er erwartet hatte: Er entdeckte ein Schaf, das sich wie eine Frau verhielt. Es gab einem Säugling die Brust, der die Milch in langen Zügen trank und sich mal hier, mal da an dem Euter zu schaffen machte. Sein Gesicht war reinlich, denn das Schaf leckte es, während es stillte.

Das Kind war ein kleines Mädchen und neben ihm lagen als Erkennungszeichen ein goldenes Stirnband, goldene Schuhe und zierliche Fußreifen aus Gold…

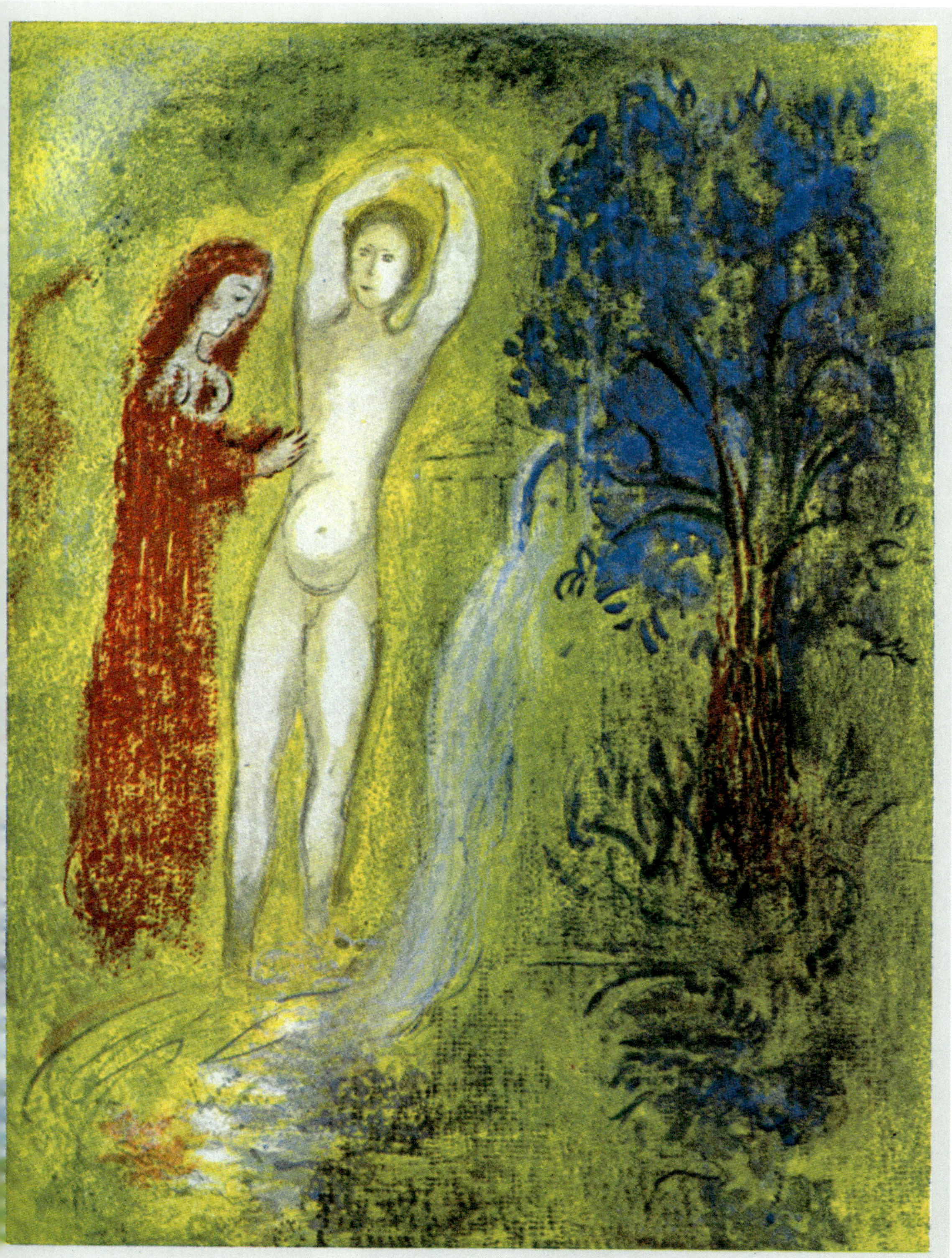

69. Daphnis und Chloë an der Quelle
(M. 313)
Lithographie
42 x 32 cm
1959–1961
Paris, Nationalbibliothek, Kupferstichkabinett

Er ging mit Chloë zur Grotte der Nymphen. Hier überließ er ihr seine Tunika und seinen Hirtensack, dann wusch er sich an der Quelle stehend die Haare und den Körper. Sein Haar war schwarz und üppig und sein Leib gebräunt von der Sonne. Man könnte sagen, die braune Farbe spiegelte seine Haare.

Als Chloë ihn so sah, fand sie Daphnis schön. Nie hatte sie etwas so Schönes gesehen und sie meinte, es sei das Bad, das solche Schönheit hervorgerufen habe.

Während sie ihm den Rücken wusch, fühlte sie sein zartes Fleisch unter ihren Fingern und insgeheim berührte sie selbst ihre Haut wieder und wieder, um zu spüren, ob sie sich vielleicht ebenso angenehm anfühlte.

70. Frühling über den Wiesen

(M. 314)
Lithographie
42 x 64 cm
1959–1961
Paris, Nationalbibliothek, Kupferstichkabinett

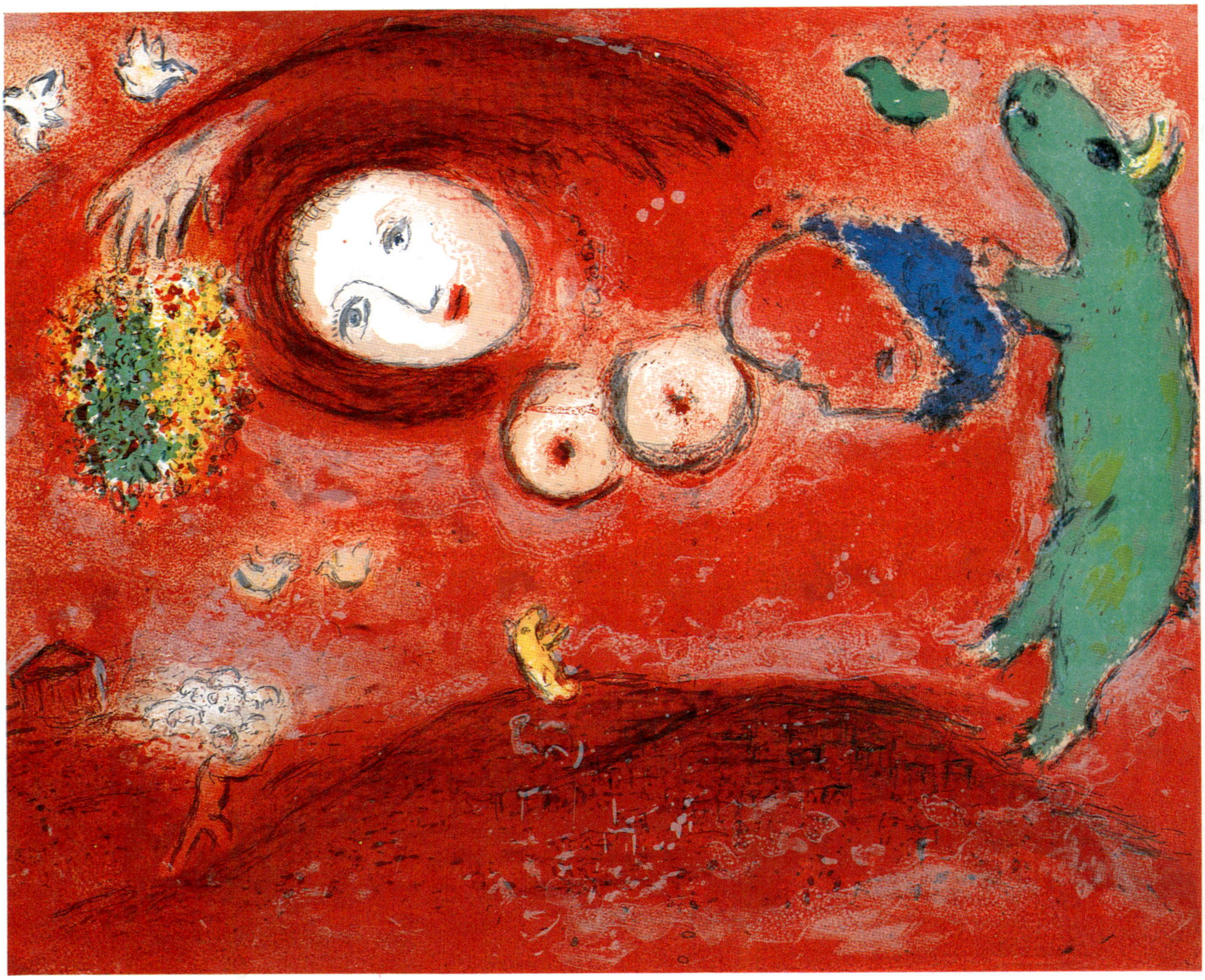

Der Frühling kam und alle Blumen begannen zu blühen, die der Wälder, die der Wiesen und die der Berge. Das Summen der Bienen ertönte, die Vögel ließen sich hören, und die jungen Lämmer hüpften vor Freude. Auf den Bergen sprangen die Lämmer, über den Wiesen summten die Bienen, im Gesträuch sangen die Vögel.

Alles war glücklich in dieser schönen Jahreszeit, und die beiden Kinder, jung und zart wie sie waren, ahmten nach, was sie ringsum sahen. Die Vögel sangen und so sangen sie auch, die Lämmer hüpften, und so hüpften sie auch. Nach dem Vorbild der Bienen wandten sie sich den Blumen zu, um den Bausch ihrer Tuniken damit zu füllen und sie bekrönten sich wie die Nymphen mit heiteren Blütenkränzen.

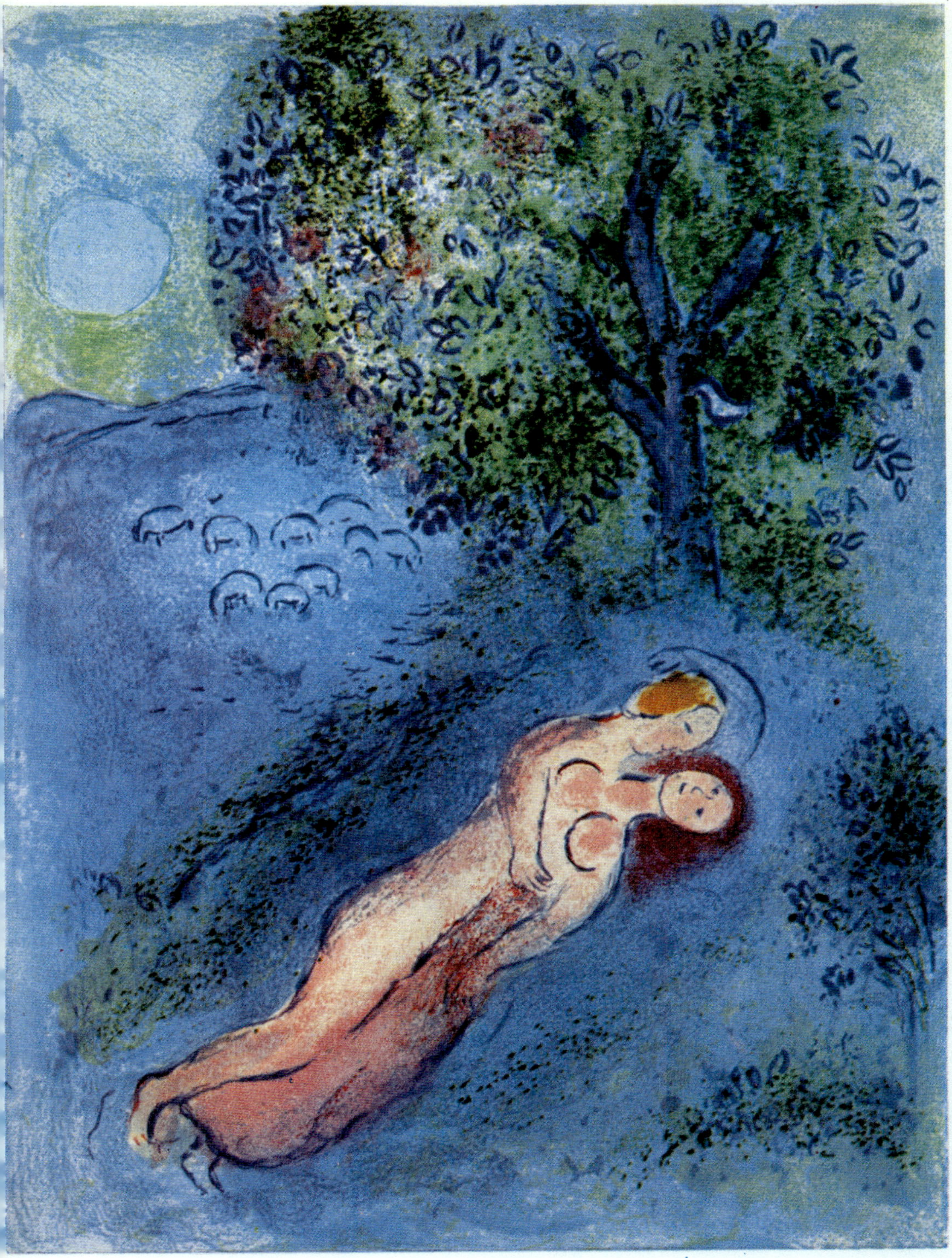

71. Der Rat des Philetas

(M. 323)
Lithographie
42 x 32 cm
1959–1961
Paris, Nationalbibliothek, Kupferstichkabinett

Die Liebe, meine Kinder, ist ein Gott, jung und schön und mit Flügeln. Daher liebt er die Jugend und folgt er der Schönheit und verleiht er den Seelen Flügel.

Und seine Macht ist so groß, daß sie sogar die des Zeus übertrifft. Er gebietet den Elementen, er herrscht über die Sterne, er steht über den anderen Göttern, seinesgleichen. Ihr dagegen habt keine vergleichbare Gewalt über euere Ziegen und euere Schafe.

Alle Blumen sind das Werk der Liebe, die Bäume dort sind sein Werk. Ihr ist zu verdanken, daß die Wasser fließen und der Wind weht.

Gegen die Liebe gibt es kein Mittel, gleich ob man trinkt oder ißt, auch hilft kein Schlummerlied dagegen, nur Küsse, Umarmungen und sich Hinlegen ohne Kleider, einer nahe dem andern, Leib dicht an Leib.

72. Die Entführung der Chloë

(M. 327)
Lithographie
42 x 64 cm
1959–1961
Paris, Nationalbibliothek, Kupferstichkabinett

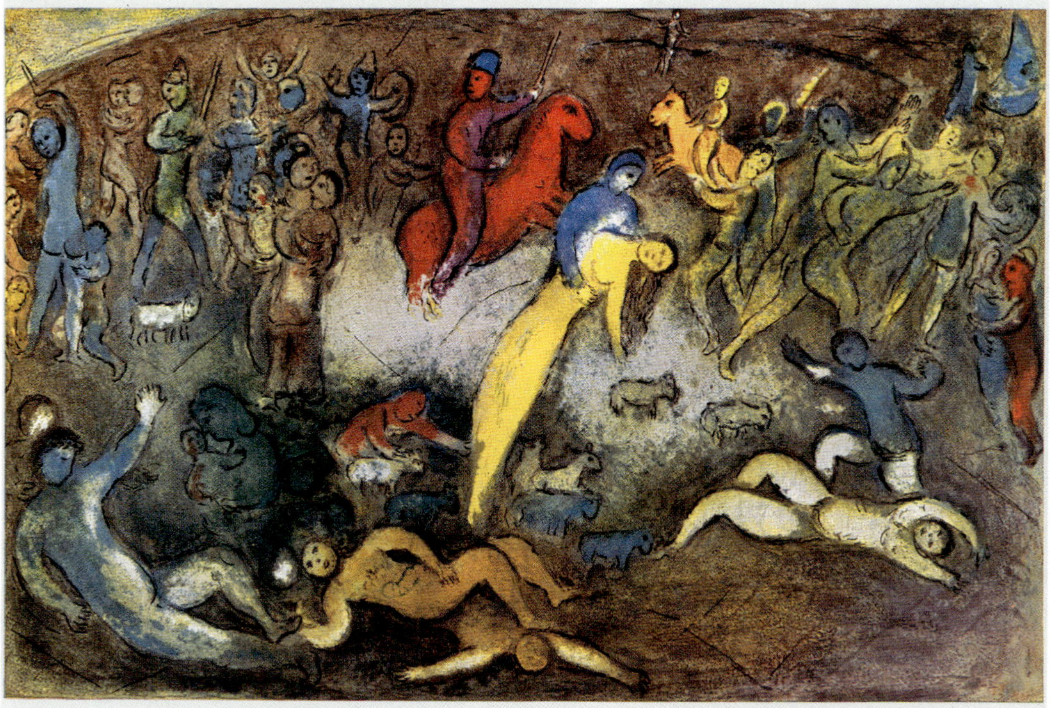

Chloë war bei den Herden, als die Verfolgung hereinbrach. Schutzflehend suchte sie Zuflucht bei den Nymphen und bat die Feinde, sie zu verschonen, sie und ihre Herde, im Namen der Götter.

Doch vergebens, denn die Leute von Methymna, nachdem sie sich über die Statuen lustig gemacht hatten, trieben die Herden davon, und auch sie, wie ein Lamm, mit Rutenschlägen.

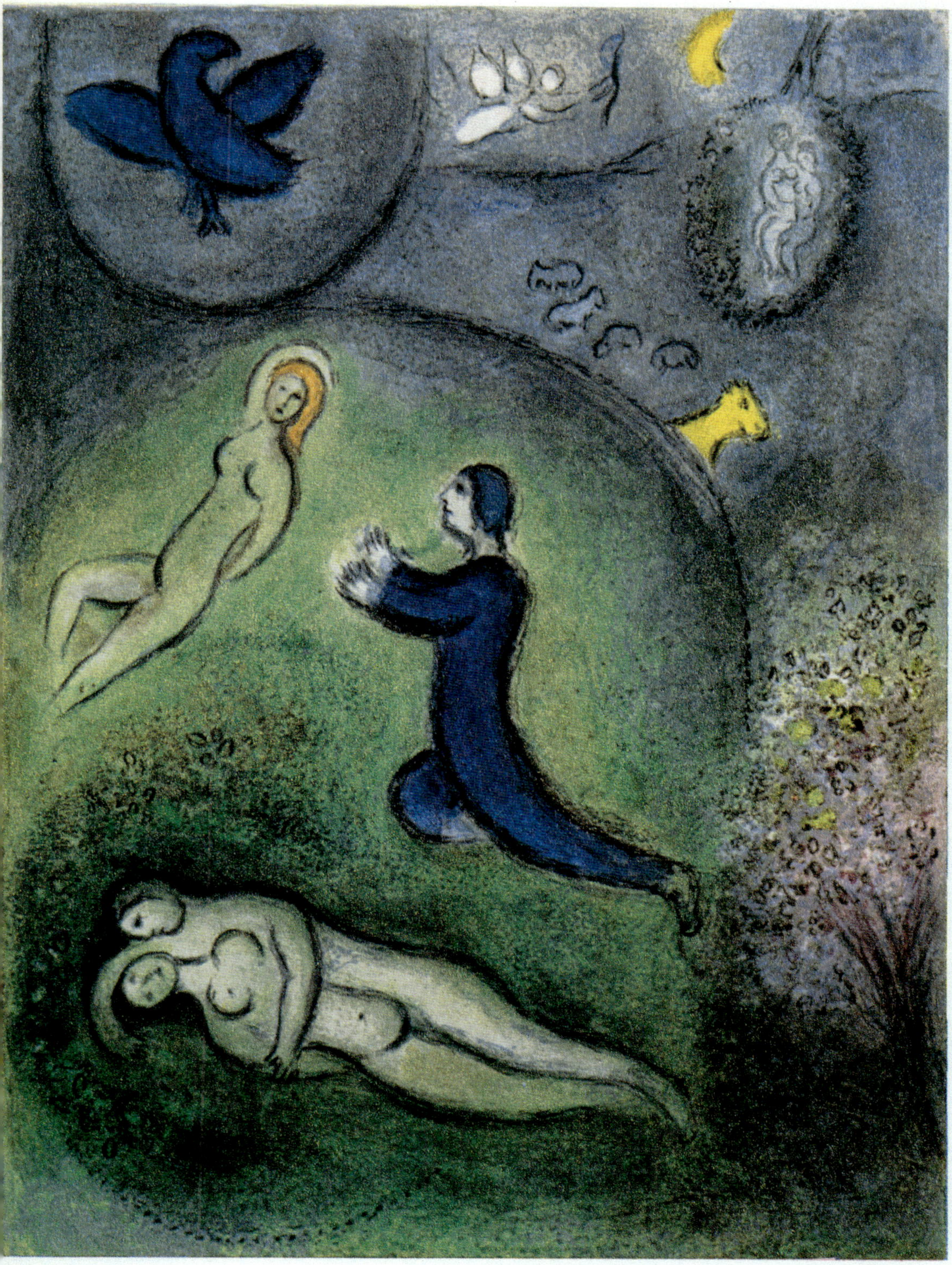

73. Daphnis und Lycenion
(M. 336)
Lithographie
42 x 32 cm
1959–1961
Paris, Nationalbibliothek, Kupferstichkabinett

Daphnis, der nicht ahnen konnte, was geschehen würde, erhob sich bald, nahm seinen Hirtenstab und folgte Lycenion. Dieser führte ihn soweit als möglich von Chloë fort. Dann, als sie im dichtesten Wald angelangt waren, ließ ihn Lycenion niedersitzen und sagte zu ihm: „Du liebst Chloë, Daphnis, das haben mir die Nymphen heute Nacht anvertraut. Im Traum haben sie mir von deinen Tränen berichtet und mir aufgetragen, dich zu retten und dich die Liebe zu lehren: es ist nicht der Kuß und nicht die Umarmung und nicht das, was die Böcke und Hämmel tun, nein, jene Umarmungen sind süßer als all das, denn sie geben ein Vergnügen, das länger dauert. Wenn du dich also von deinen Leiden befreien und die Wonnen kennenlernen willst, die du begehrst, gib dir nach und werde mein aufmerksamer Schüler. Den Nymphen zuliebe will ich dir alles erklären.

74. Chloë

(M. 339)
Lithographie
42 x 32 cm
1959–1961
Paris, Nationalbibliothek, Kupferstichkabinett

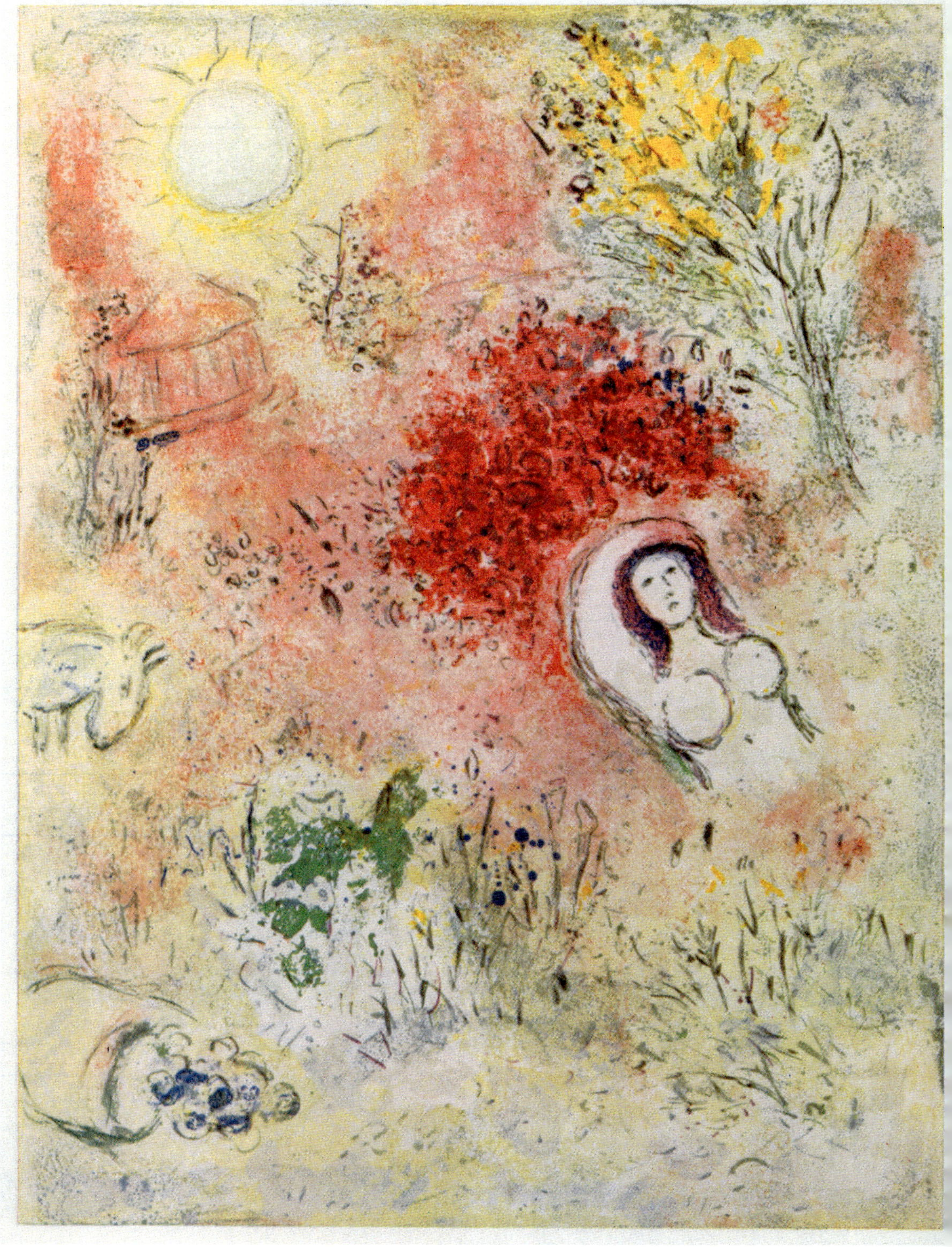

In jenem Sommer drängte sich eine Schar von Bewerbern um Chloë und viele kamen zu Dryas, in der Hoffnung, das Mädchen zu freien. Die einen boten begehrte Geschenke, die anderen machten köstliche Versprechungen, damit sie nur Chloë bekämen ...

75. Echo

(M. 340)
Lithographie
42 x 64 cm
1959–1961
Paris, Nationalbibliothek,
Kupferstichkabinett

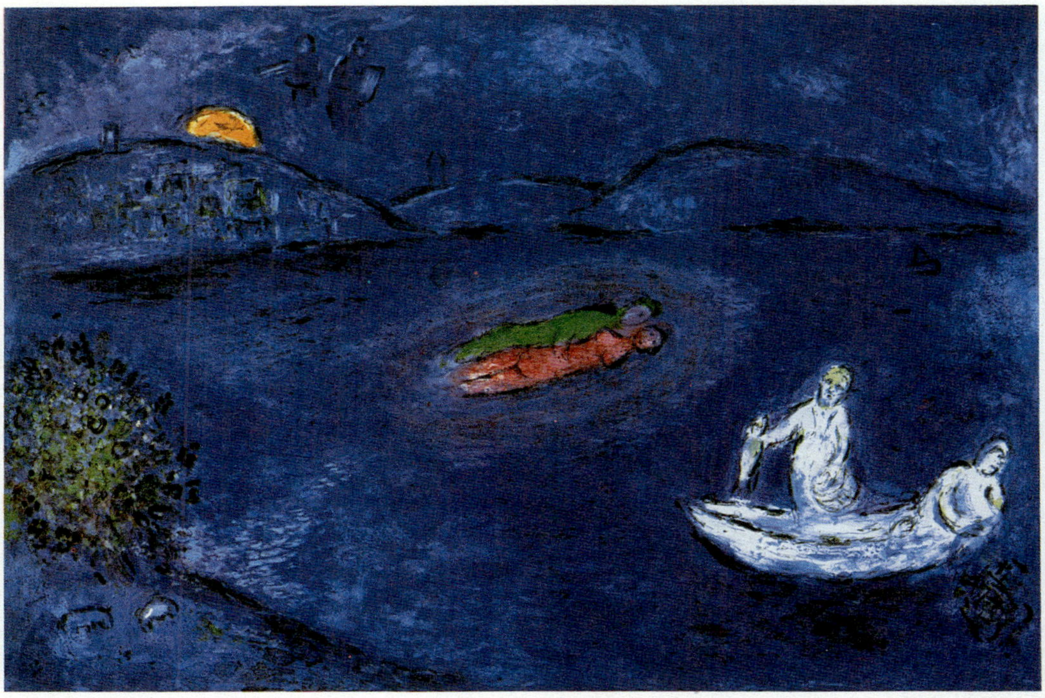

Sie floh alle Burschen, Männer und Götter, denn sie wollte jungfräulich bleiben. Pan geriet in Zorn über sie, denn er war eifersüchtig auf ihre Musik und ihre Schönheit. Daher schickte er die Wut über die Hirten, daß sie wie die Hunde und Wölfe sie zerrissen und ihre immer noch singenden Glieder weithin über die Erde zerstreuten.

Die barmherzige Erde bedeckte sie, den Nympen zuliebe. Sie selbst bewahrte ihr Lied und ließ mit Willen der Musen jene Stimme hören, die alles nachahmt, wie einst das Mädchen: die Götter, die Menschen, Instrumente und Stimmen der Tiere.

Selbst Pan ahmt sie nach, wenn er auf der Hirtenflöte spielt. Und dieser, sie hörend, springt auf, um sie über die Berge zu verfolgen, einzig von dem Wunsche erfüllt, zu erfahren, wer sein unbekannter Schüler sei.

76. Megacles findet seine Tochter beim Festmahl wieder

(M. 347)
Lithographie
42 x 64 cm
1959–1961
Paris, Nationalbibliothek, Kupferstichkabinett

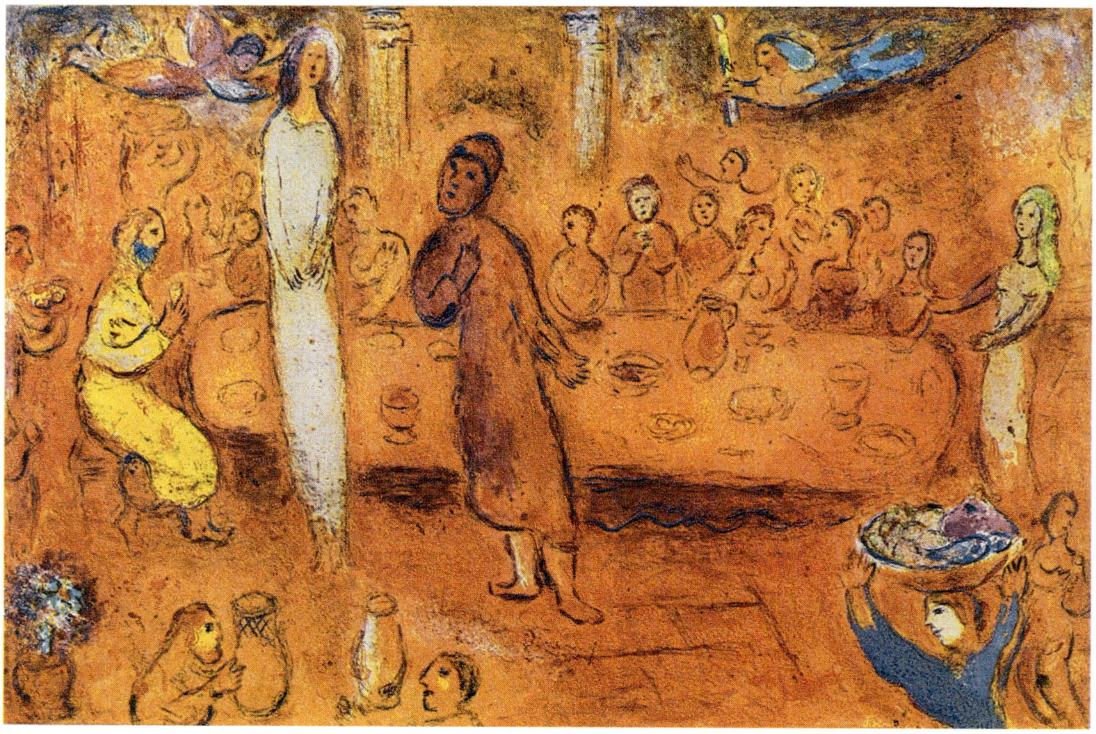

Niemand aber erkannte sie wieder. Nur ein gewisser Megacles, der aufgrund seines hohen Alters am fernsten Ende des Saales Platz genommen hatte, und der sie von Ferne sah, stieß einen Schrei wie ein junger Mann aus und rief: „Was sehe ich? Was ist aus dir, meine Tochter, geworden! Bist du noch am Leben oder hat nur jener Hirte, der dich auffand, die Erkennungszeichen aufbewahrt? Ich bitte dich, Dionysophanes, sag mir, woher hast du diese Dinge, die meinem Kind gehören? Du hast Daphnis wiedergefunden, mißgönne mir nicht das Glück, meine Tochter wiederzufinden ...“

Die Geschichte des Exodus

1966, in dem Jahr, als das Werk durch den Verleger Léon Amiel herausgebracht wurde, war im Werk Marc Chagalls die Inspiration durch die *Bibel* wesentlich geworden.

Nach den Illustrationen zum *Alten Testament* für Tériade im Jahr 1956 hatte er für denselben Verleger eine Folge von Lithographien, die „Zeichnungen zur Bibel" herausgebracht, die 1958/59 in der Zeitschrift *Verve* erschienen.

Zum *Exodus,* dem zweiten Buch der Bibel, in dem die Geschichte des jüdischen Volkes vom Tod Jakobs bis zur Ankunft in der Wüste Sinai geschildert wird, schuf Marc Chagall eine Folge von 20 Farblithographien.

Dieses Werk erschien in einer Auflage von 225 Exemplaren, davon 20 auf Japanpapier.

77. Frontispiz

(M. 444)
Lithographie
50 x 37 cm
1966
Paris, Nationalbibliothek,
Kupferstichkabinett

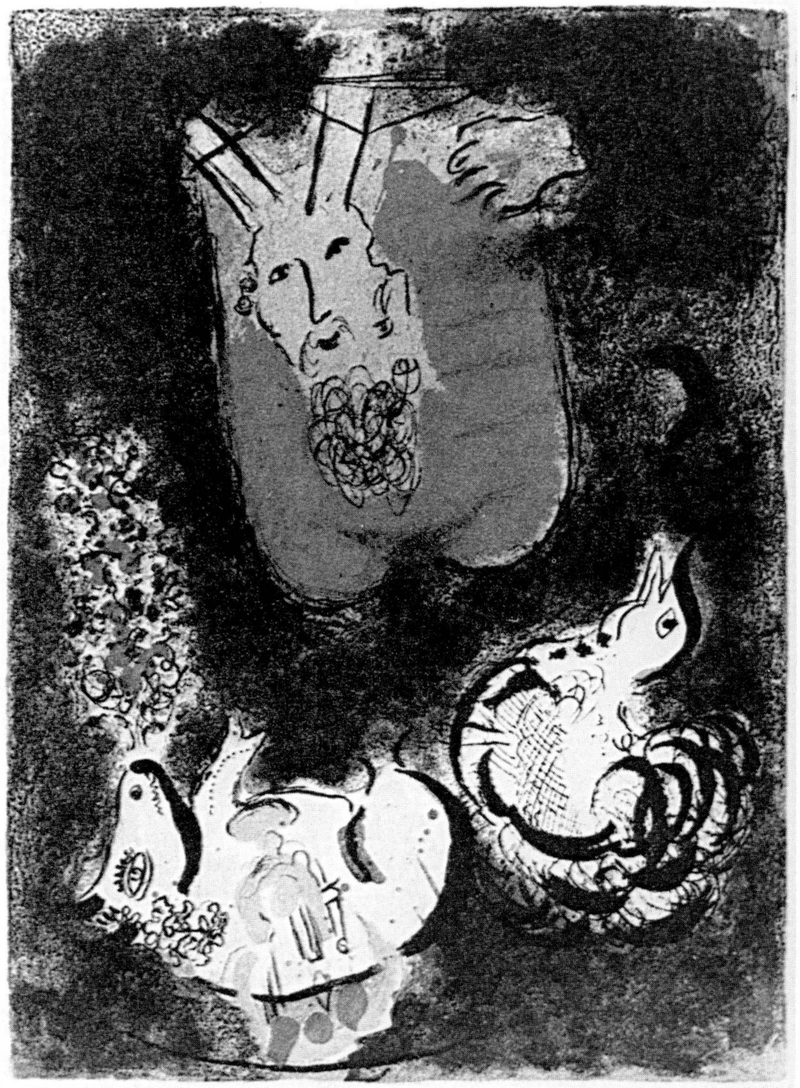

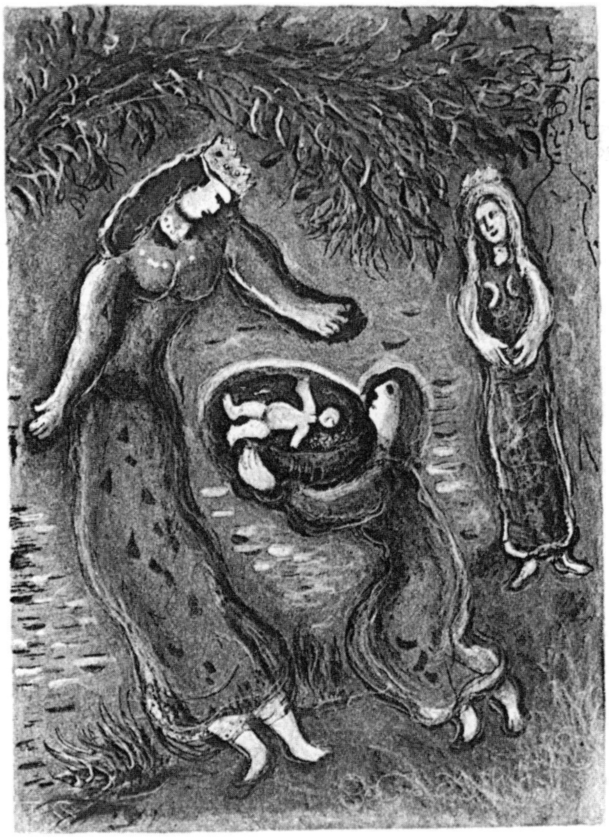

78. Die Tochter des Pharao öffnet den Korb und entdeckt ein Kind
(M. 445)
Lithographie
50 x 37 cm
1966
Paris, Nationalbibliothek, Kupferstichkabinett

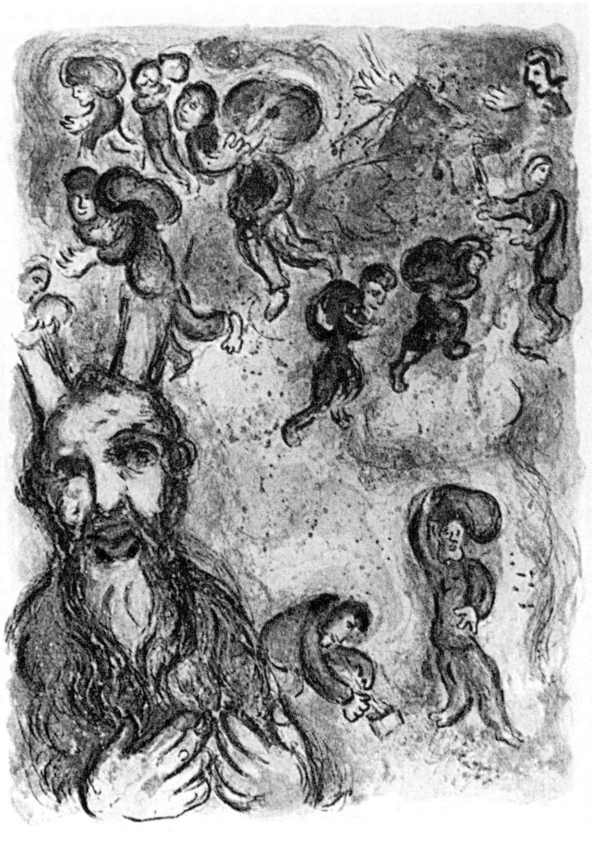

79. Als Moses herangewachsen war, kehrte er zu seinen Brüdern zurück und sah ihre Fron
(M. 446)
Lithographie
50 x 37 cm
1966
Paris, Nationalbibliothek, Kupferstichkabinett

80. Der Engel des Herrn
erschien ihm in
Gestalt einer Flamme
inmitten eines feurigen
Dornbuschs.
O Wunder, der
Dornbusch wurde
von der Flamme
nicht verzehrt!
(M. 447)
Lithographie
50 x 37 cm
1966
Paris, Nationalbibliothek,
Kupferstichkabinett

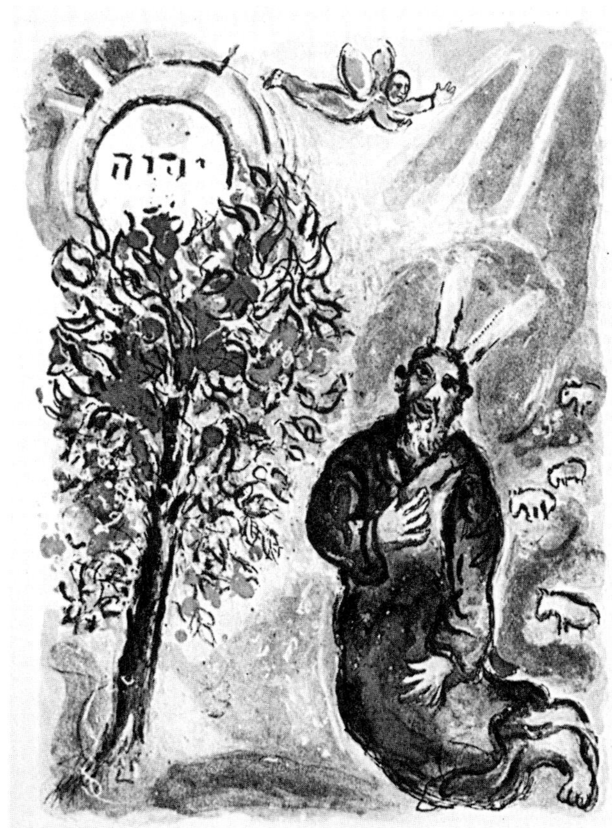

81. Er warf seinen Stab
auf die Erde,
der sich in eine Schlange
verwandelte,
und Moses entfloh
(M. 448)
Lithographie
50 x 37 cm
1966
Paris, Nationalbibliothek,
Kupferstichkabinett

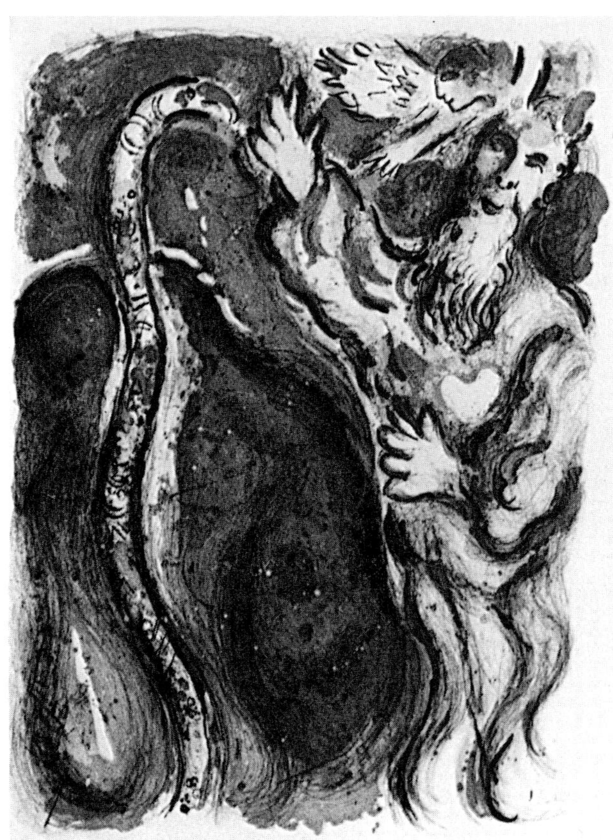

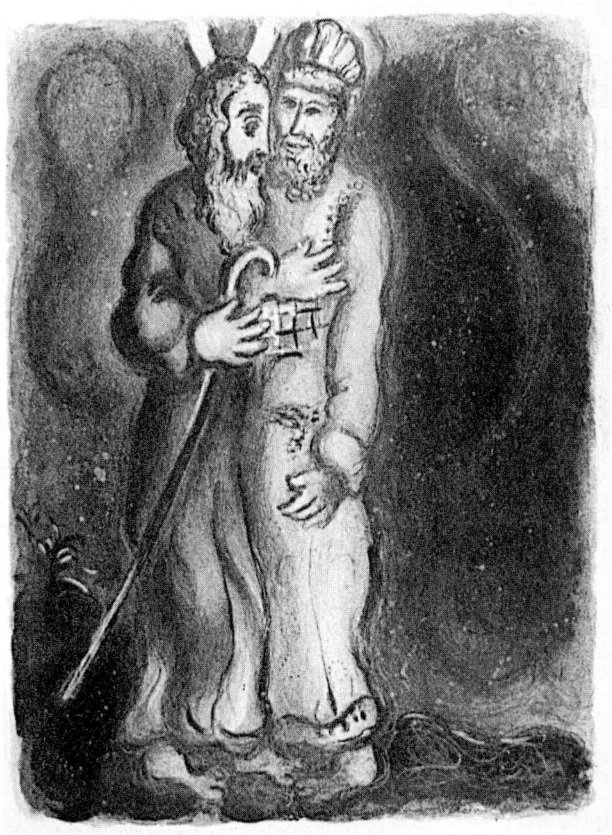

82. Der Herr sprach zu Aaron: Geh hin, um Moses in der Wüste zu treffen. Er ging hin, traf ihn auf dem Berg Gottes und umarmte ihn

(M. 449)
Lithographie
50 x 37 cm
1966
Paris, Nationalbibliothek, Kupferstichkabinett

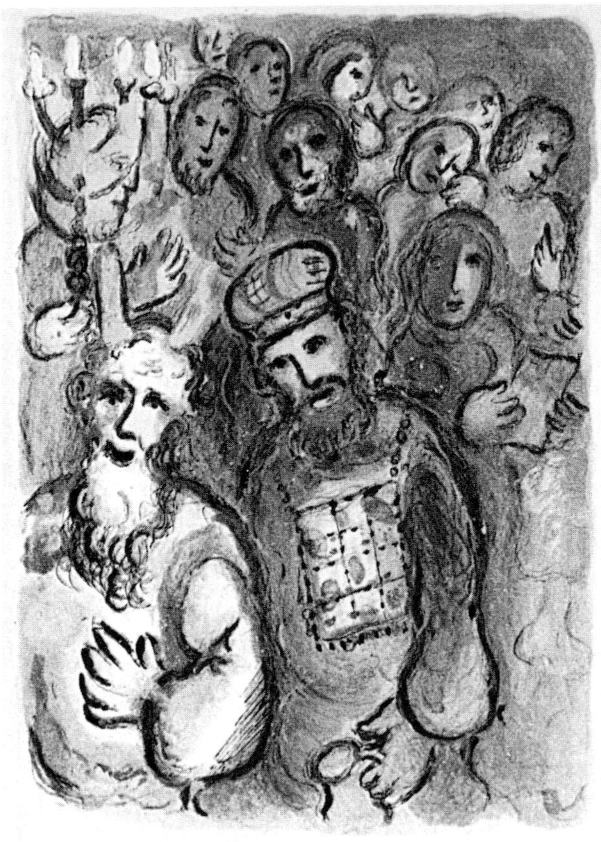

83. Dahin gingen Moses und Aaron und sie versammelten alle Ältesten des Stammes Israel

(M. 450)
Lithographie
50 x 37 cm
1966
Paris, Nationalbibliothek, Kupferstichkabinett

84. Moses erhob
seine Hände
zu dem Himmel
und tiefe Finsternis
fiel auf ganz Ägypten

(M. 452)
Lithographie
50 x 37 cm
1966
Paris, Nationalbibliothek,
Kupferstichkabinett

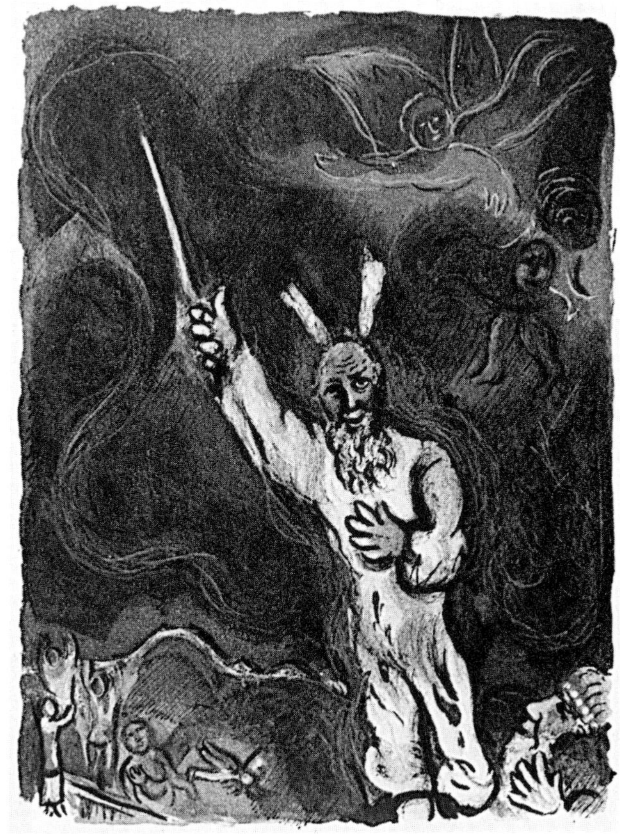

85. Moses erhob
seine Hände
gegen das Meer
und die Wasser
kamen wieder
und ertränkten
die Streitwagen,
die Kriegsleute
und das gesamte
Heer des Pharao

(M. 453)
Lithographie
50 x 37 cm
1966
Paris, Nationalbibliothek,
Kupferstichkabinett

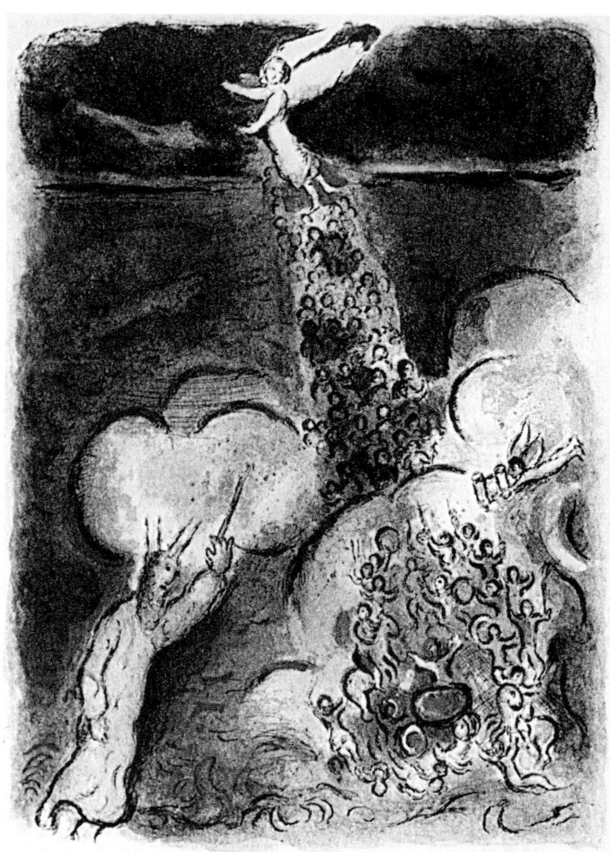

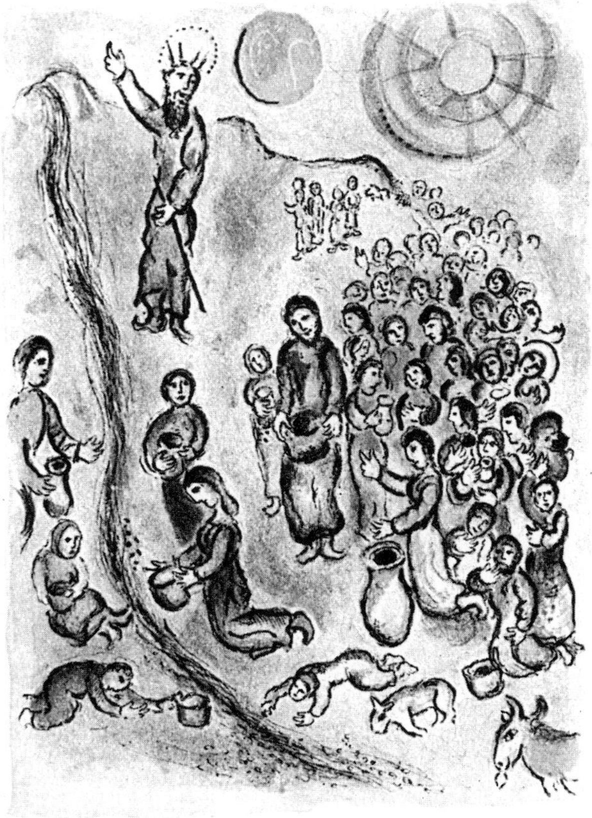

86. Und Du schlägst Wasser aus dem Felsen, daß mein Volk zu trinken habe

(M. 455)
Lithographie
50 x 37 cm
1966
Paris, Nationalbibliothek, Kupferstichkabinett

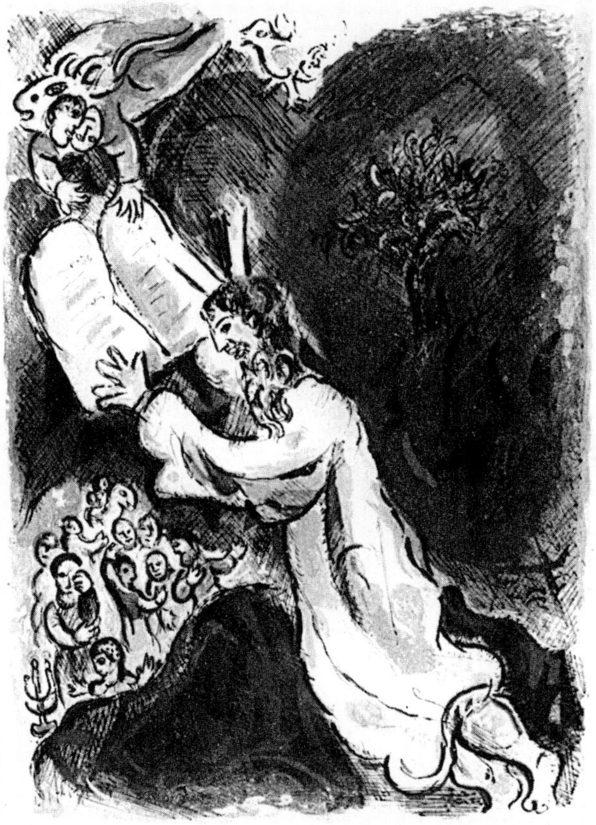

87. Er gab ihm zwei Tafeln des Gesetzes, Tafeln aus Stein, beschrieben von dem Finger Gottes

(M. 459)
Lithographie
50 x 37 cm
1966
Paris, Nationalbibliothek, Kupferstichkabinett

88. Er schrieb auf die Tafeln die Bedingungen des Bundes und auch die Zehn Gebote
(M. 462)
Lithographie
50 x 37 cm
1966
Paris, Nationalbibliothek, Kupferstichkabinett

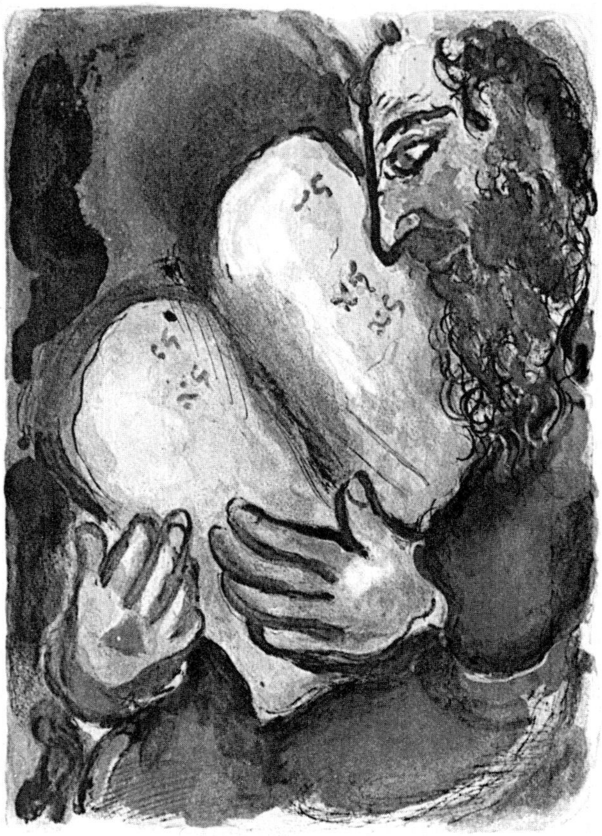

89. Bezaleel machte zwei Cherubim aus Gold. Die Cherubim hatten die Flügel ausgebreitet und standen einander gegenüber
(M. 464)
Lithographie
50 x 37 cm
1966
Paris, Nationalbibliothek, Kupferstichkabinett

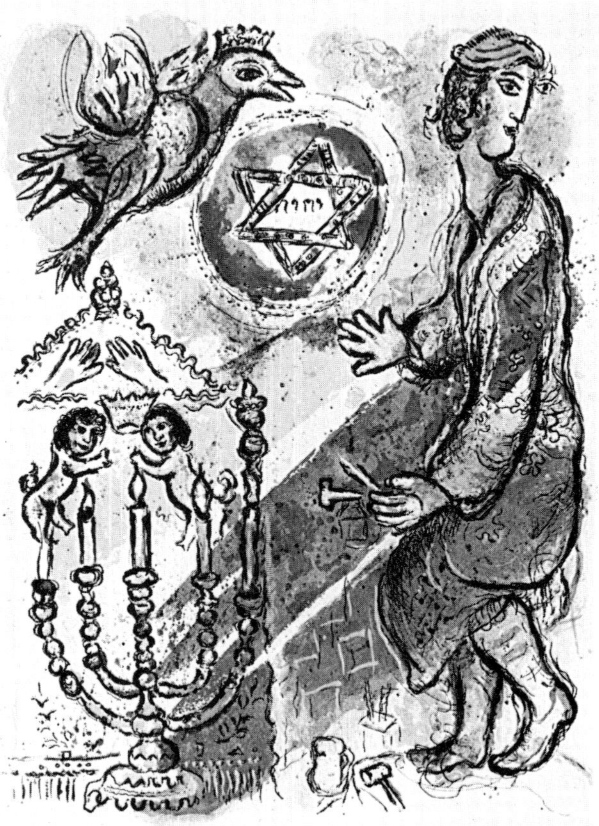

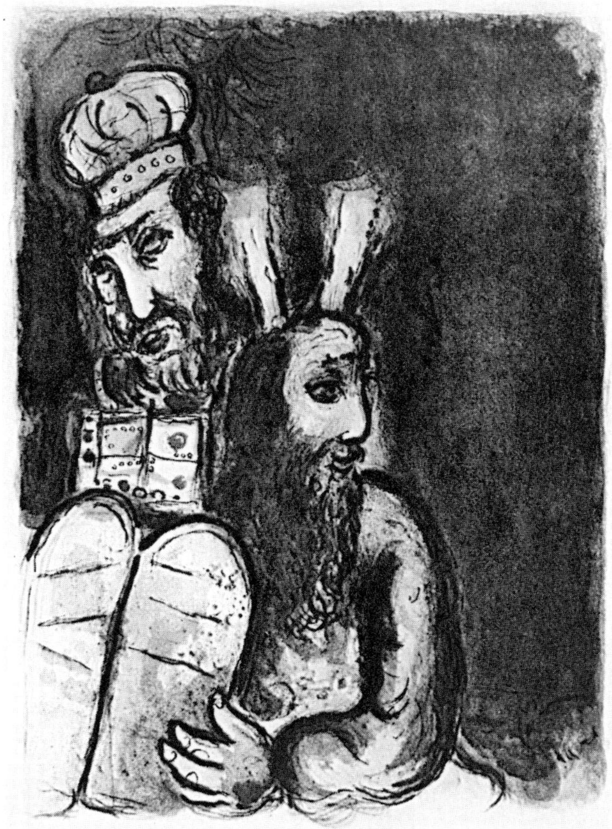

90. Auch fertigten sie heilige Gewänder an für den Gottesdienst in dem Heiligtum, wie der Herr es Moses befohlen hatte

(M. 465)
Lithographie
50 x 37 cm
1966
Paris, Nationalbibliothek, Kupferstichkabinett

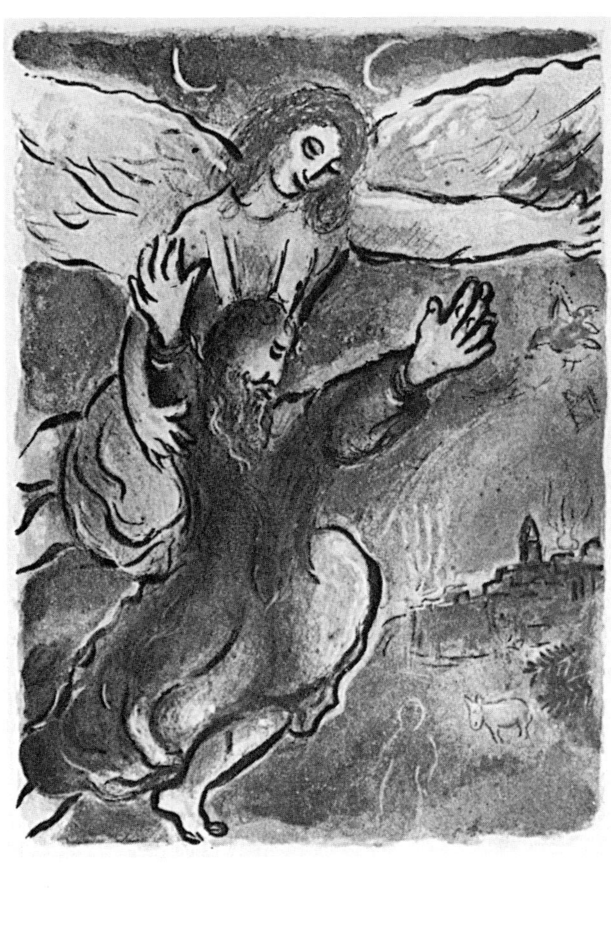

91. Und Moses sah ihre Arbeit, und er sah, daß sie nach den Befehlen des Herrn getan war, und er segnete sie

(M. 466)
Lithographie
50 x 37 cm
1966
Paris, Nationalbibliothek, Kupferstichkabinett

92. Bei Tag schwebte
die Wolke des Herrn
über dem Tabernakel,
bei Nacht aber
ließ er sein Feuer
darauf ruhen,
vor den Augen
des Hauses Israel,
solange ihre
Wanderung währte
(M. 467)
Lithographie
50 x 37 cm
1966
Paris, Nationalbibliothek,
Kupferstichkabinett

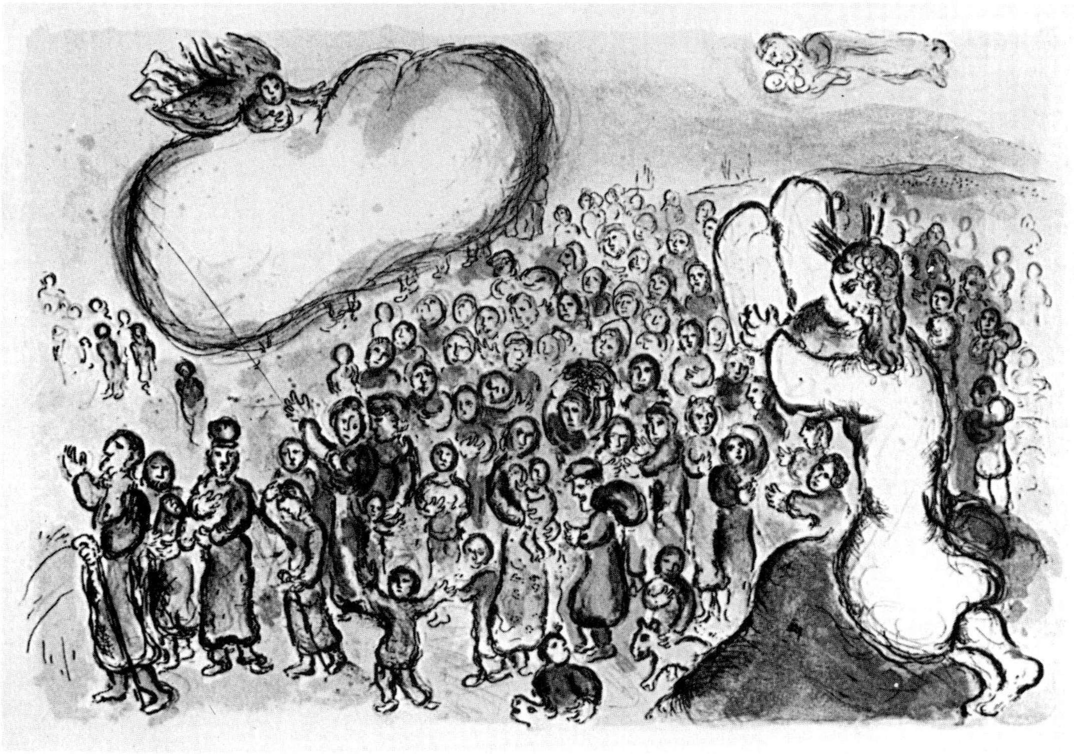

Der Zirkus

Ambroise Vollard ist wiederum die Anregung zu diesem prachtvollen Werk zu verdanken. Wie auch Chagall erfüllte ihn das Thema des Zirkus mit Enthusiasmus, und er lud den Künstler in seine Loge im Cirque d'Hiver ein.

Nach einem Verfahren, das ihm fortan vertraut war, schuf Marc Chagall eine Serie vorbereitender Gouachen.

Das Album besteht aus einer Folge von 23 Farblithographien, die mit 15 einfarbig schwarzen Lithographien abwechseln und wurde 1967 durch Tériade in den Editions Verve herausgebracht. Marc Chagall selbst schrieb den zugehörigen Text. Das Werk wurde in 270 Exemplaren gedruckt, davon 20 nicht für den Handel bestimmte, sämtlich vom Künstler signiert.

93. Frontispiz
(M. S. 490)
Lithographie
43 x 35 cm
1962–1966
Paris, Nationalbibliothek,
Kupferstichkabinett

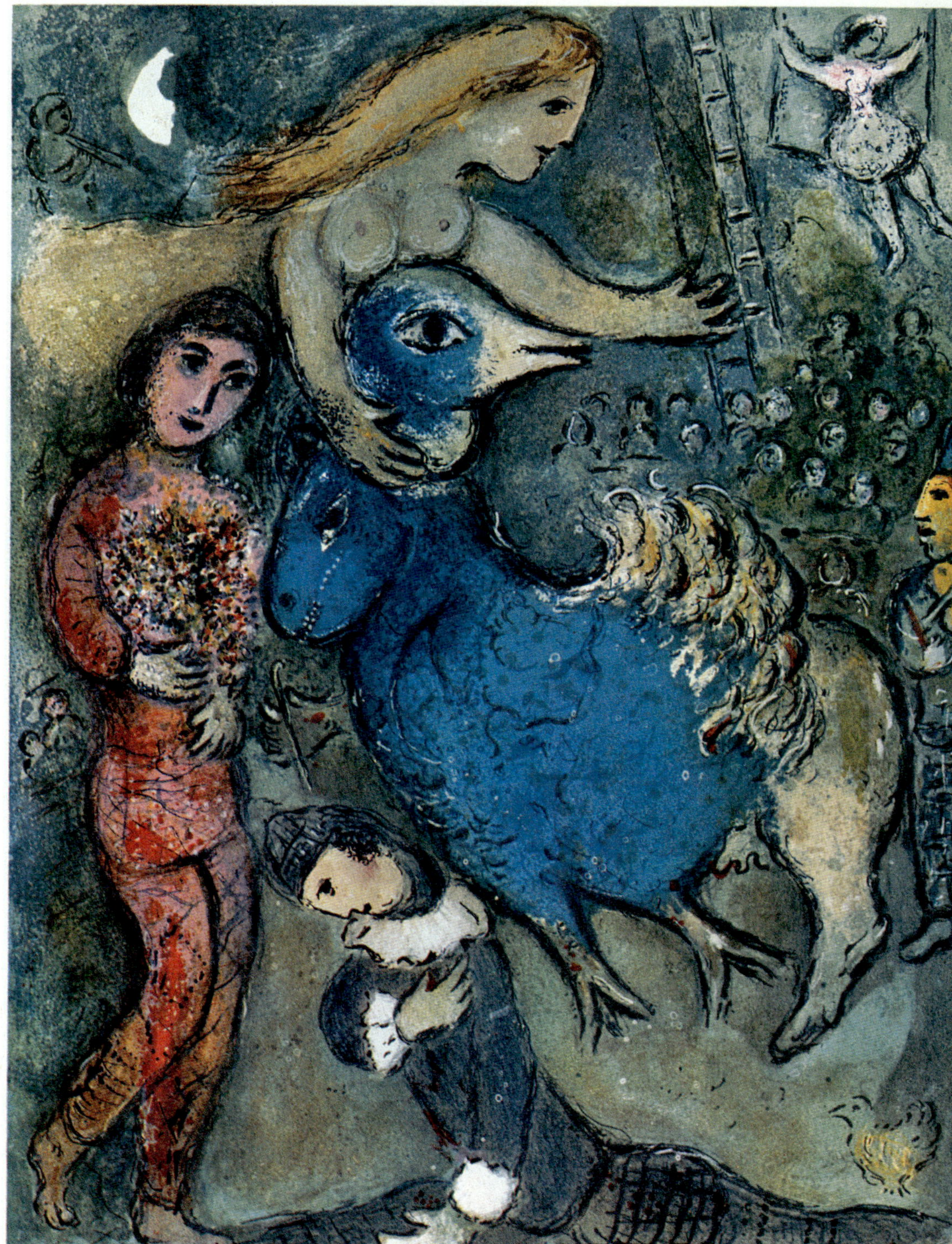

„Für mich ist ein Zirkus ein magisches Spektakel, das wie eine Welt vorüberzieht und vergeht. Es gibt einen beunruhigenden, einen unergründlichen Zirkus.

Diese Clowns, diese Kunstreiterinnen, diese Akrobaten haben sich in meinen Vorstellungen eingenistet. Weshalb bewegen mich ihre geschminkten Gesichter und ihre Grimassen? Ich nähere mich mit ihnen anderen Horizonten. Ihre Farben und ihre Schminke entführen mich zu anderen psychischen Deformationen, die ich träume zu malen."

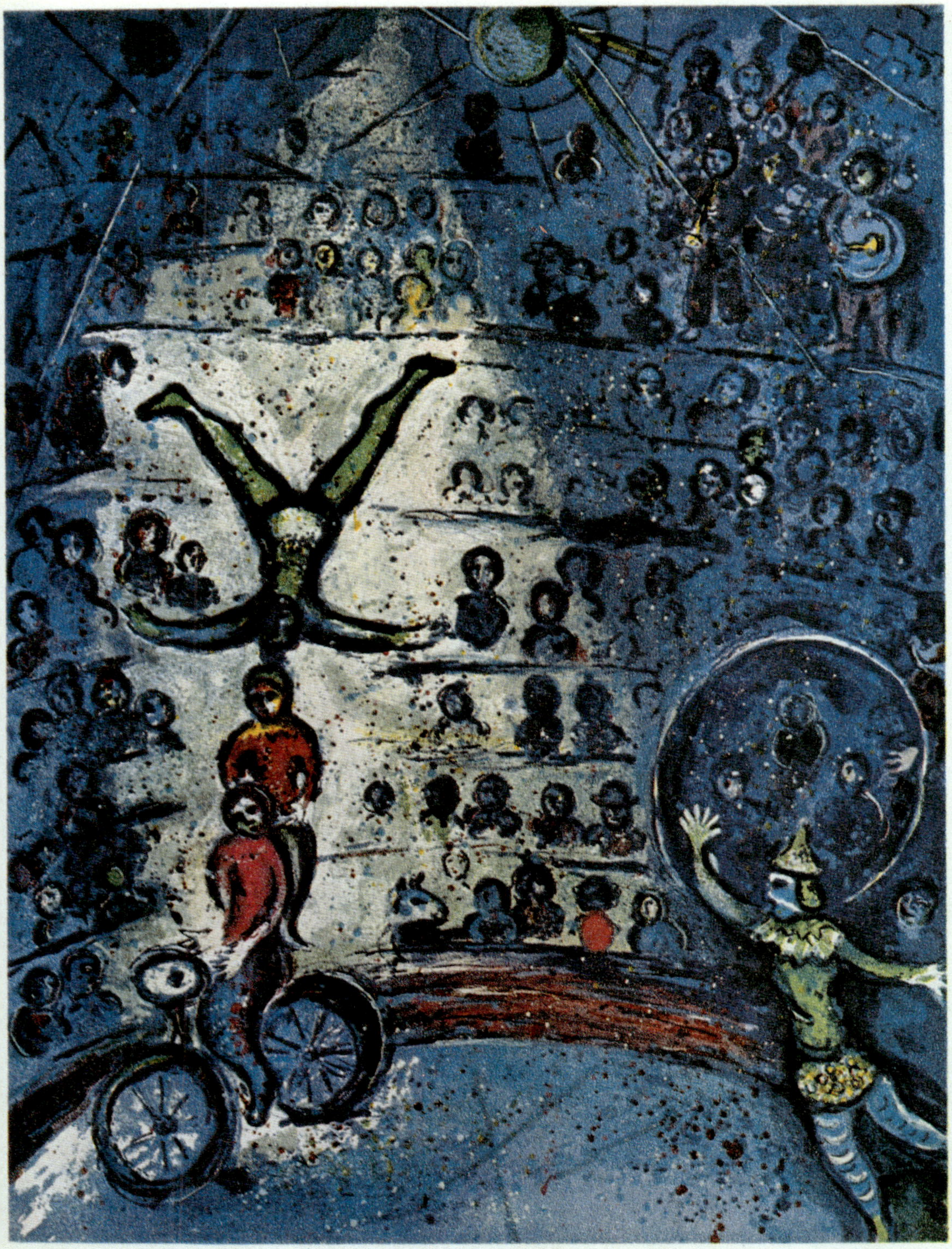

94. Die Radfahrer
(M. S. 491)
Lithographie
43 x 35 cm
1962–1966
Paris, Nationalbibliothek,
Kupferstichkabinett

„Das ist ein magisches Wort, der Zirkus, ein tausendfältiges Spiel des Tanzes, in dem die Menschen und das Lächeln, das Spiel der Beine und der Arme zu großer Kunst wird. Der Zirkus ist diejenige Vorstellung, die mir am tragischsten erscheint. Über die Jahrhunderte hinweg ist es der schneidendste Schrei des Menschen bei der Suche nach Vergnügen und Freude. Der Zirkus nimmt oft die Gestalt hoher Poesie an. Ich glaube, einen Don Quichotte zu sehen, bei seiner Suche nach einem Ideal, in jenem genialen Clown, der weint und von menschlicher Liebe träumt."

95. Die Kunstreiterin mit dem grünen Pferd
(M.S. 492)
Lithographie
43 x 35 cm
1962–1966
Paris, Nationalbibliothek, Kupferstichkabinett

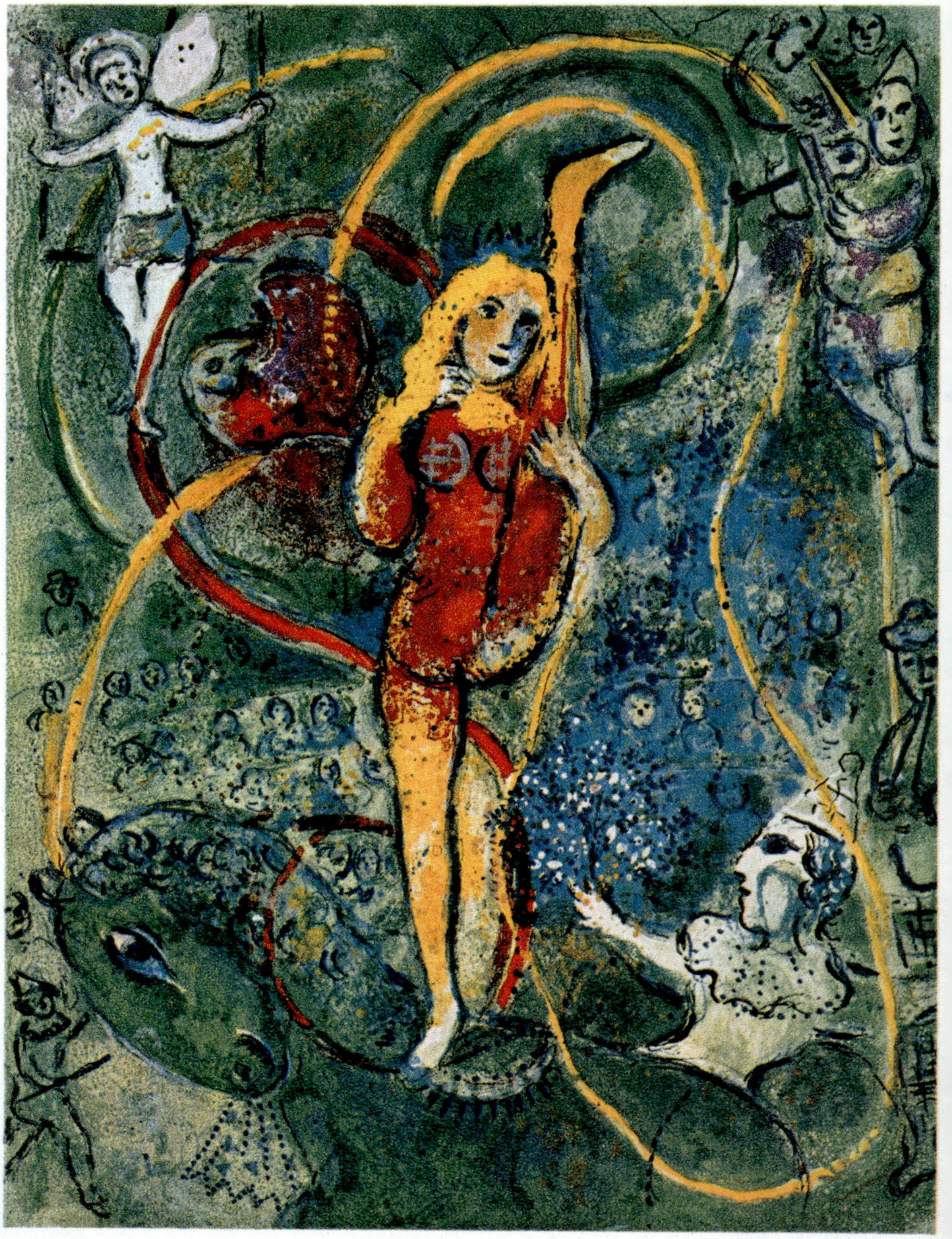

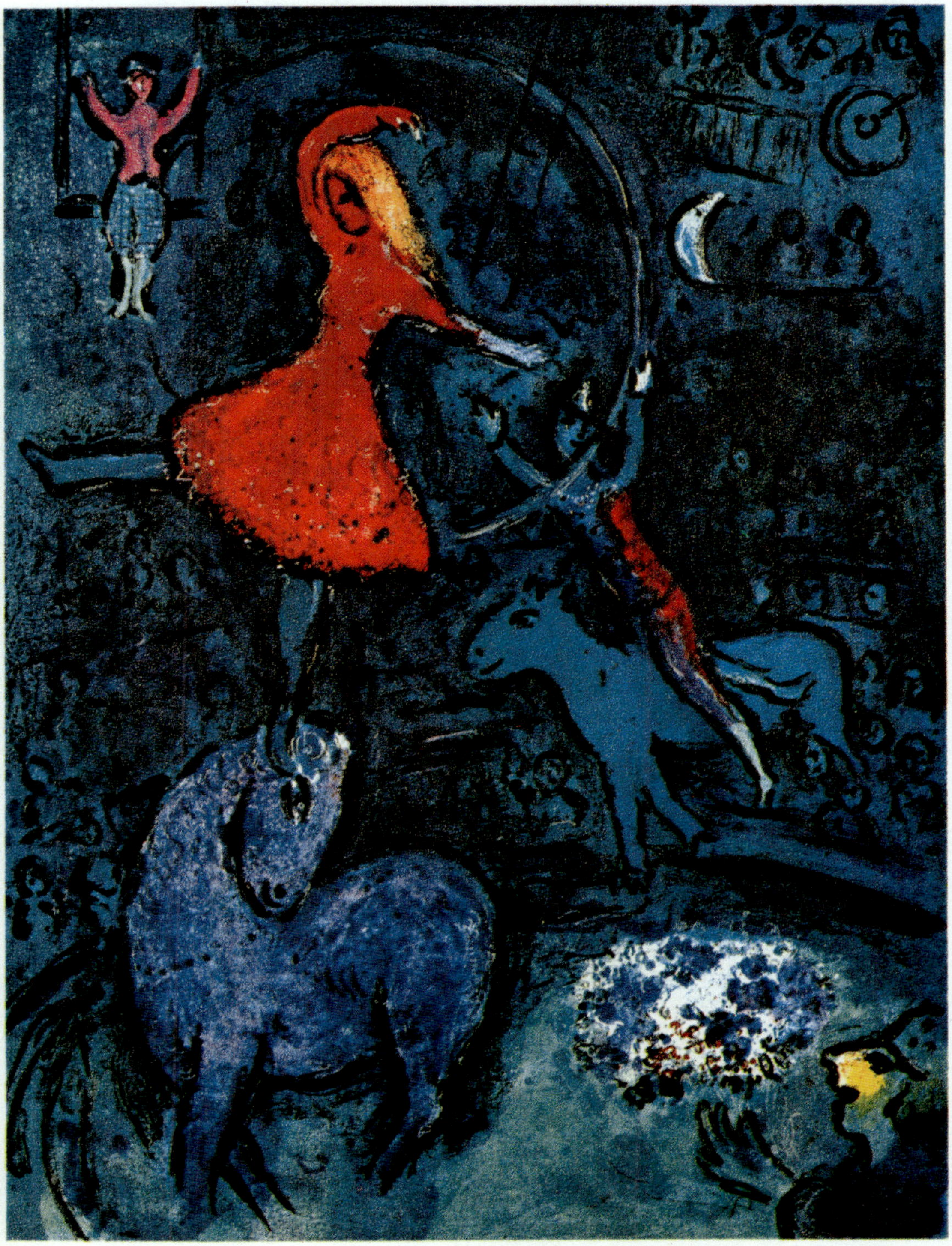

96. Die Kunstreiterin in Rot
(M. S. 493)
Lithographie
43 x 35 cm
1962–1966
Paris, Nationalbibliothek, Kupferstichkabinett

97. Die Liebenden
(M. S. 494)
Lithographie
43 x 35 cm
1962–1966
Paris, Nationalbibliothek,
Kupferstichkabinett

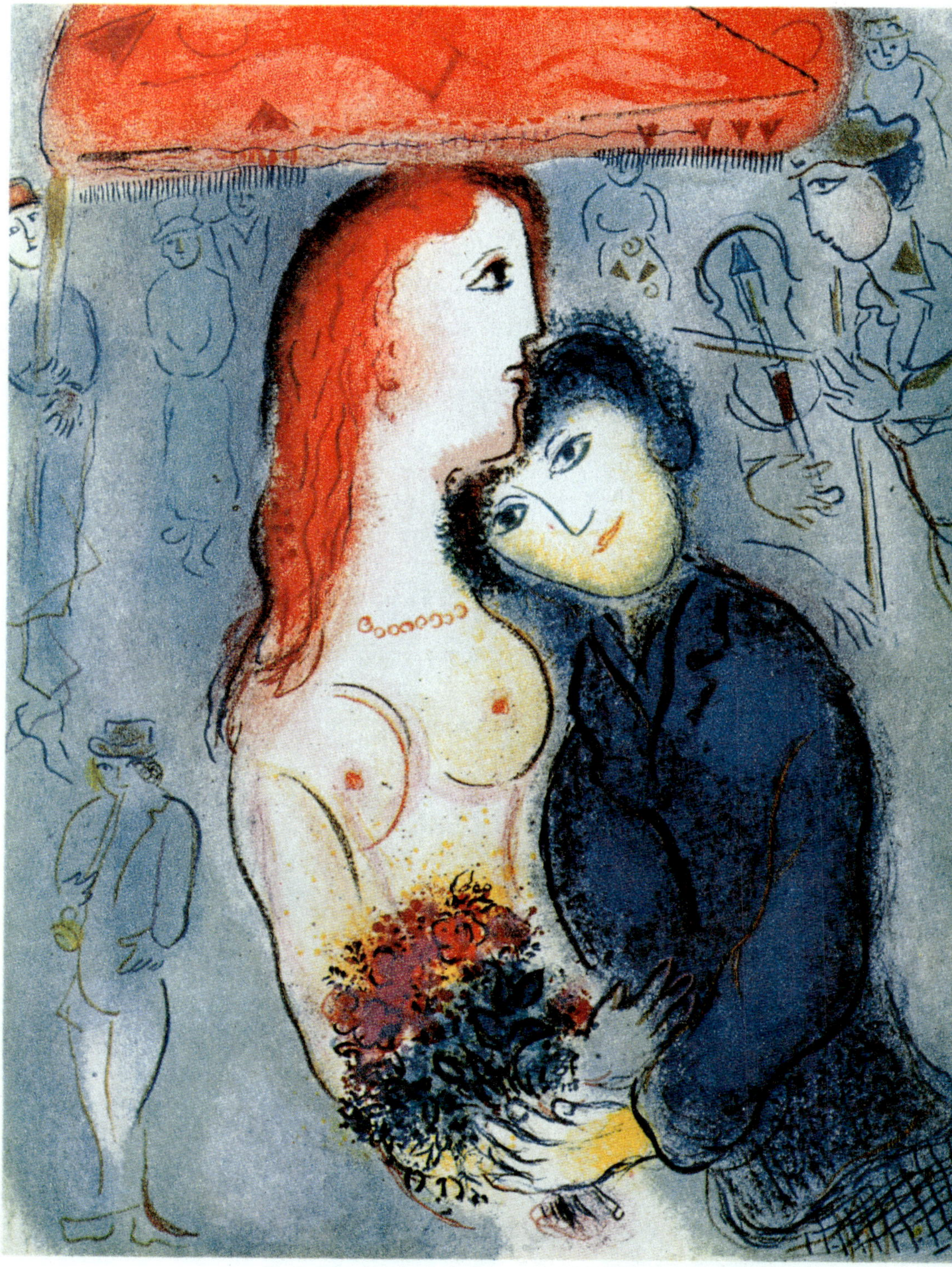

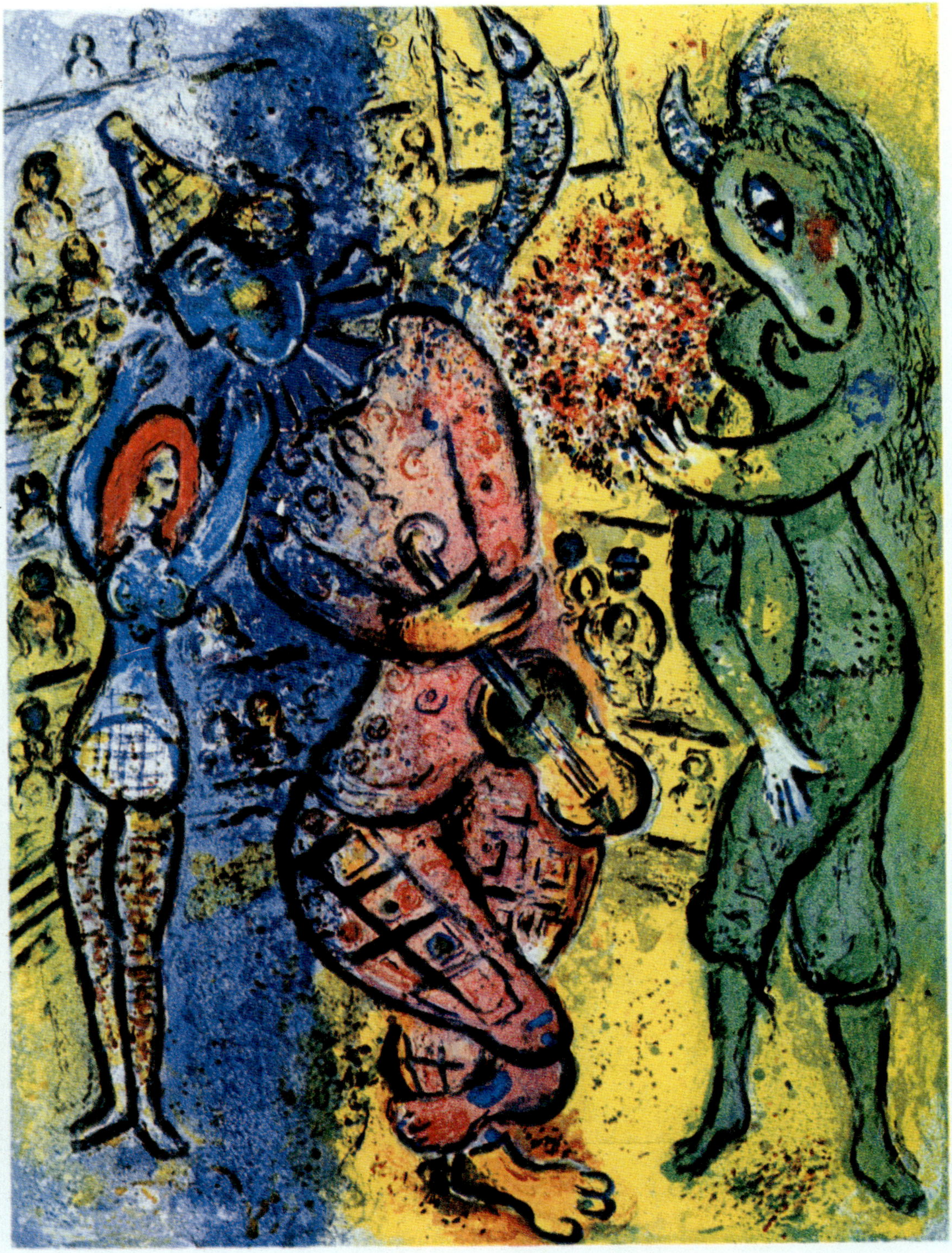

98. Der große Clown
(M. S. 498)
Lithographie
43 x 35 cm
1962–1966
Paris, Nationalbibliothek,
Kupferstichkabinett

99. Der gelbe Clown
(M. S. 499)
Lithographie
43 x 35 cm
1962–1966
Paris, Nationalbibliothek,
Kupferstichkabinett

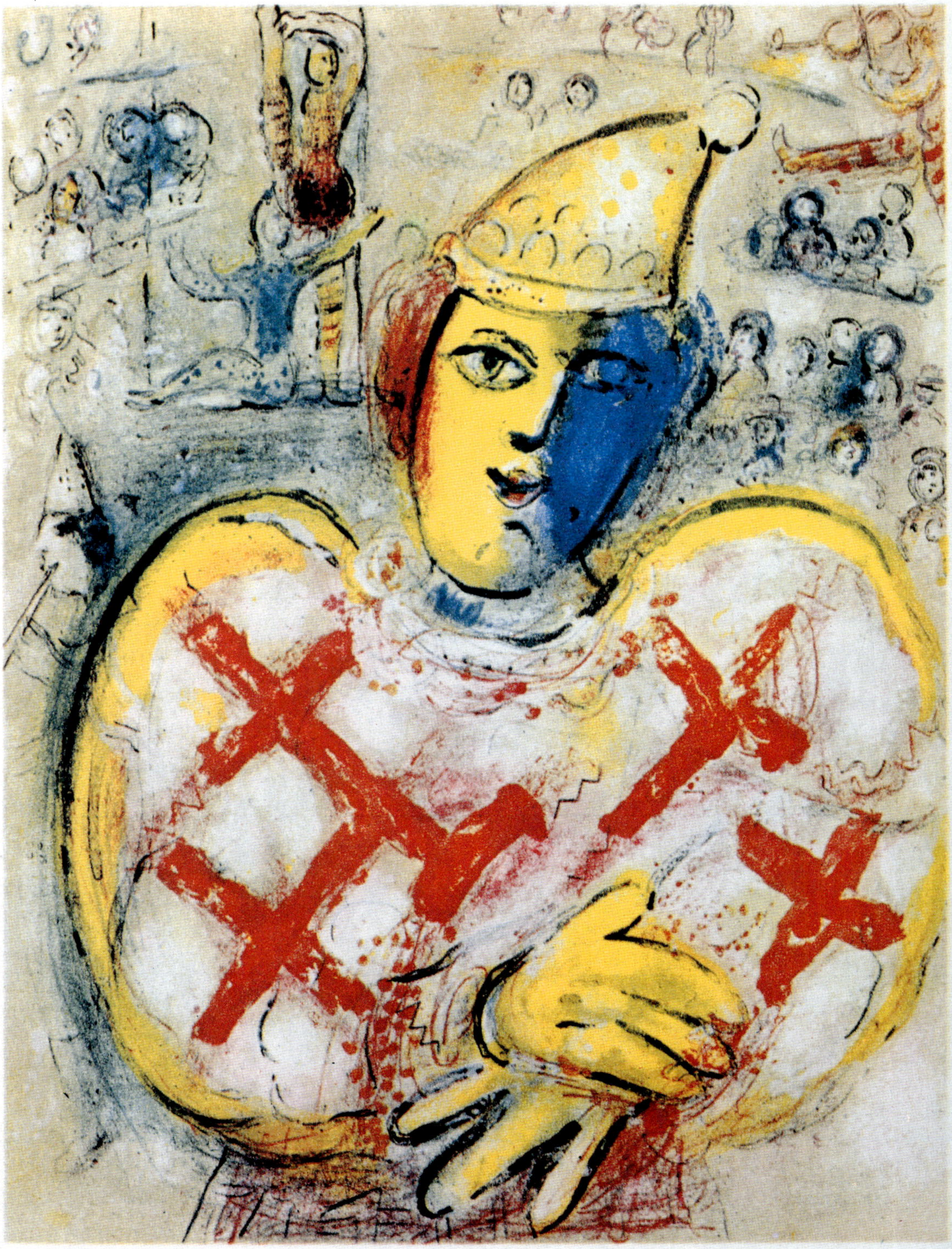

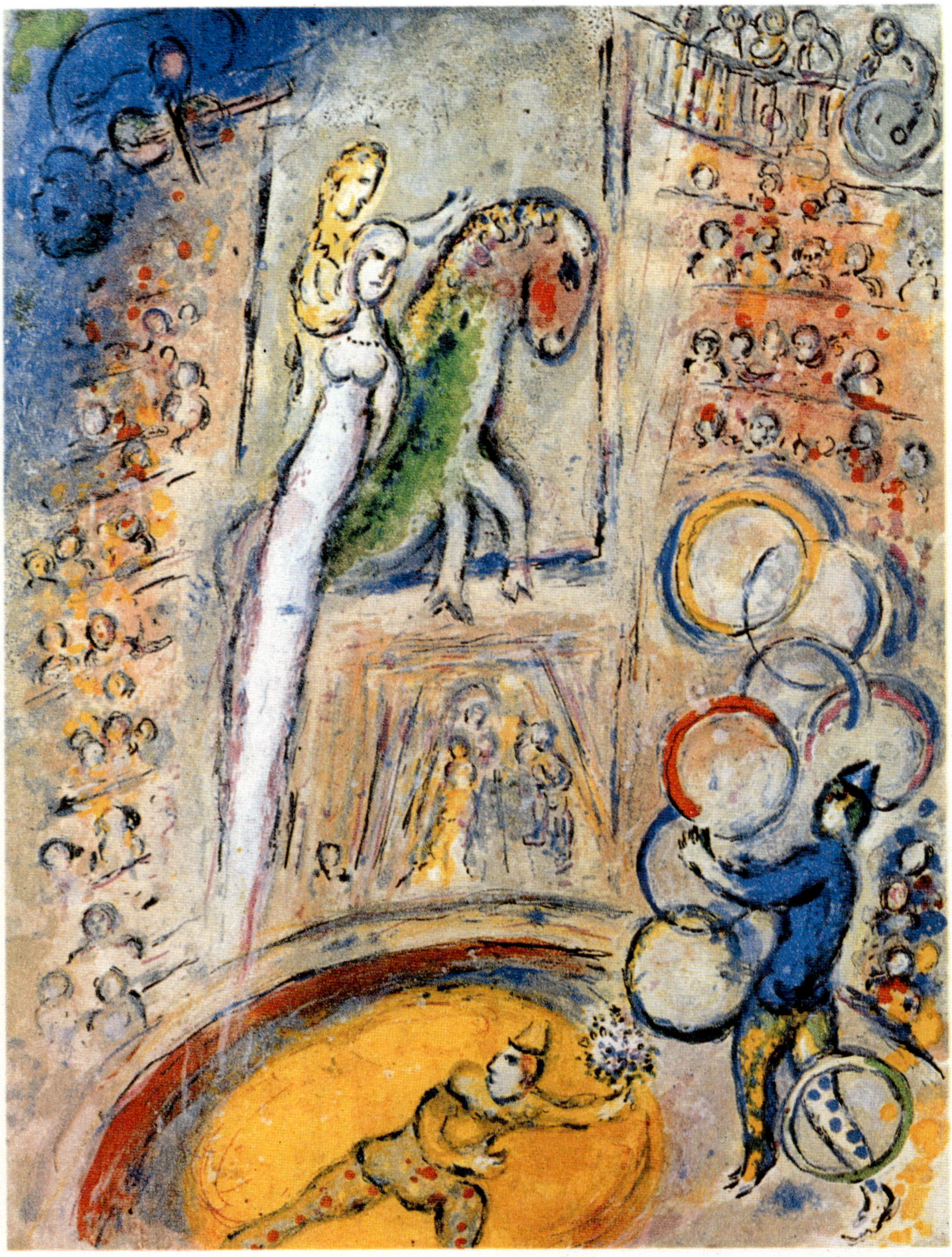

100. Trapezkünstler und Jongleure
(M. S. 500)
Lithographie
43 x 35 cm
1962–1966
Paris, Nationalbibliothek, Kupferstichkabinett

101. Die Arena

(M. S. 501)
Lithographie
43 x 35 cm
1962–1966
Paris, Nationalbibliothek,
Kupferstichkabinett

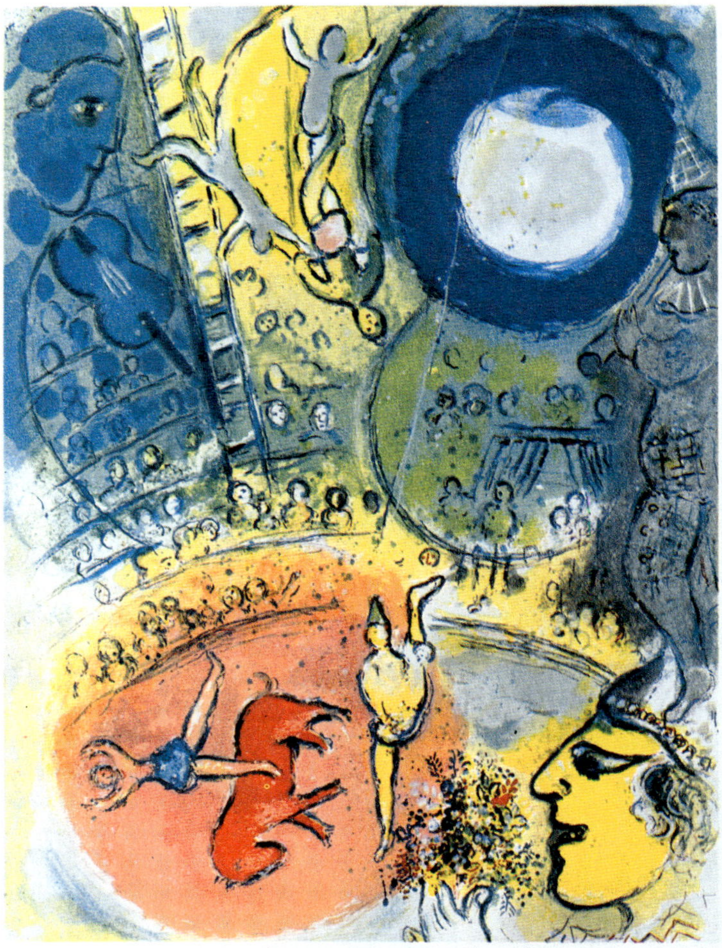

102. Der Dompteur

(M. S. 504)
Lithographie
43 x 35 cm
1962–1966
Paris, Nationalbibliothek,
Kupferstichkabinett

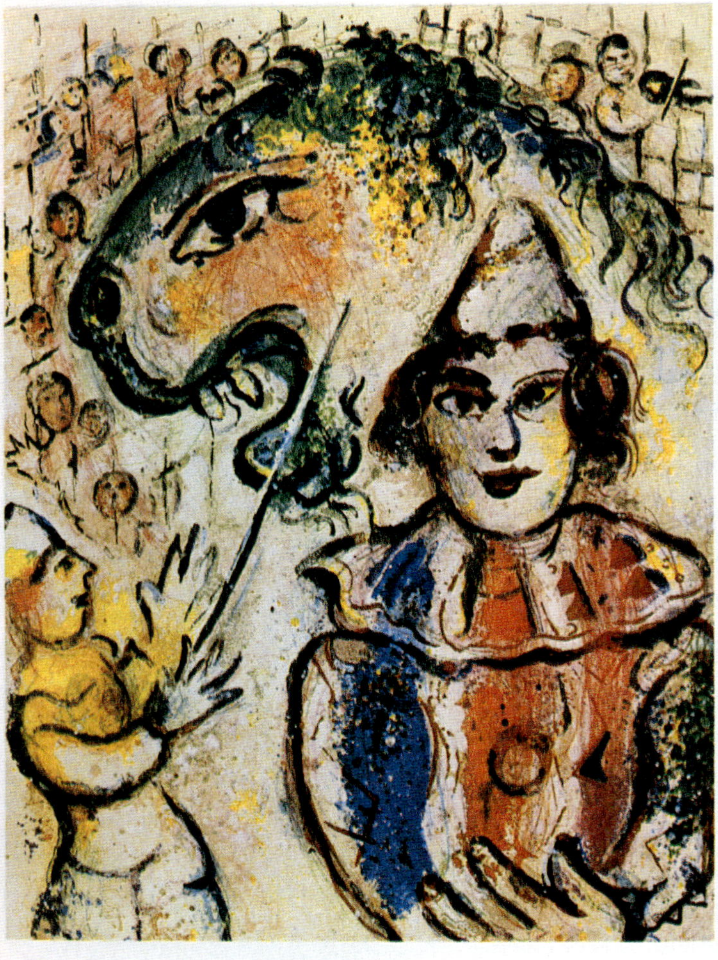

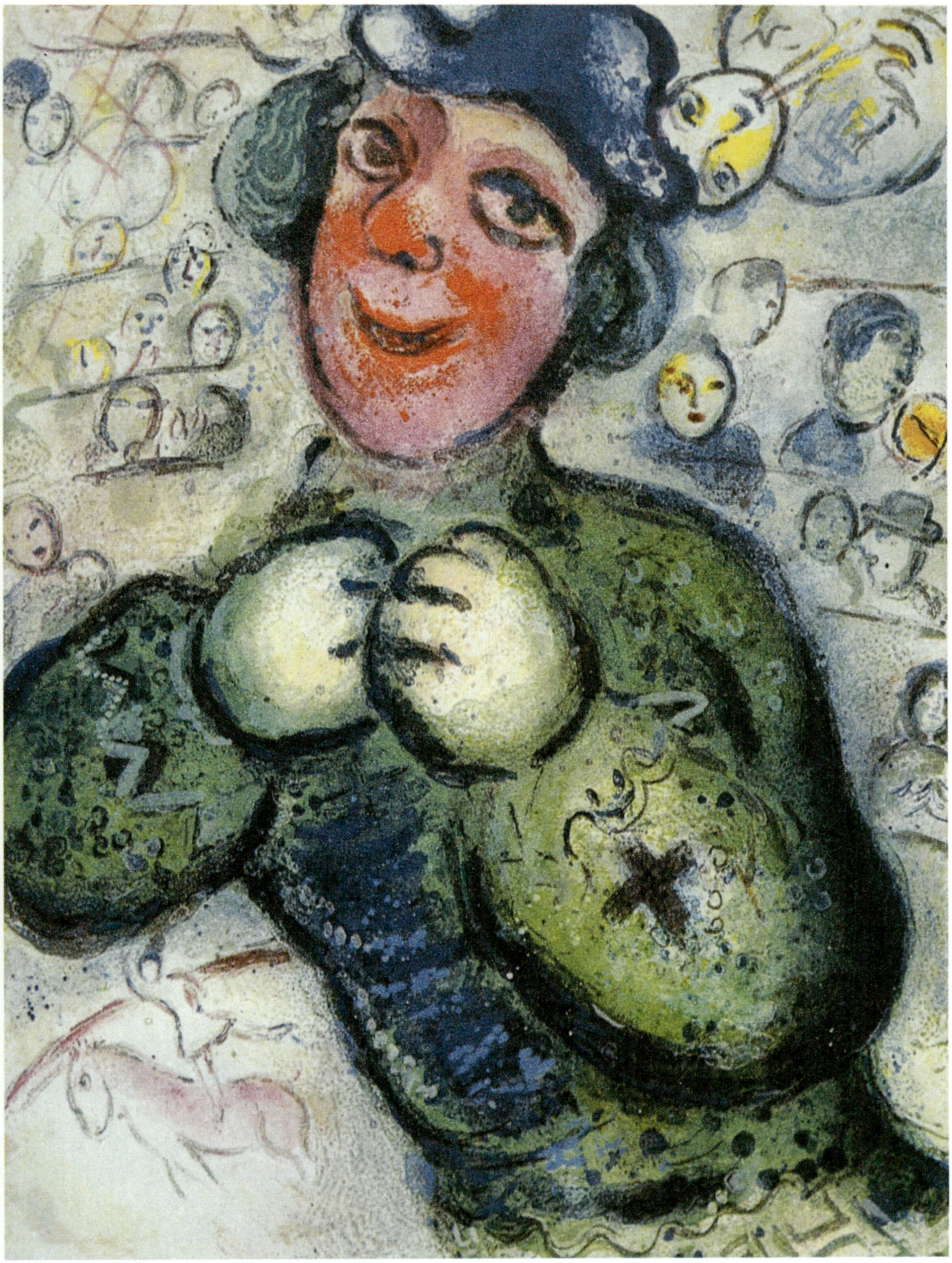

103. Der August
(M. S. 505)
Lithographie
43 x 35 cm
1962–1966
Paris, Nationalbibliothek,
Kupferstichkabinett

104. Die Raubtiere

(M. S. 506)
Lithographie
43 x 70 cm
1962–1966
Paris, Nationalbibliothek, Kupferstichkabinett

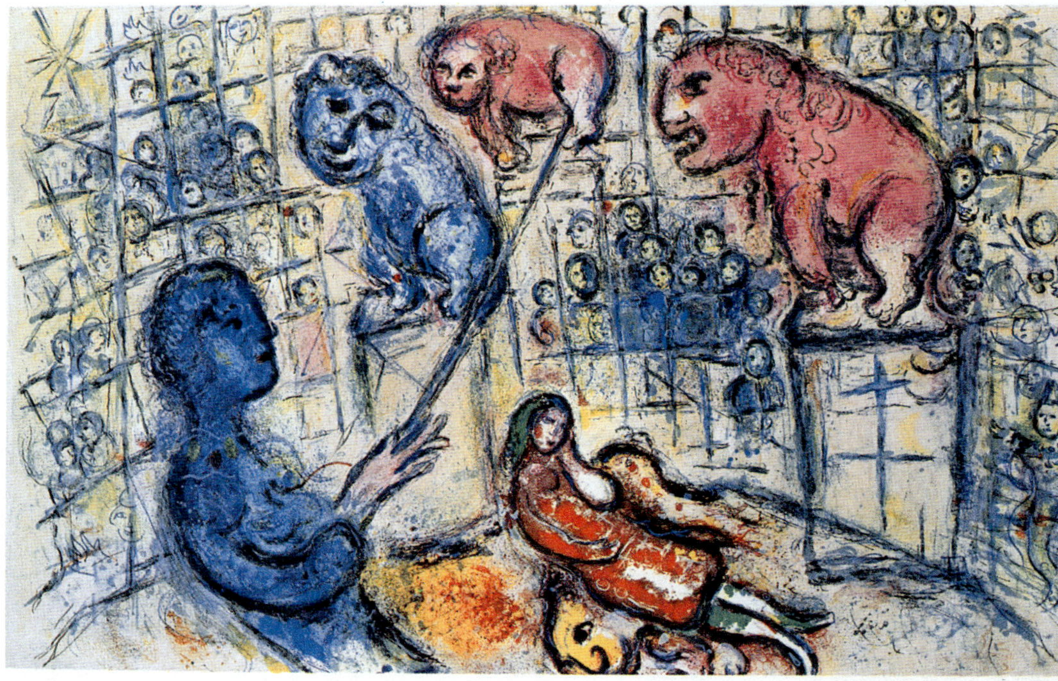

105. Die Pferde

(M. S. 510)
Lithographie
43 x 70 cm
1962–1966
Paris, Nationalbibliothek, Kupferstichkabinett

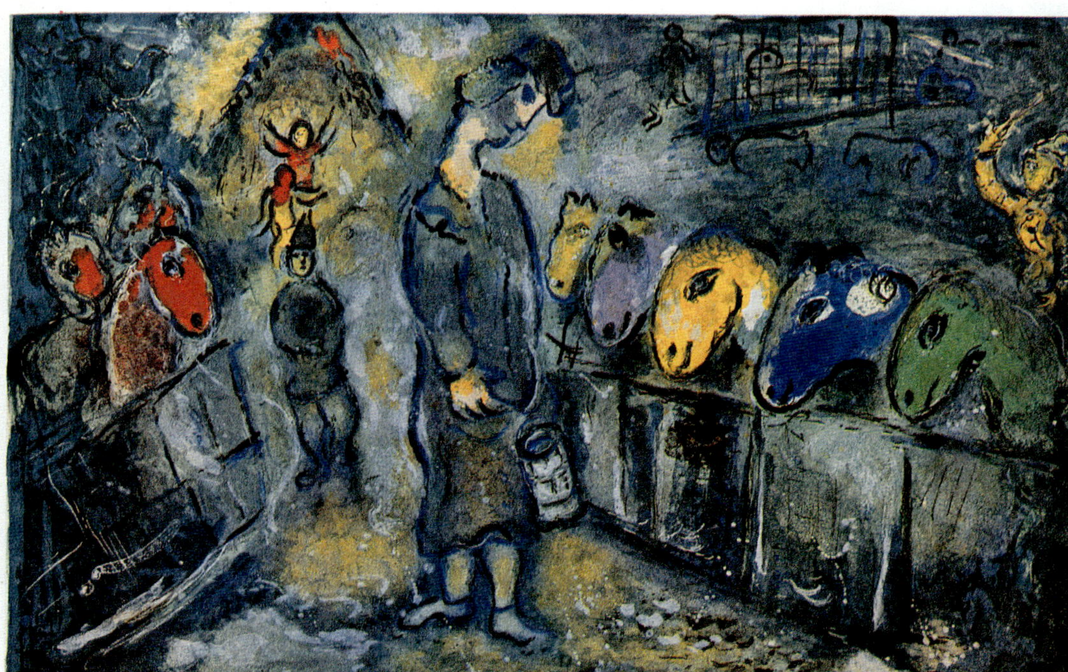

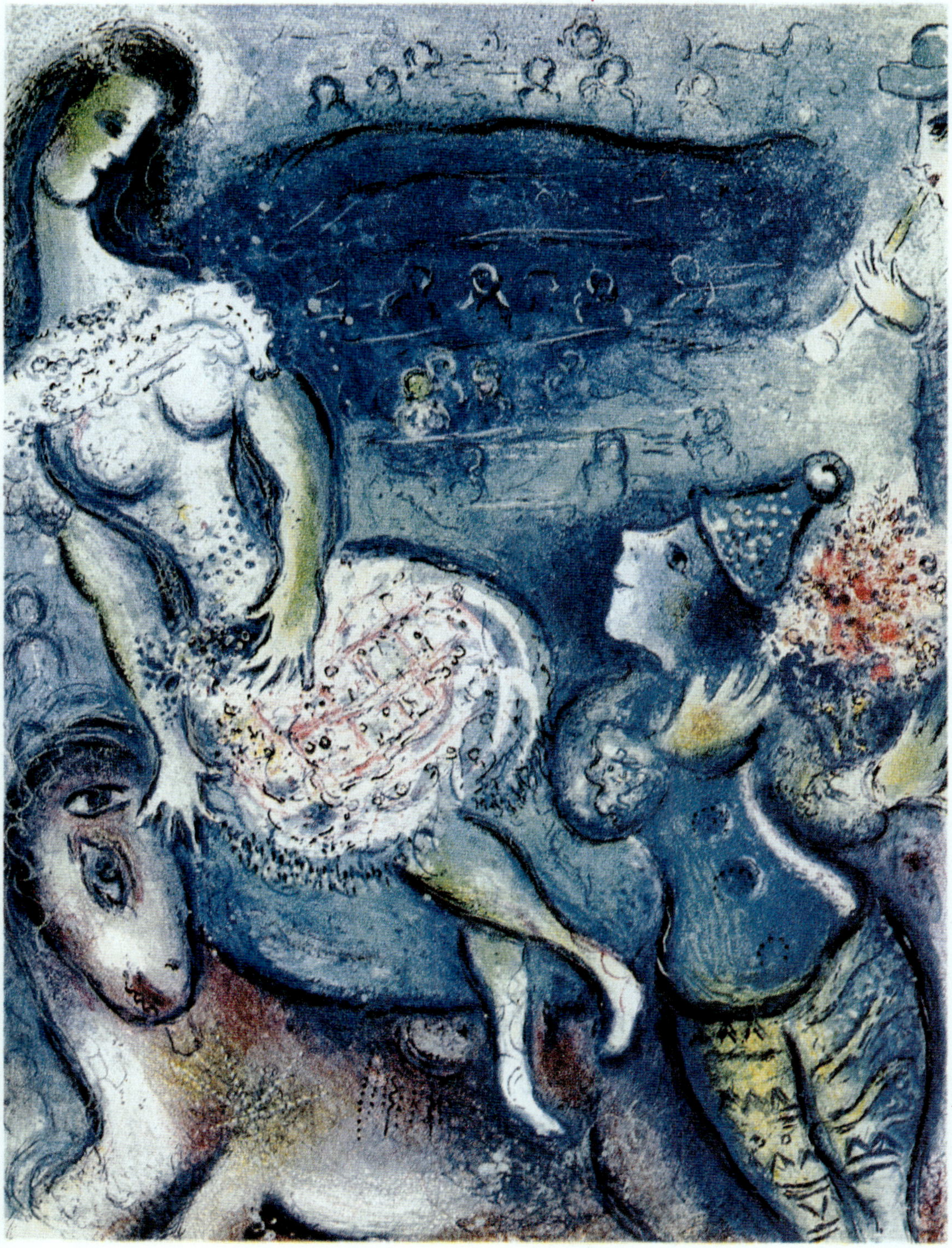

106. Die Kunstreiterin in Weiß
(M. S. 511)
Lithographie
43 x 35 cm
1962–1966
Paris, Nationalbibliothek, Kupferstichkabinett

107. Die gelbe Arena
(M. S. 512)
Lithographie
43 x 35 cm
1962–1966
Paris, Nationalbibliothek,
Kupferstichkabinett

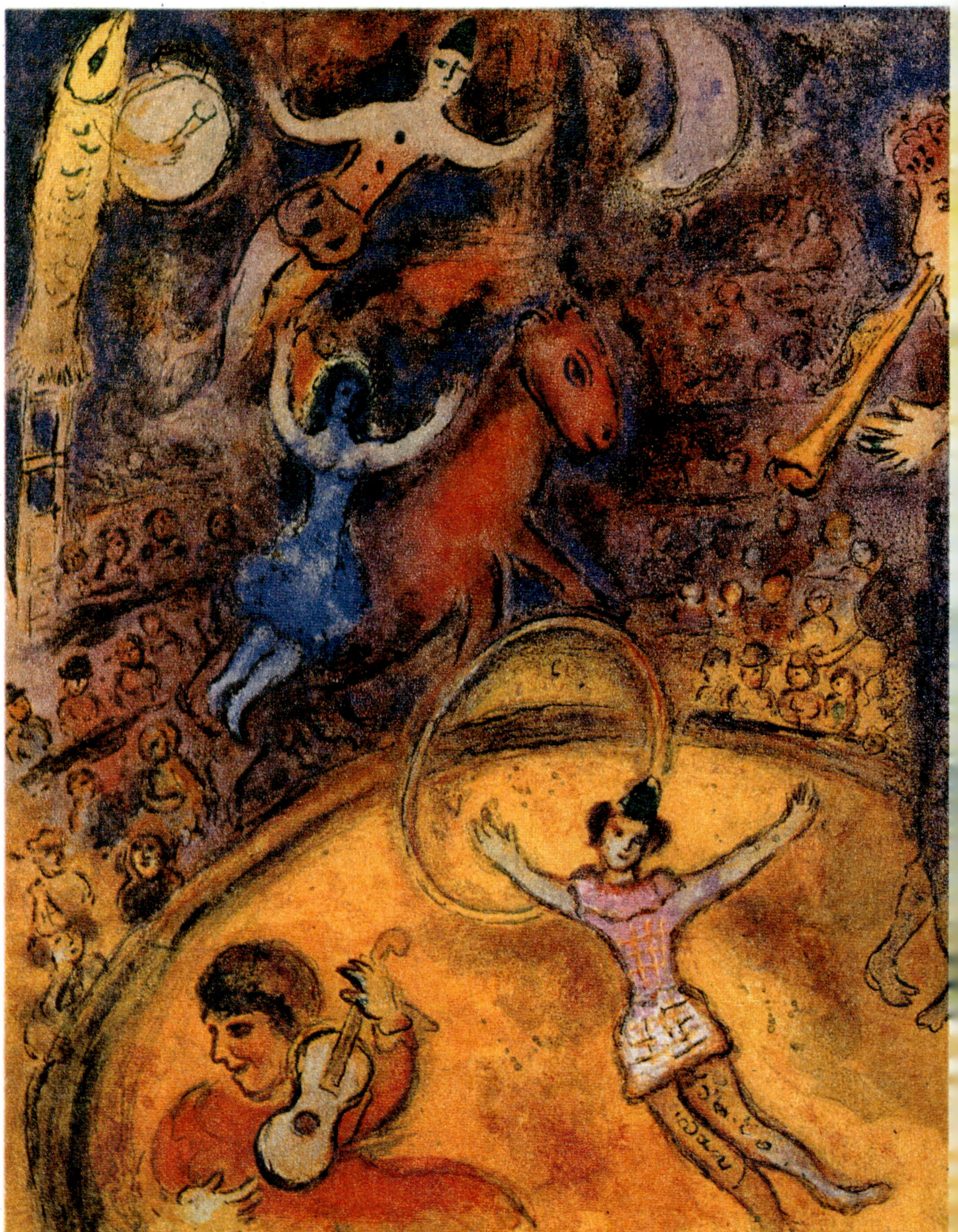

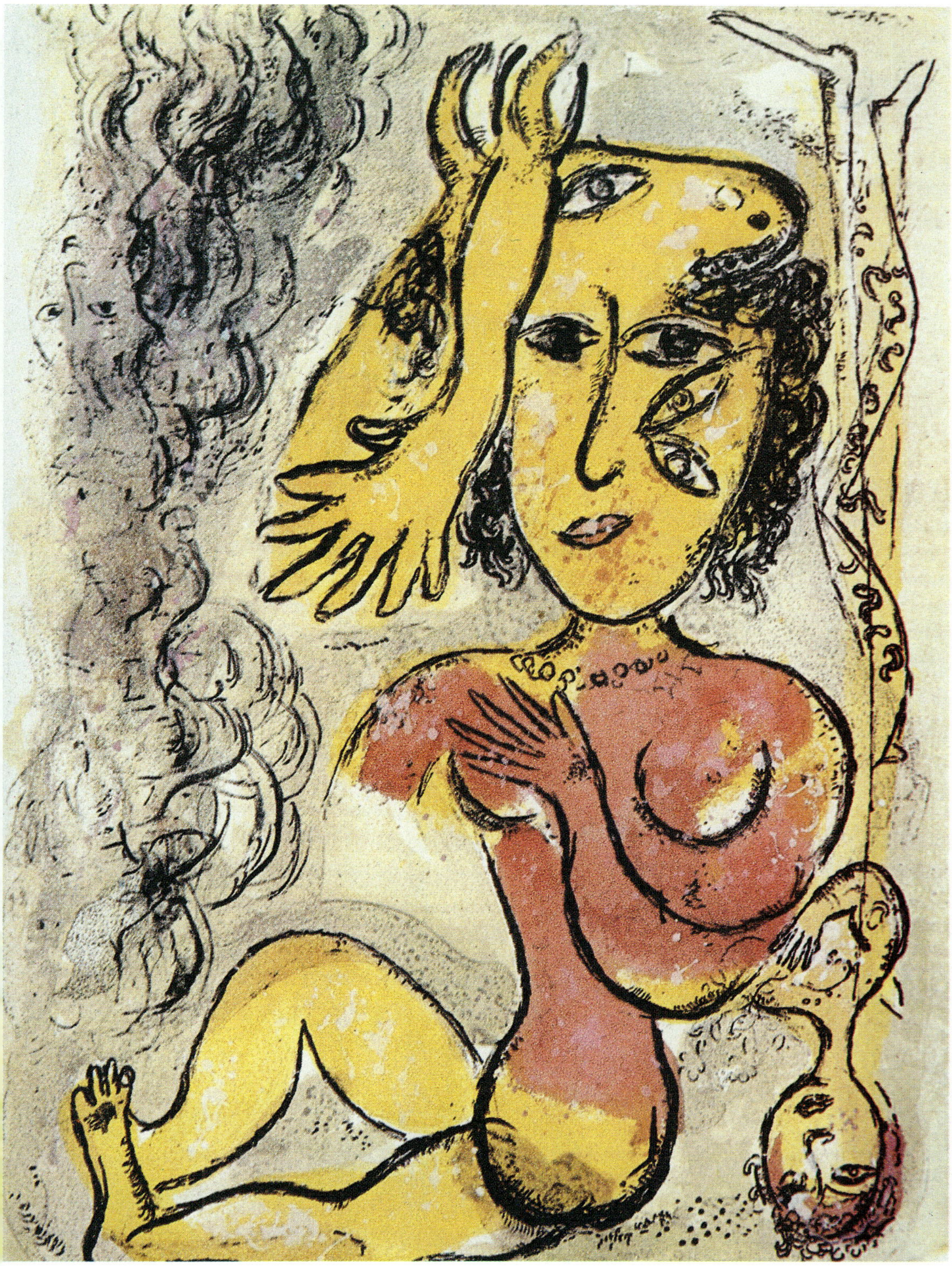

108. Ohne Titel
(M. S. 515)
Lithographie
43 x 35 cm
1962–1966
Paris, Nationalbibliothek,
Kupferstichkabinett

109. Die blaue Kunstreiterin
(M. S. 516)
Lithographie
43 x 35 cm
1962–1966
Paris, Nationalbibliothek, Kupferstichkabinett

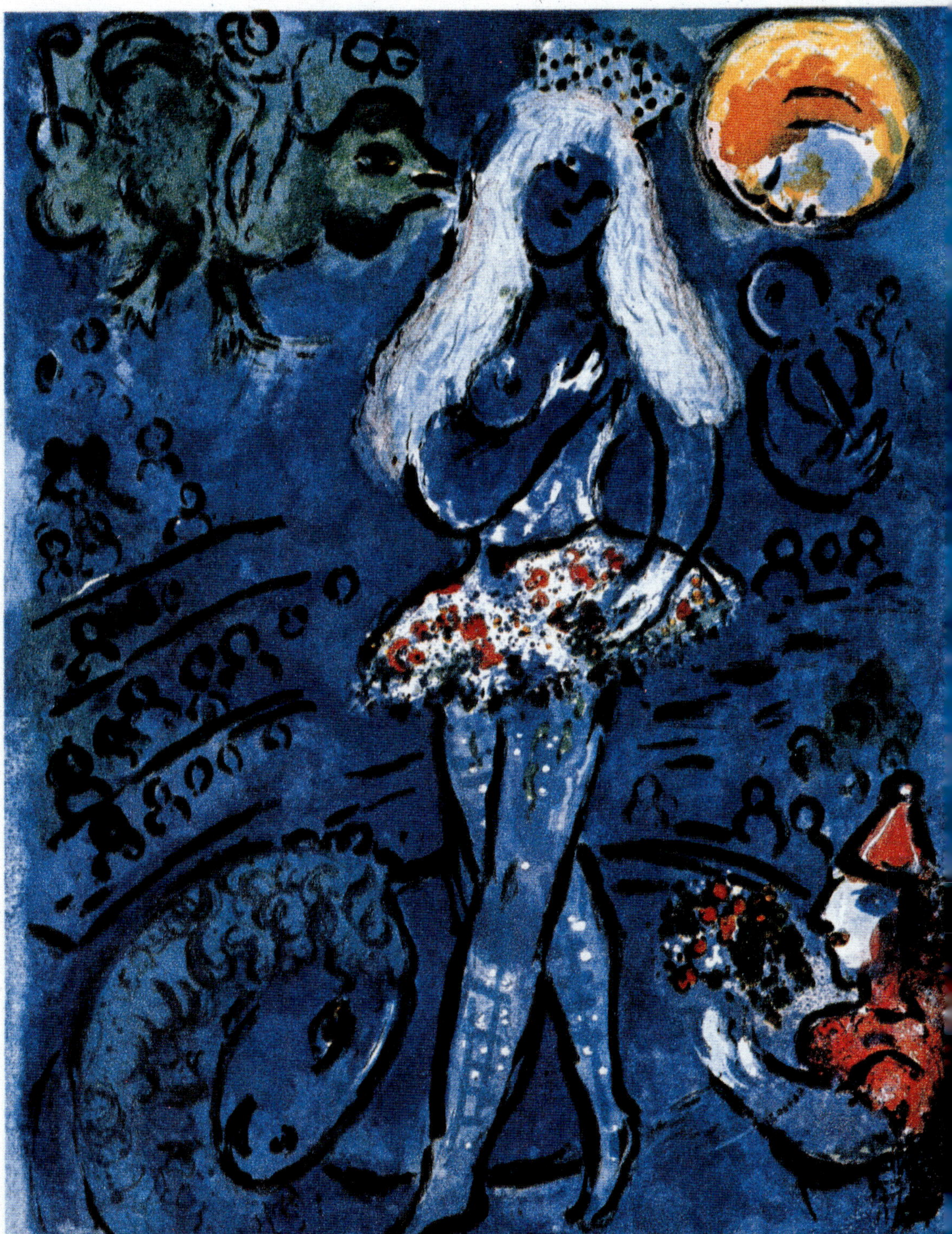

110. Der Zirkus

(M. S. 517)
Lithographie
43 x 70 cm
1962–1966
Paris, Nationalbibliothek,
Kupferstichkabinett

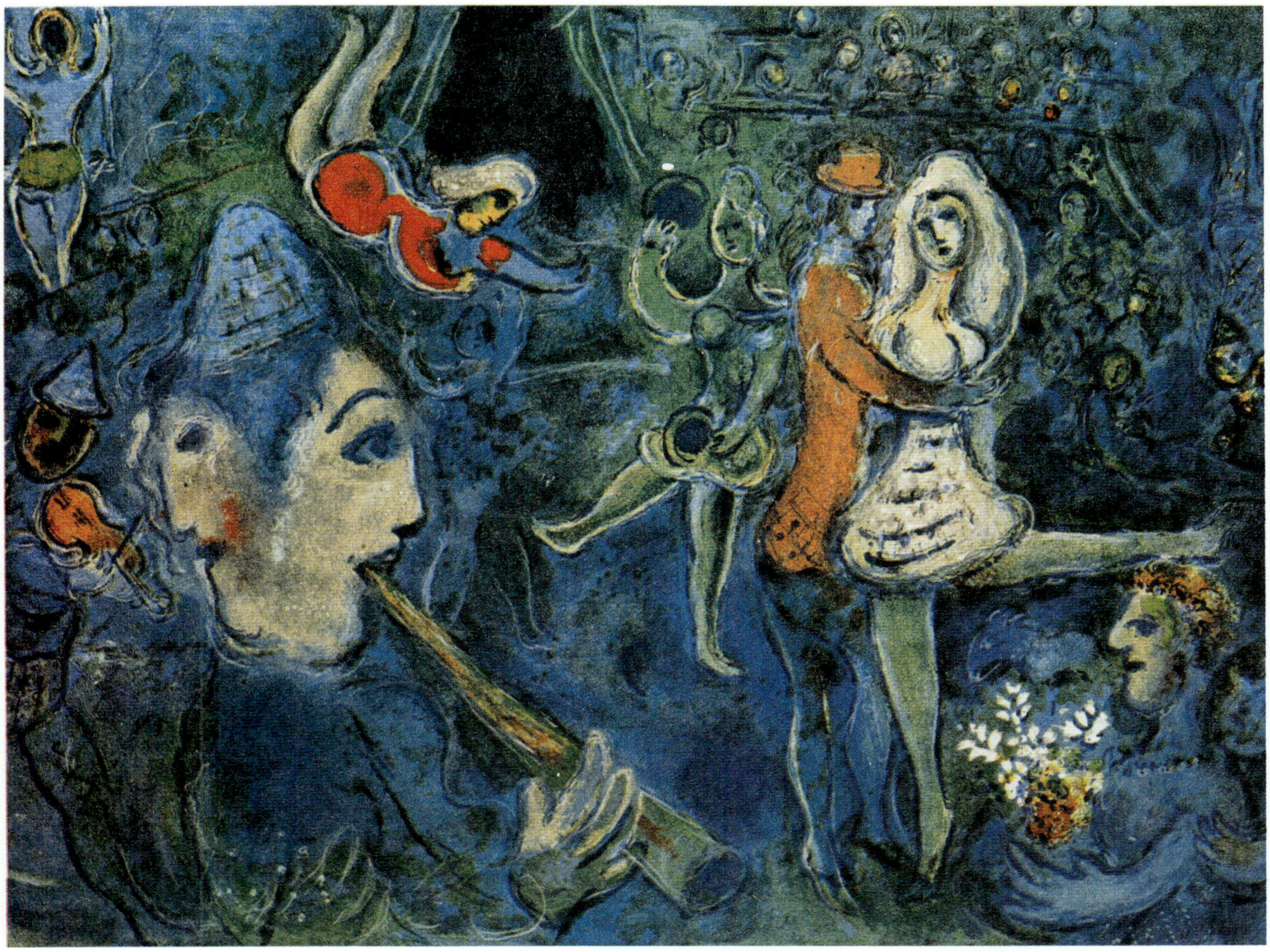

111. Die Kunstreiterin mit dem Fächer

(M. S. 521)
Lithographie
43 x 35 cm
1962–1966
Paris, Nationalbibliothek, Kupferstichkabinett

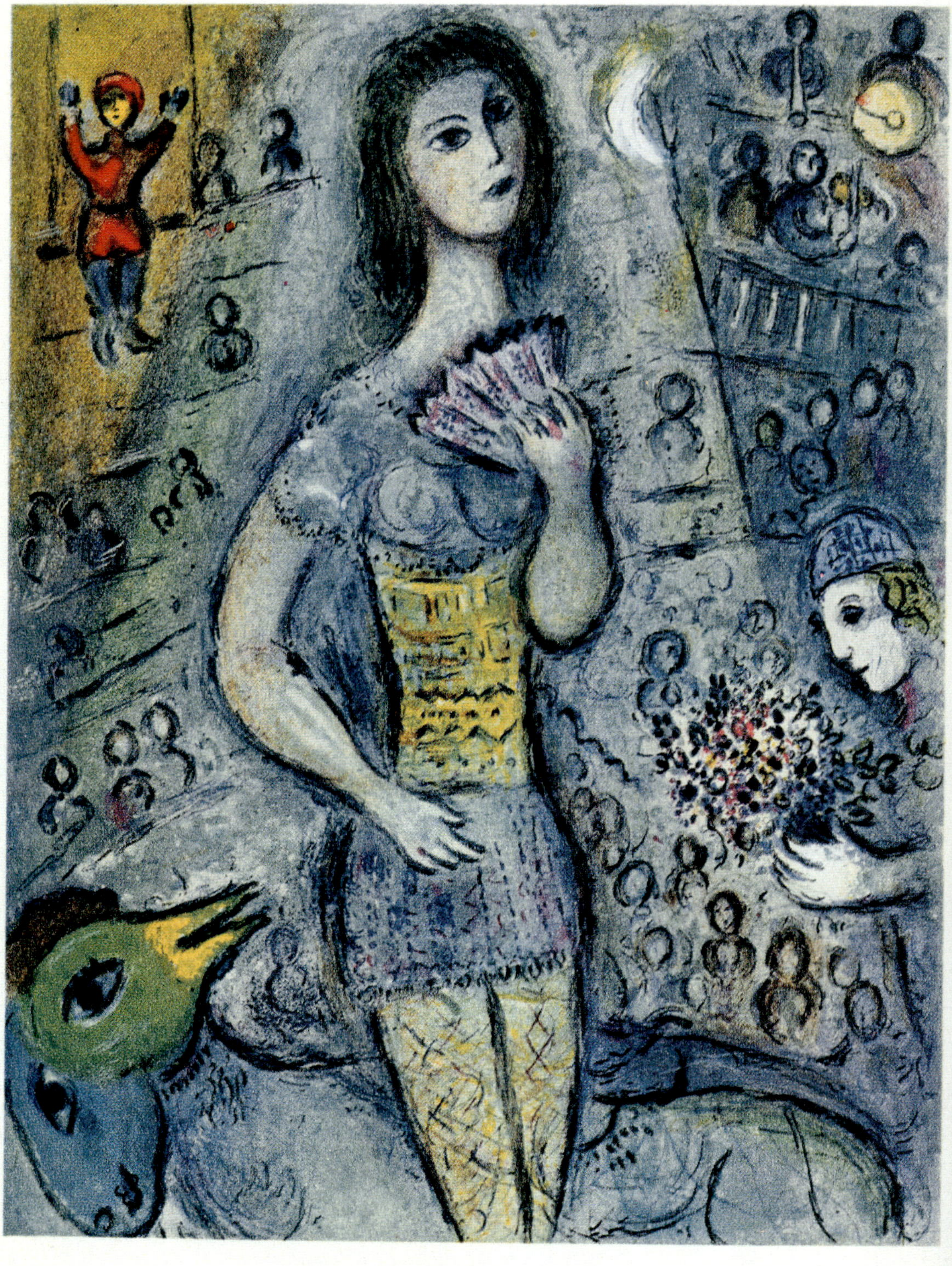

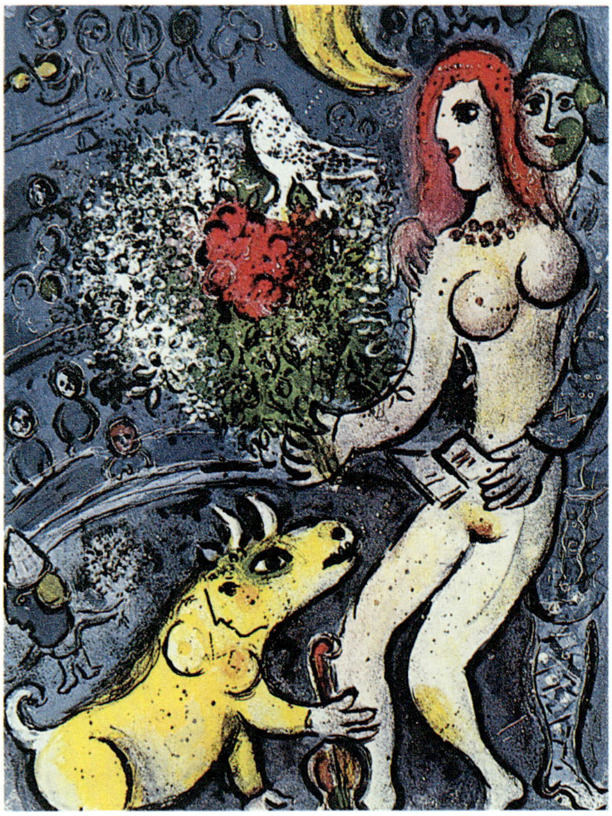

112. Junges Mädchen mit Blumenstrauß
(M. S. 522)
Lithographie
43 x 35 cm
1962–1966
Paris, Nationalbibliothek, Kupferstichkabinett

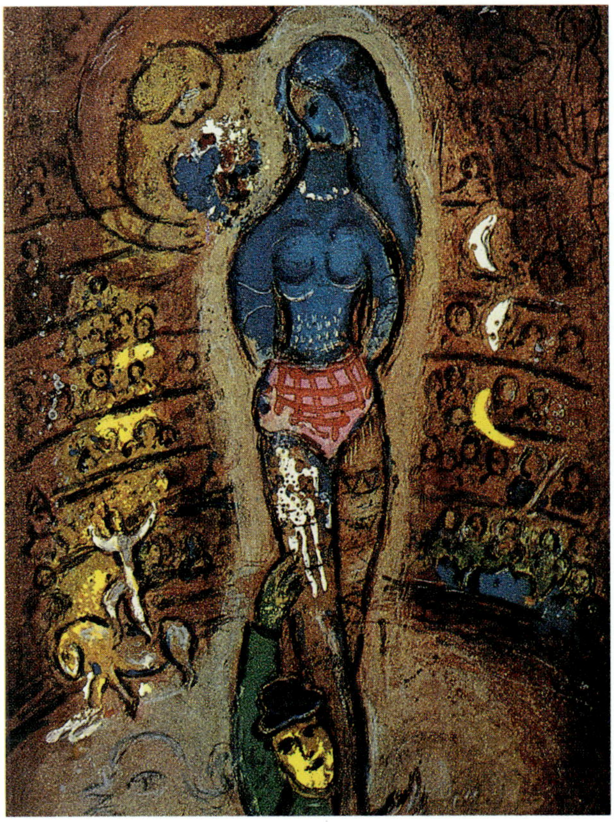

113. Die Akrobaten
(M. S. 523)
Lithographie
43 x 35 cm
1962–1966
Paris, Nationalbibliothek, Kupferstichkabinett

114. Die Trapezkünstler
(M. S. 524)
Lithographie
43 x 35 cm
1962–1966
Paris, Nationalbibliothek, Kupferstichkabinett

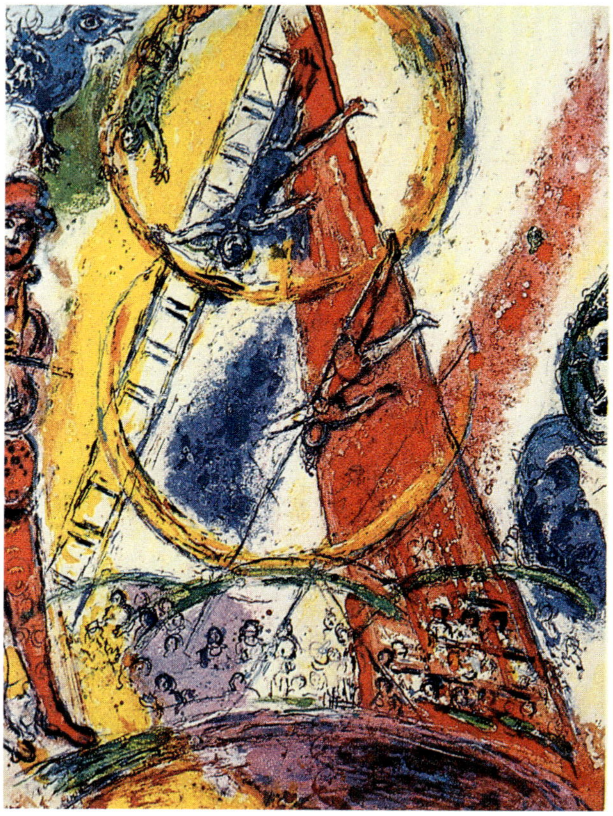

„Mein Zirkus spielt an dem Himmel.
Er spielt in den Wolken, zwischen den Stühlen.
Er spielt an dem Fenster, in dem sich der Mond spiegelt.
Auf der Straße geht ein Mann vorbei.
Er löscht die Lichter der Laternen der Stadt.
Die Vorstellung ist zu Ende."

115. Der musizierende Clown
(M. S. 527)
Lithographie
43 x 35 cm
1962–1966
Paris, Nationalbibliothek, Kupferstichkabinett

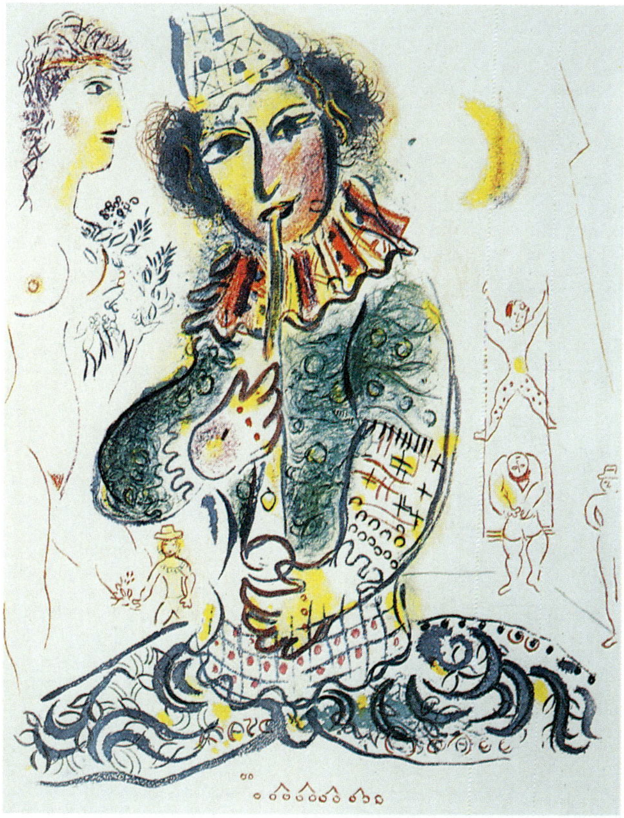

Im Lande der Götter

Begeistert von der Qualität der Illustrationen des Buches „Daphnis und Chloë“, schlug der Verleger A. C. Mazo dem Künstler ein neues, von der griechischen Antike inspiriertes Album vor.

Texte von Aristophanes, Longus, Äschylus, Theokrit und Sappho wurden von Charles Sorlier zusammengestellt und dann durch 12 Lithographien illustriert.

Das entsprechende Werk wurde 1967 durch A. C. Mazo in Paris in 120 Exemplaren herausgebracht.

116. Illustration zu einem Zitat des Mimnermos

(M. S. 533)
Lithographie
50 x 65 cm
1967
Paris, Nationalbibliothek,
Kupferstichkabinett

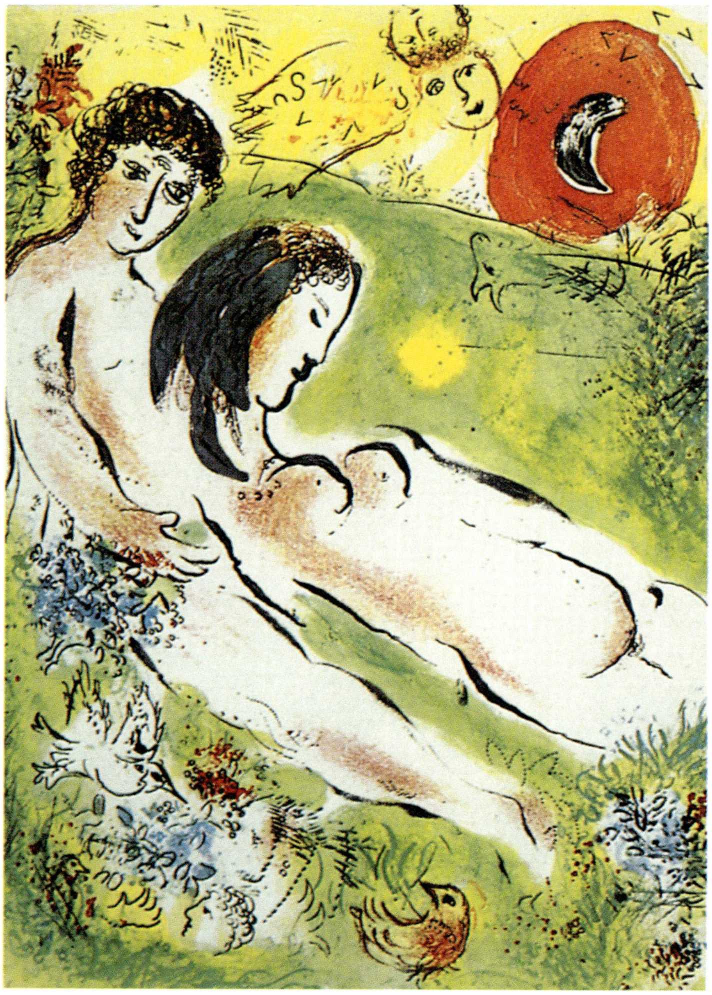

„Welch ein Leben, welches Vergnügen ohne die blonde Aphrodite? Ach, ich sterbe, wenn mich nicht mehr jene süßen Glieder berühren, so voll Honig, Lager der Liebe, bezaubernde Blüte der Jugend!"

117. Illustration zu einem Zitat der Sappho

(M. S. 534)
Lithographie
50 x 65 cm
1967
Paris, Nationalbibliothek,
Kupferstichkabinett

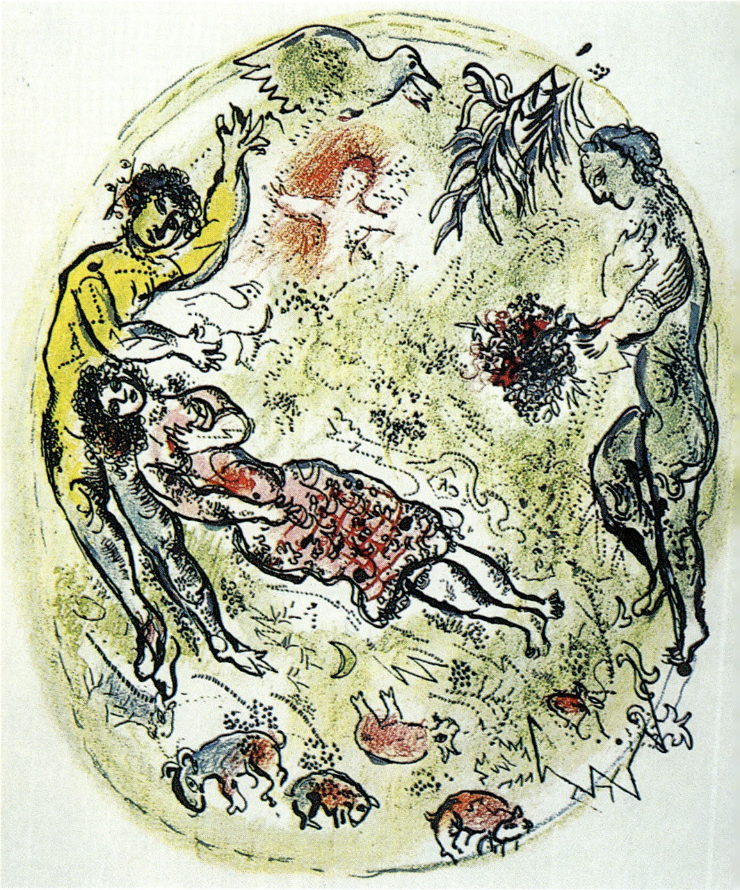

„Und du bekränzest deinen zarten Hals mit Girlanden betäubender Blumen. Myrrhe im Überfluß, kostbarer Duft, würdig eines Königs, umwölkt das lockige Haupt."

118. Illustration zu einem Zitat des Äschylus

(M. S. 535)
Lithographie
50 x 65 cm
1967
Paris, Nationalbibliothek, Kupferstichkabinett

119. Illustration zu einem Zitat des Anakreon

(M. S. 536)
Lithographie
50 x 65 cm
1967
Paris, Nationalbibliothek, Kupferstichkabinett

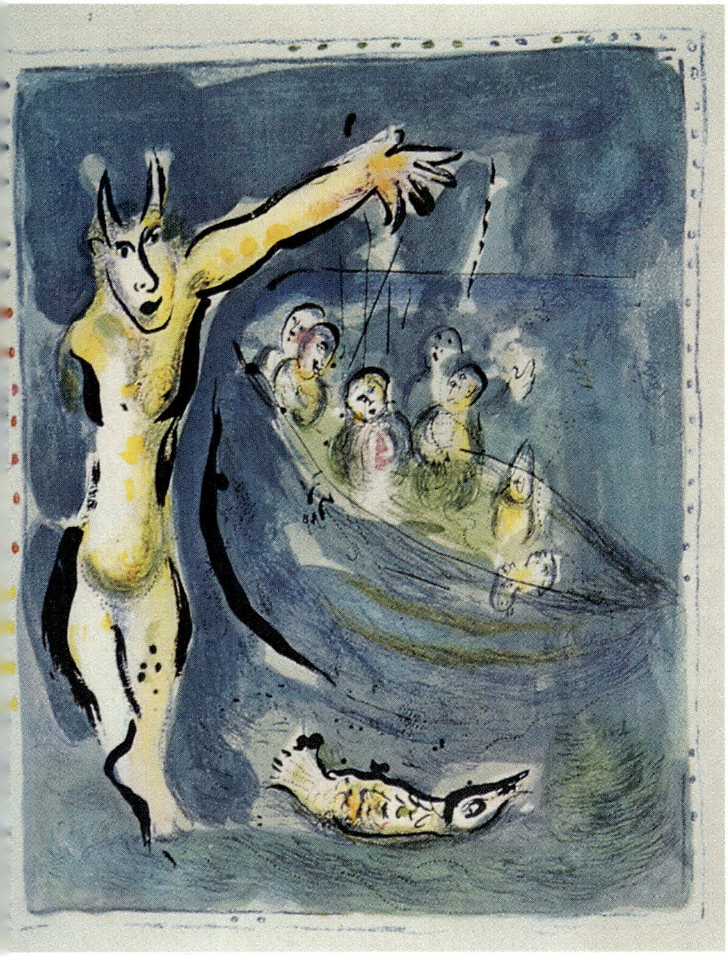

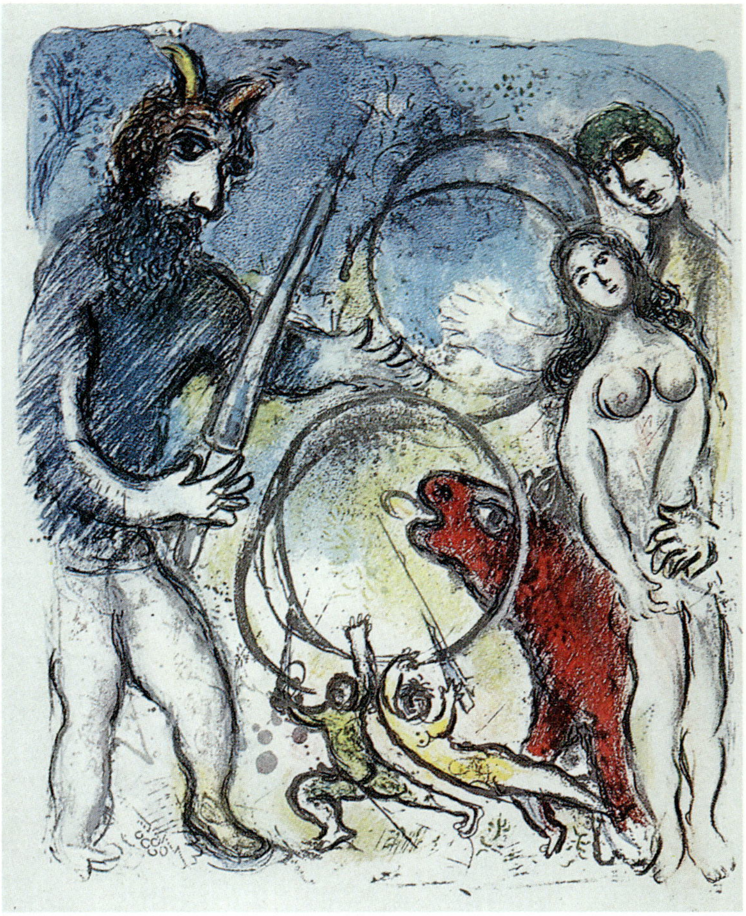

„In den von weißen Wellen gekräuselten Gewässern von Aulis, bei gerafften Segeln, steigerten die leeren Räume das unmutige Murmeln der Krieger."

„Was aber bleibt der Frau? Was erhielt sie? Die Schönheit. Sie ist ihre sichere Rüstung, ihr Speer, ihr Schild. Die verzehrende Flamme des Kriegers und sein Feuer, alles muß ihr weichen … sie ist schön!"

120. Illustration zu einem
Zitat des Theokrit

(M. S. 538)
Lithographie
50 x 65 cm
1967
Paris, Nationalbibliothek,
Kupferstichkabinett

121. Illustration zu einem
Zitat der Sappho

(M. S. 540)
Lithographie
50 x 65 cm
1967
Paris, Nationalbibliothek,
Kupferstichkabinett

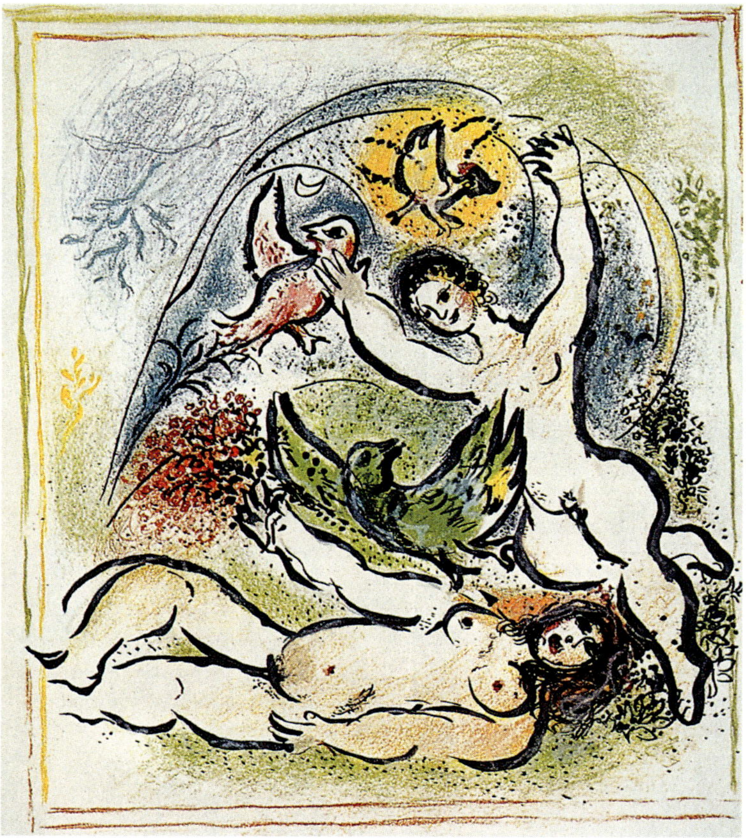

„Meine Schöne wird morgen von mir eine Taube bekommen, die ich von ihrem Lager auf dem Wacholderstrauch nehme."

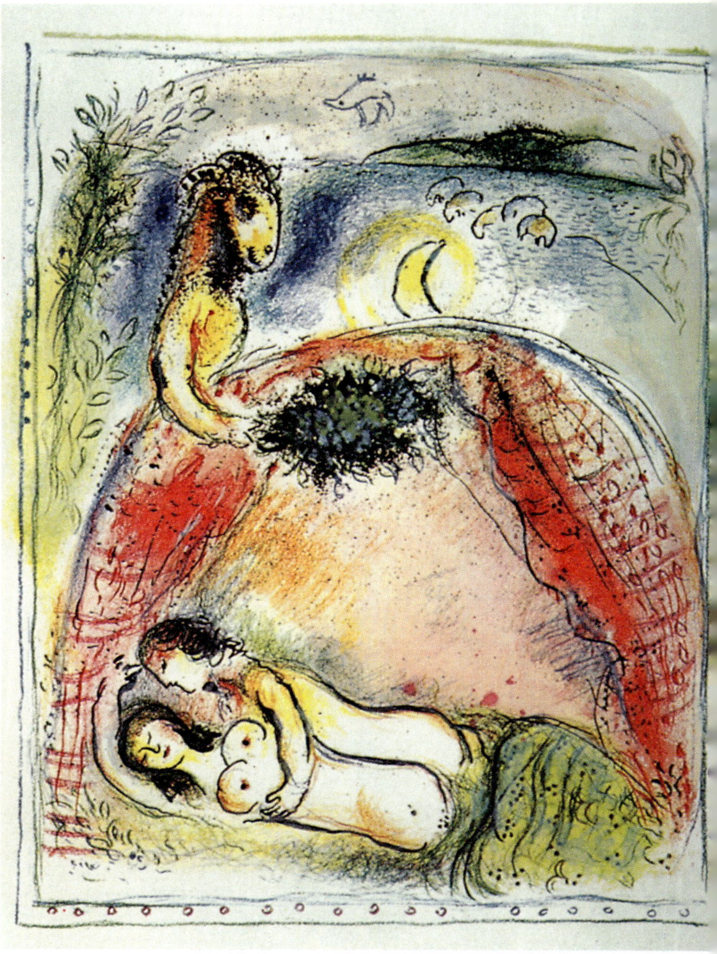

„Glücklicher Mann, die Ehe ist dein und du umfängst die Jungfrau, die du ersehnst."

Die Gedichte

Zur Illustration einer Sammlung von 30 seiner Gedichte aus den Jahren 1930 bis 1972 schuf Marc Chagall 24 Farbholzschnitte (Drucker: Jacques Frélaut und Jaime Herrera).

Die russisch geschriebenen Gedichte hat Philippe Jacottet nach einer Version von Moshe Lazar unter Mitwirkung des Künstlers ins Französische übersetzt.

Die Sammlung der illustrierten Gedichte kam 1968 bei Editions Cramer in Genf in einer auf 226 Exemplare begrenzten Auflage heraus, davon waren 12 Exemplare nicht für den Handel bestimmt.

122. Wenn meine Sonne
Holzschnitt
37 x 29 cm
1962–1967
Paris, Nationalbibliothek,
Kupferstichkabinett

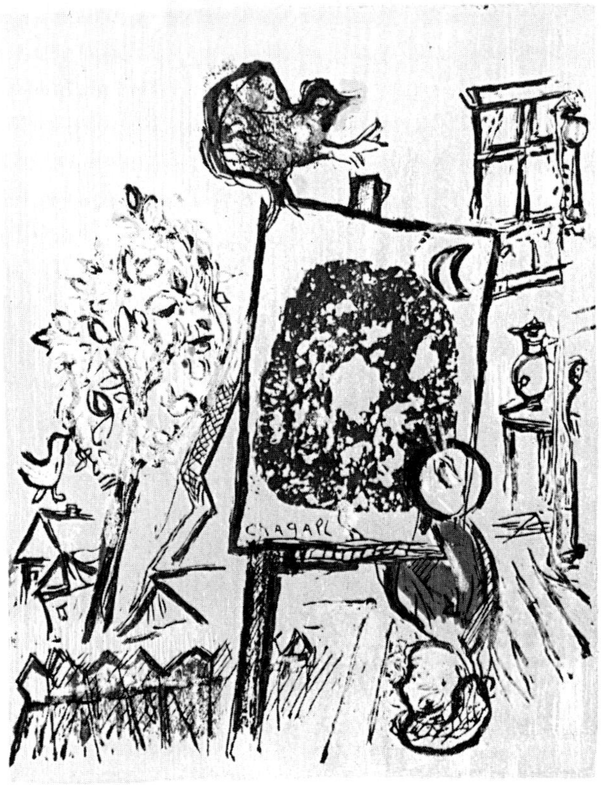

123. In meiner Erinnerung
Holzschnitt
37 x 29 cm
1962–1967
Paris, Nationalbibliothek,
Kupferstichkabinett

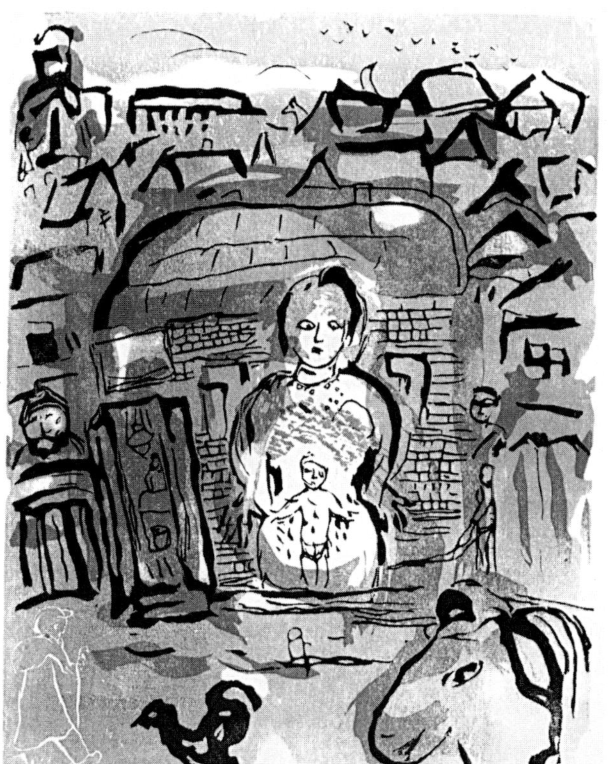

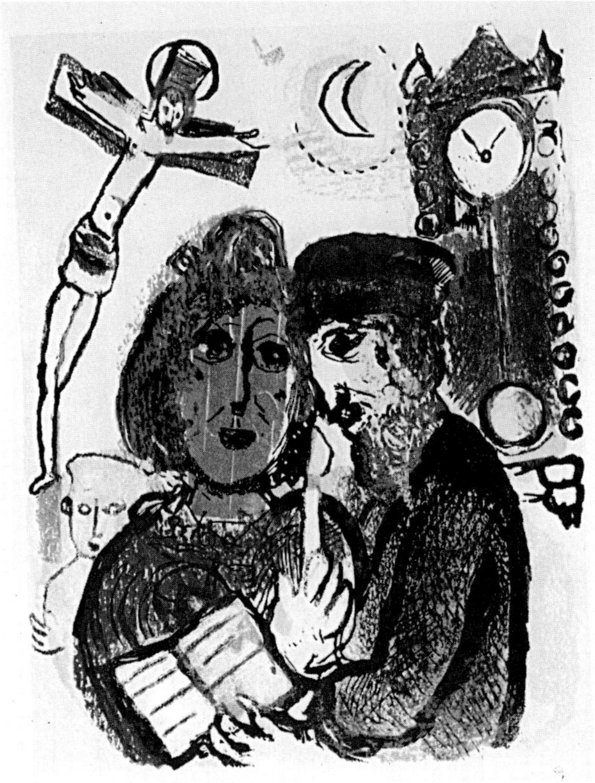

124. Du hast meine Hände erfüllt

Holzschnitt
37 x 29 cm
1962–1967
Paris, Nationalbibliothek,
Kupferstichkabinett

Du hast meine Hände erfüllt

Ich bin Dein Sohn
auf der Erde, der mühsam vorankommt
Du hast meine Hände erfüllt
mit Farben und Pinseln
Ich weiß nicht, wie ich Dich malen soll

Gilt es die Erde zu malen, den Himmel, mein Herz?
Die Städte im Feuer, die fliehenden Menschen?
Meine Augen in Tränen?
Wohin fliehen, wohin fliegen?

Der hier unten das Leben gibt,
der den Tod aussendet,
vielleicht wird er es fügen,
daß mein Bild leuchtet

125. Auf Erden

Holzschnitt
37 x 29 cm
1962–1967
Paris, Nationalbibliothek,
Kupferstichkabinett

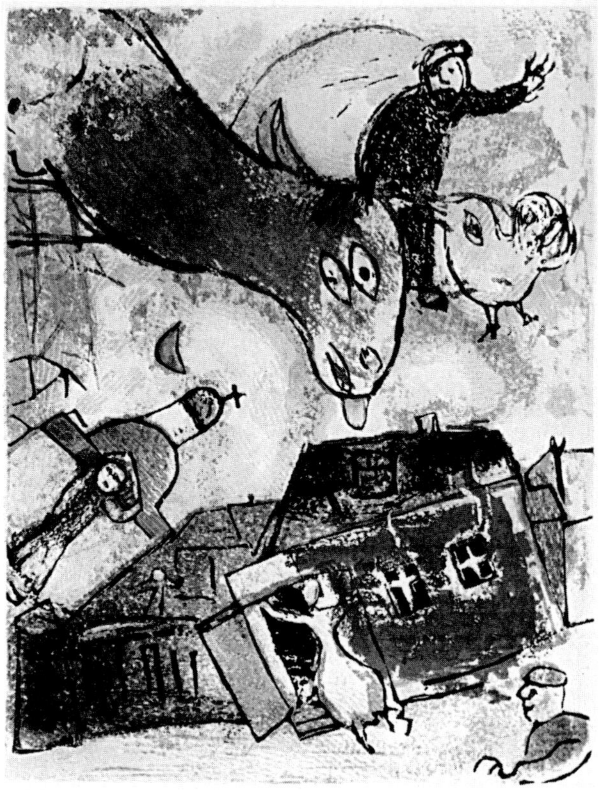

Auf Erden

Überall vertreibt man mein Volk
Seine Krone liegt am Boden
Am Boden das Zeichen Davids
Wo ist sein Glanz, seine Ehre?

Mit seinen Händen verdammt es den Himmel
Es verflucht sein Exil
Ein Blitz verzehrt sein Elend
Es naht das Schwert

Wenn Du zerstört werden sollst
Zur Buße für den Tempel in Trümmern
Wird ein anderer Stern aufgehen
Und aus Deinen Augen eine Taube emporfliegen

Ich will Deinen Traum erfüllen
Eine andere Wahrheit zeigen
Aus Deinem Licht
Meine Farben entnehmen

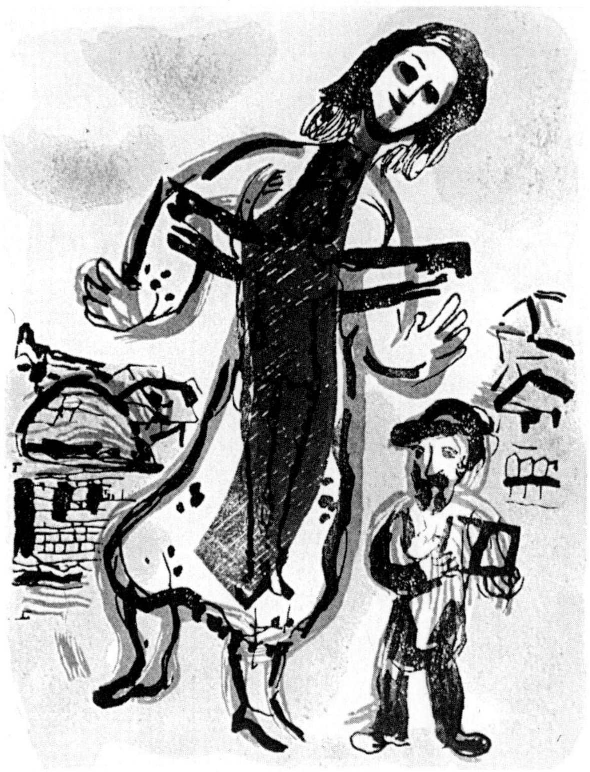

126. Wo ist der Tag
Holzschnitt
37 x 29 cm
1962–1967
Paris, Nationalbibliothek,
Kupferstichkabinett

Wo ist der Tag

Geht ein Jude am Bild Christi vorbei
Und ruft: das Kreuz über uns
Eilen wir, uns in den Gräbern zu verbergen
Wir schlagen uns krumm

Ein Bettler läuft mit seinem Bettelsack
Wir wollen nichts, als unser Brot verdienen
Wo bist du, Gott? Der Tod naht
Steig herab und sag uns eine Predigt

Ein Greis in seinem weißen Tuch
Stürzt mit seinem Buch der Psalmen
Das Elend rinnt ihm aus den Augen
Gib ihm wieder das Leben, mein Gott

Erbarmen. Erhebe Dein Volk
Wo ist der Tag, an dem Du es erwählt und gesegnet hast
Wo ist die Taube der Arche
Die uns die Zukunft eröffnet?

127. Wieviele Jahre

Holzschnitt
37 x 29 cm
1962–1967
Paris, Nationalbibliothek,
Kupferstichkabinett

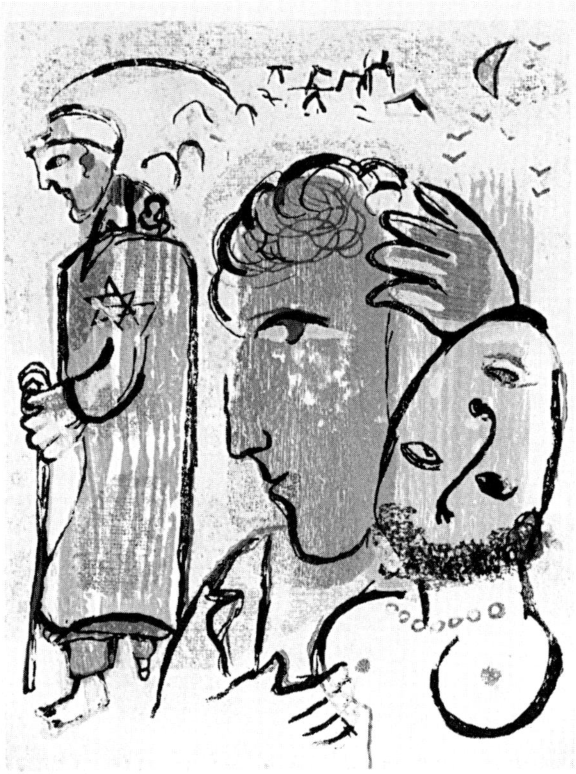

Wieviele Jahre

Manchmal möchte ich jemand rufen
Bitten, daß die Rosen
Bei deiner Ankunft
Erblühen

Ich möchte jemand rufen
Bitten, daß das Morgenrot
Erneut sich bedecke
Mit dem Blau der Nacht

Und nackt, ohne Kopf, Ich
Werde dich suchen
Wo bist du?

Ich erwache
Wieviele Jahre habe ich geschlafen?
Du erinnerst dich
Gestern
Habe ich dich umarmt

Dein Duft in meiner Hand
ist eingeschlafen
Von einem Baum zum andern
Flog ich mit dir
dich zu suchen
Wo bist du?

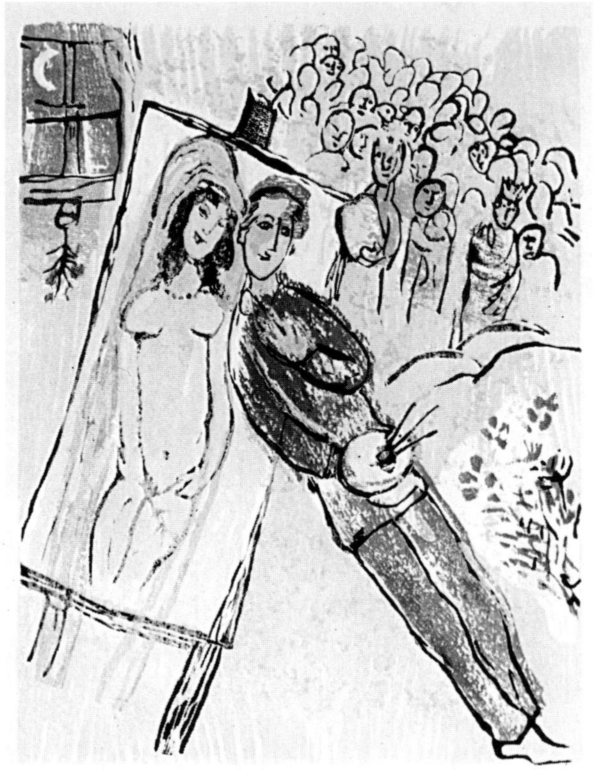

128. Meine Mutter
Holzschnitt
37 x 29 cm
1962–1967
Paris, Nationalbibliothek, Kupferstichkabinett

Meine Mutter

Bist Du meine Mutter, meine Stadt,
So sorgt sich Dein Sohn in der Ferne
Er hört kein Wort von Dir
Als Antwort auf seine Farben

Meine Mutter, ich seh sie,
Sie erwartet mich an der Schwelle
Sie hat mir
Ein anderes, unklares Los
Hinterlassen

Bist Du meine Mutter, meine Stadt,
So bleib ich ein Fremder
Du siehst nicht die Wolken sich ändern
Die Wasser der Flüsse vergehen

Meine Mutter hat an der Schwelle der Türe gewartet
Von ihr habe ich die Hoffnung erlernt
Ihre Brust hat meine Träume genährt
Tag und Nacht hat sie gebetet für mich

Die Odyssee

Als Marc Chagall im Jahr 1974 die 45 Farblithographien zur Odyssee schuf, hatte er sich bereits seit langem mit der Welt des Mittelmeeres und seiner Kultur befaßt.

Sein Mosaik über die Abenteuer des Odysseus hatte er 1968 der Universität Nizza gewidmet.

Die *Odyssee* von Marc Chagall kam in zwei Bänden bei Mourlot in Paris heraus.

Der erste 1974 vollendete Band umfaßt 20 einfarbige Lithographien in Grau. Der zweite 1975 erschienene Band enthält 23 Farblithographien und 20 einfarbig graue Lithographien.

Von diesem Werk wurden 250 von 1 bis 250 numerierte Exemplare gedruckt sowie 20 römisch numerierte Exemplare zur Verfügung des Künstlers und seiner Mitarbeiter.

129. Frontispiz
(S. 749)
Lithographie
43 x 66 cm
1974–1975
Paris, Privatsammlung

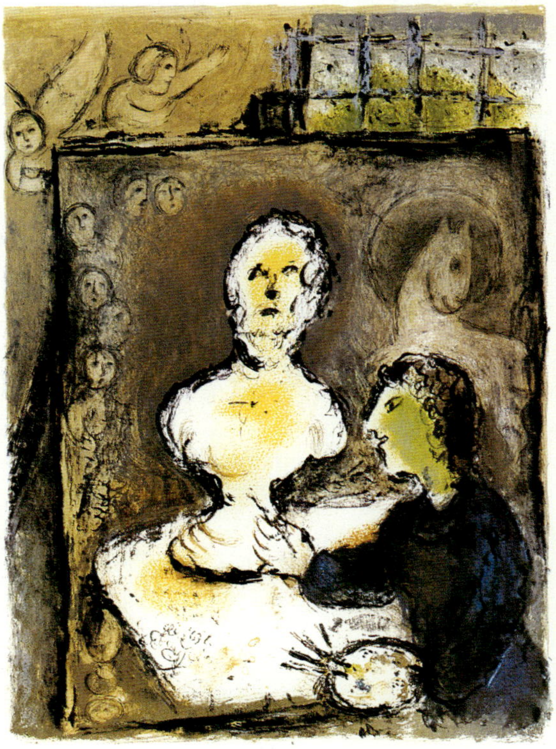

130. Odysseus vor Nausikaa

(S. 767)
Lithographie
43 x 66 cm
1974–1975
Paris, Privatsammlung

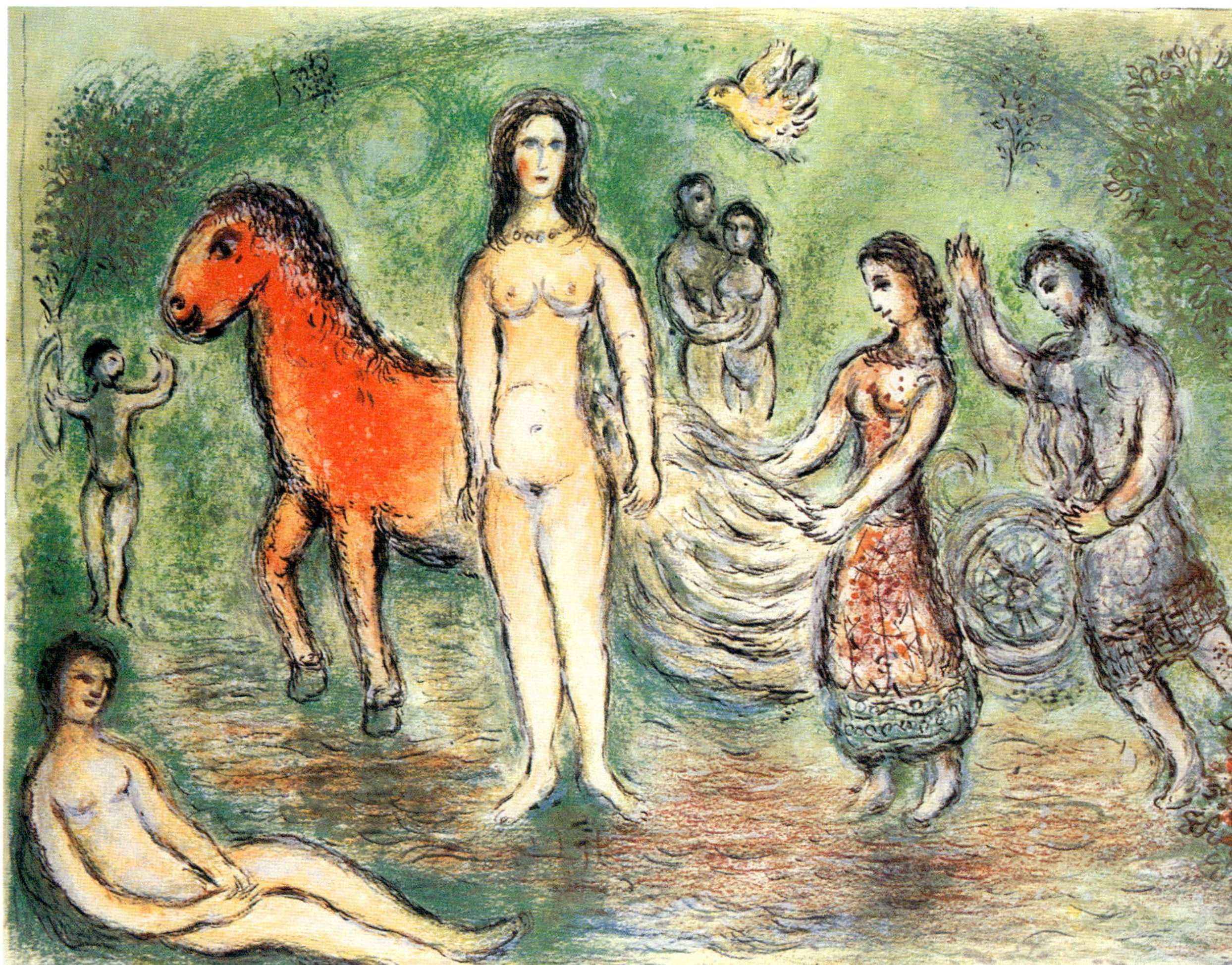

131. Ares und Aphrodite
(S. 772)
Lithographie
43 x 33 cm
1974–1975
Paris, Privatsammlung

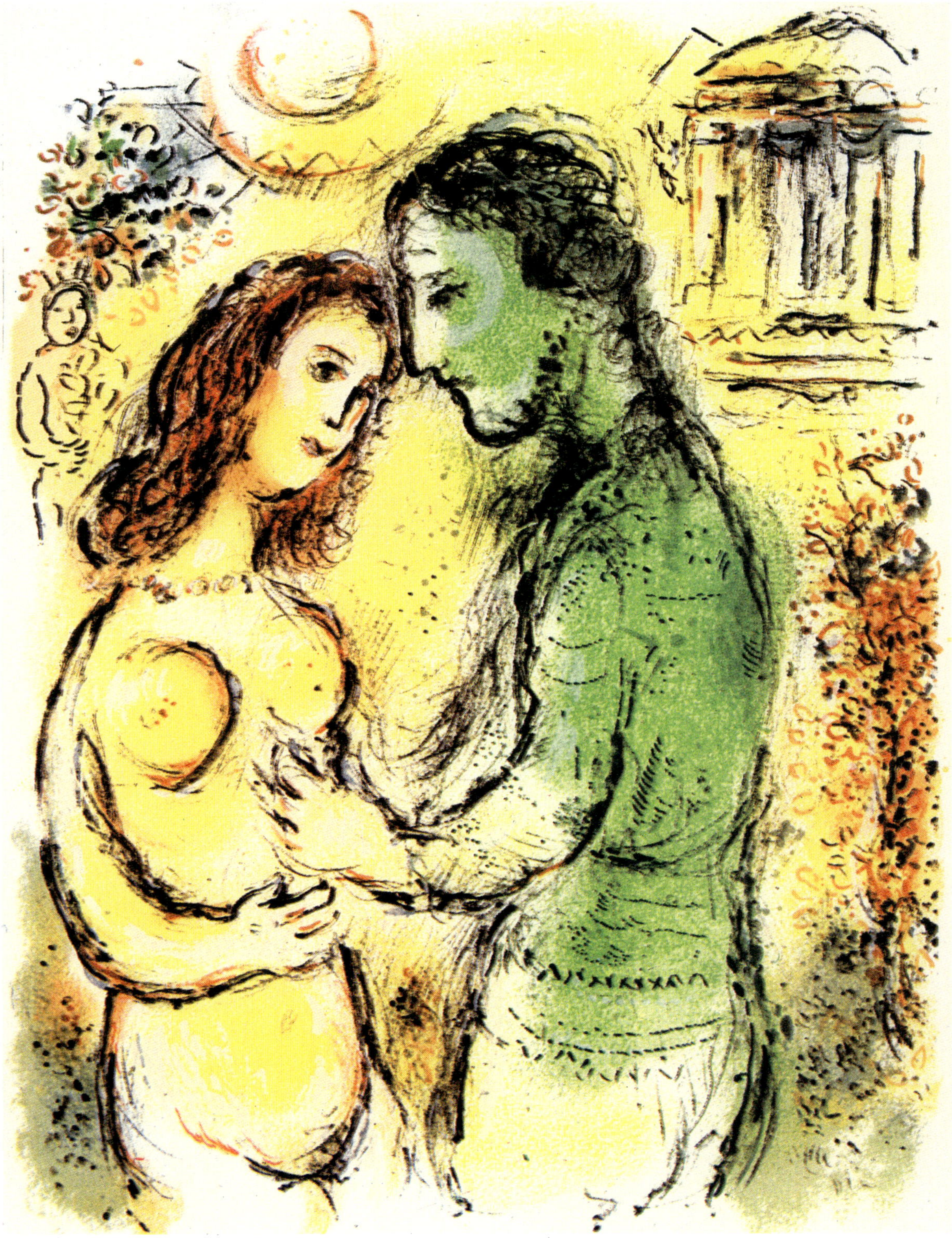

132. Ich bin Odysseus

(S. 774)
Lithographie
43 x 33 cm
1974–1975
Paris, Privatsammlung

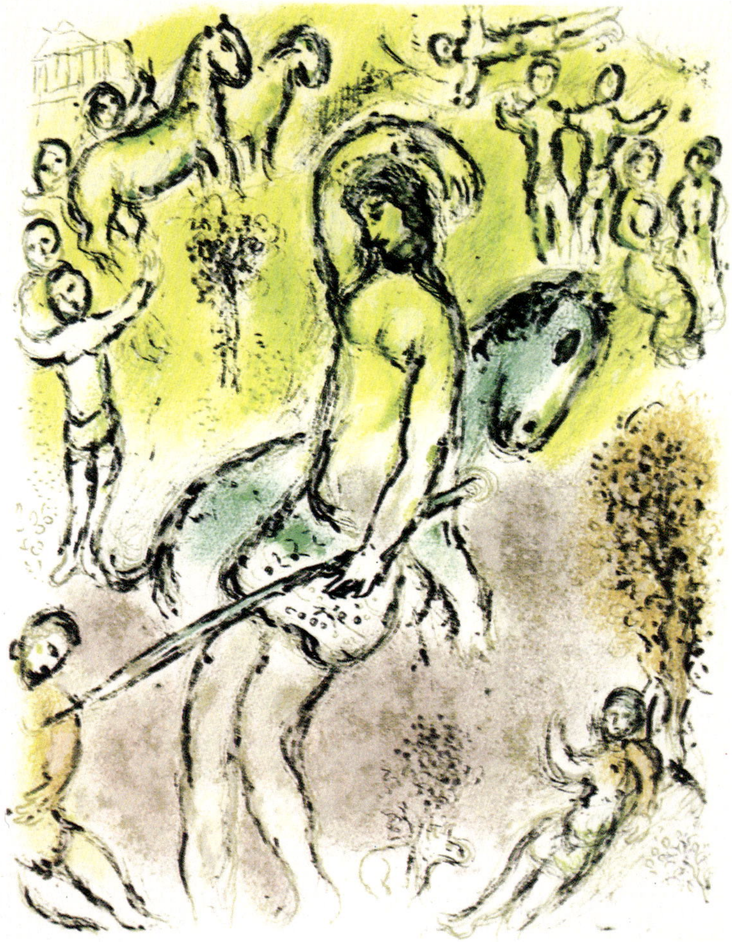

133. Circe
(S. 780)
Lithographie
43 x 66 cm
1974–1975
Paris, Privatsammlung

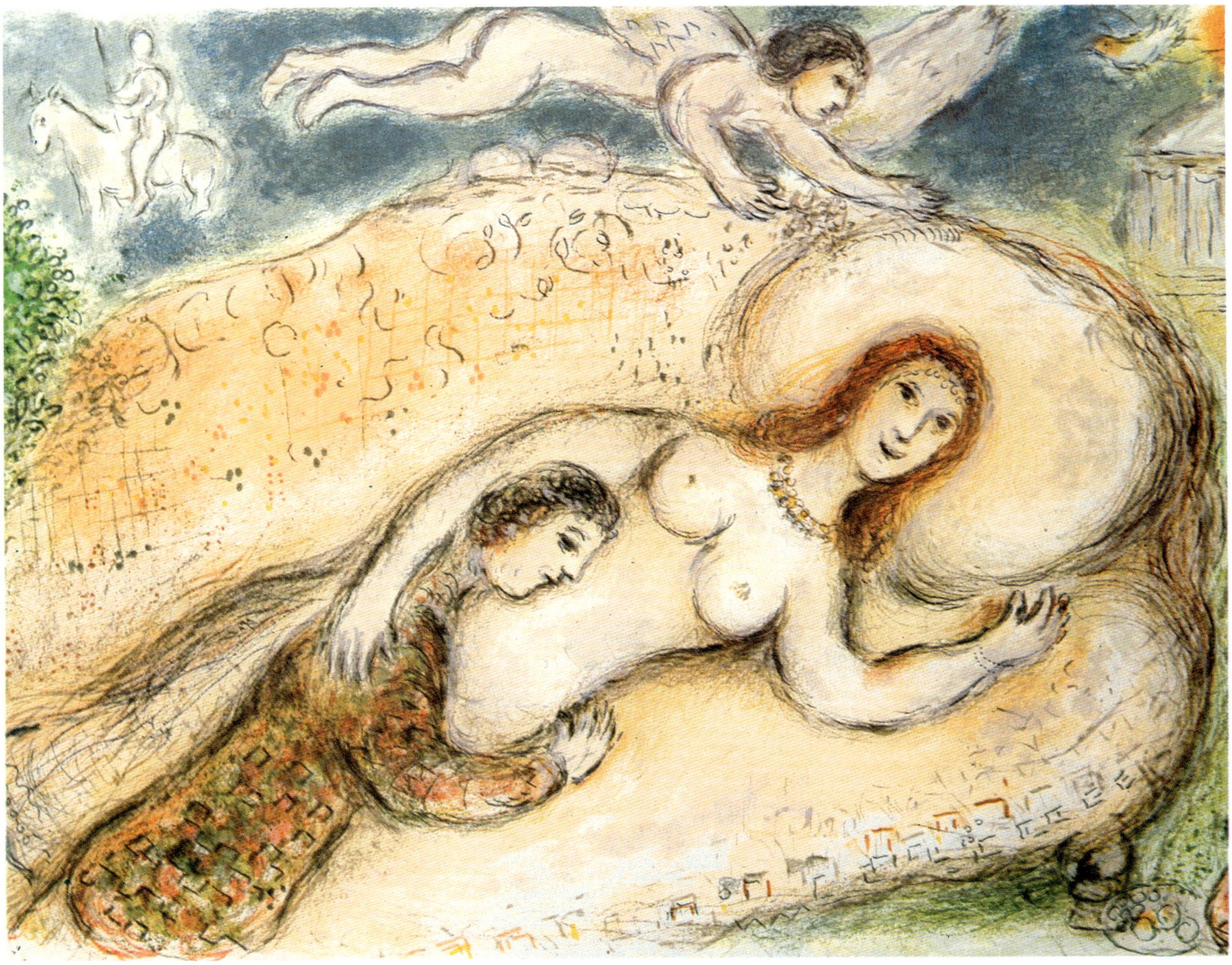

134. Die Sirenen
(S. 787)
Lithographie
43 x 66 cm
1974–1975
Paris, Privatsammlung

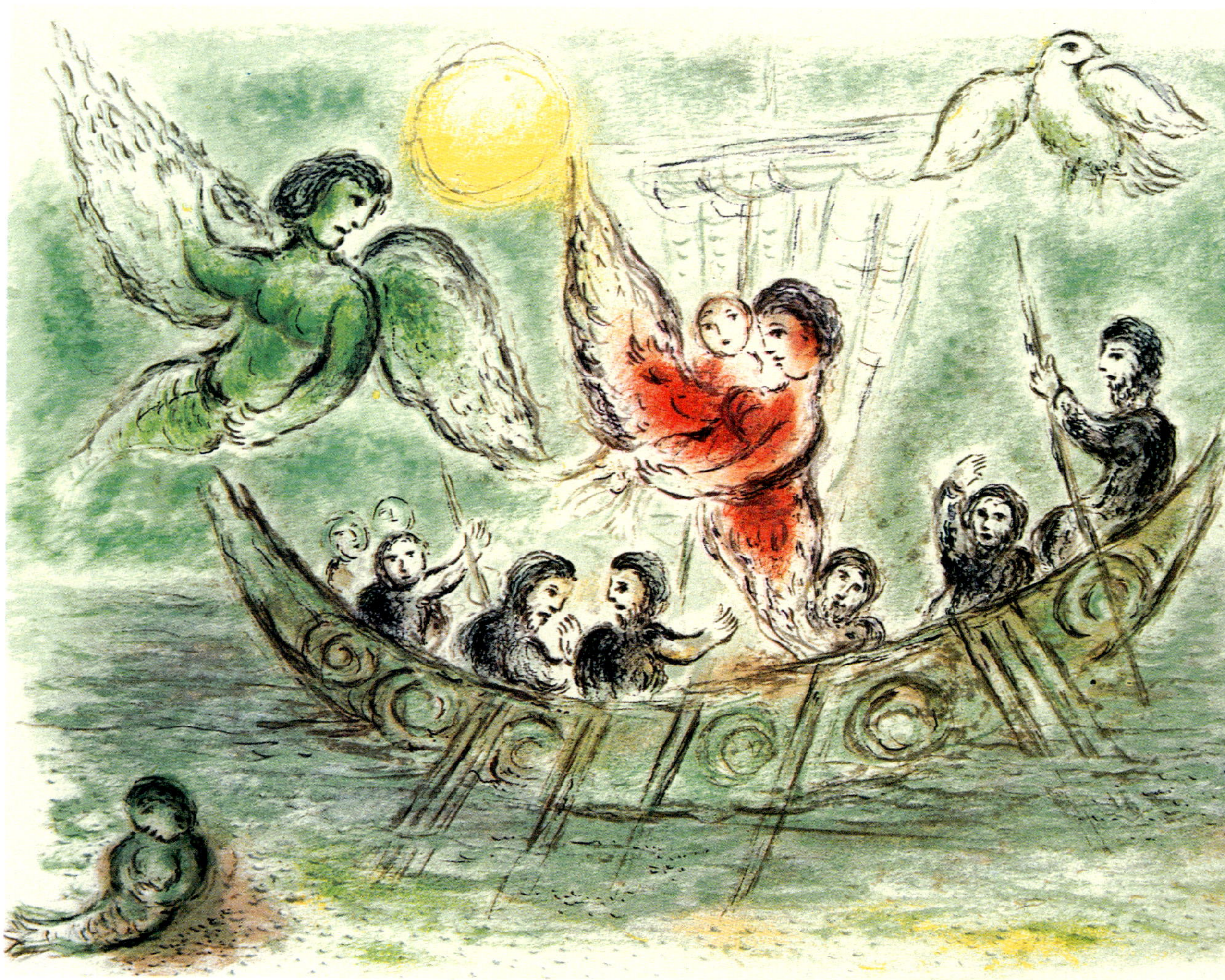

135. Frontispiz
(S. 788)
Lithographie
43 x 33 cm
1974–1975
Paris, Privatsammlung

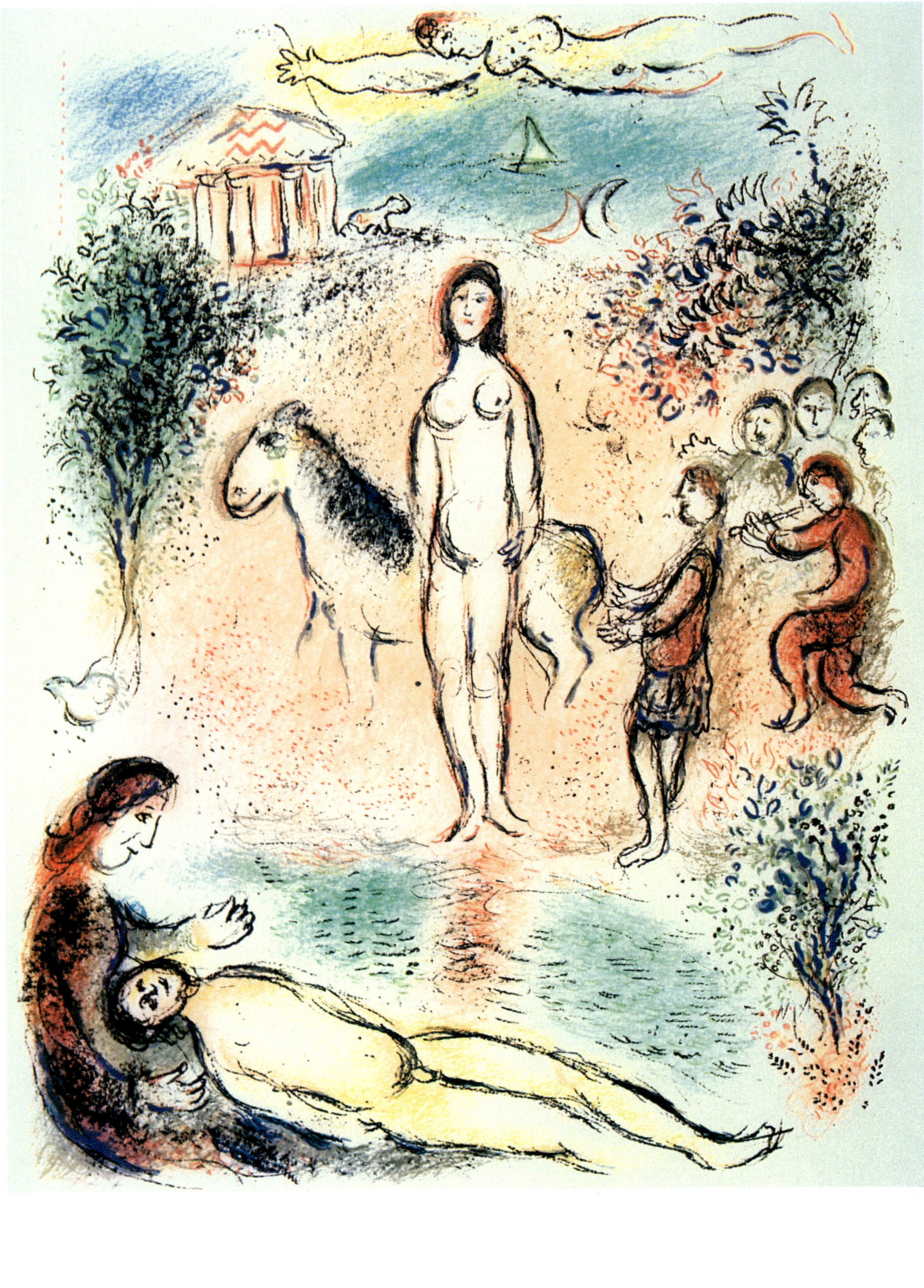

136. Odysseus als Bettler verkleidet

(S. 792)
Lithographie
43 x 33 cm
1974–1975
Paris, Privatsammlung

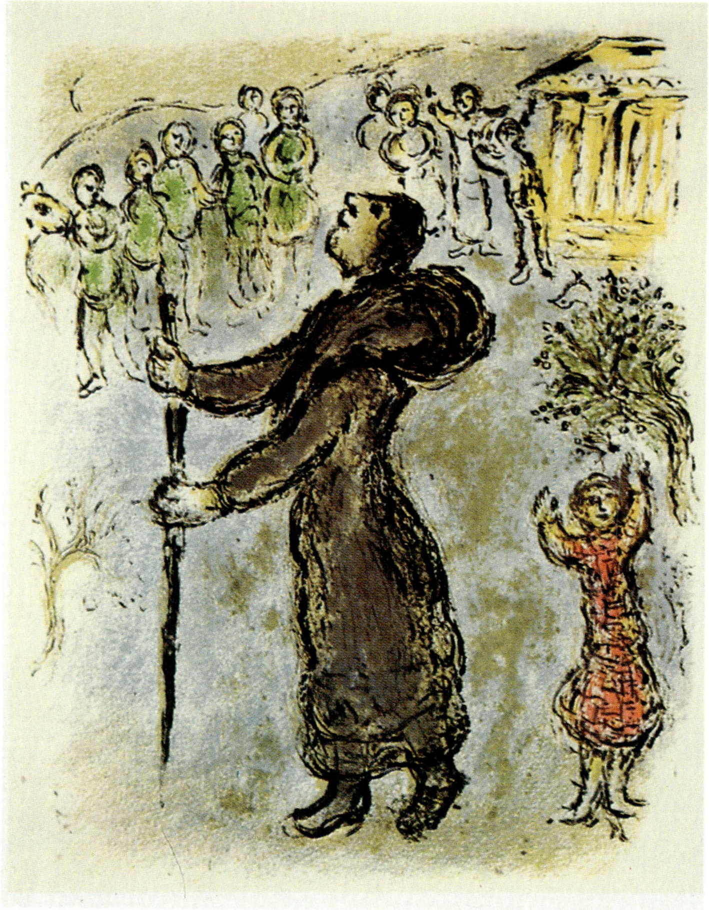

137. Die Vorbereitungen zum Festmahl der Freier

(S. 805)
Lithographie
43 x 33 cm
1974–1975
Paris, Privatsammlung

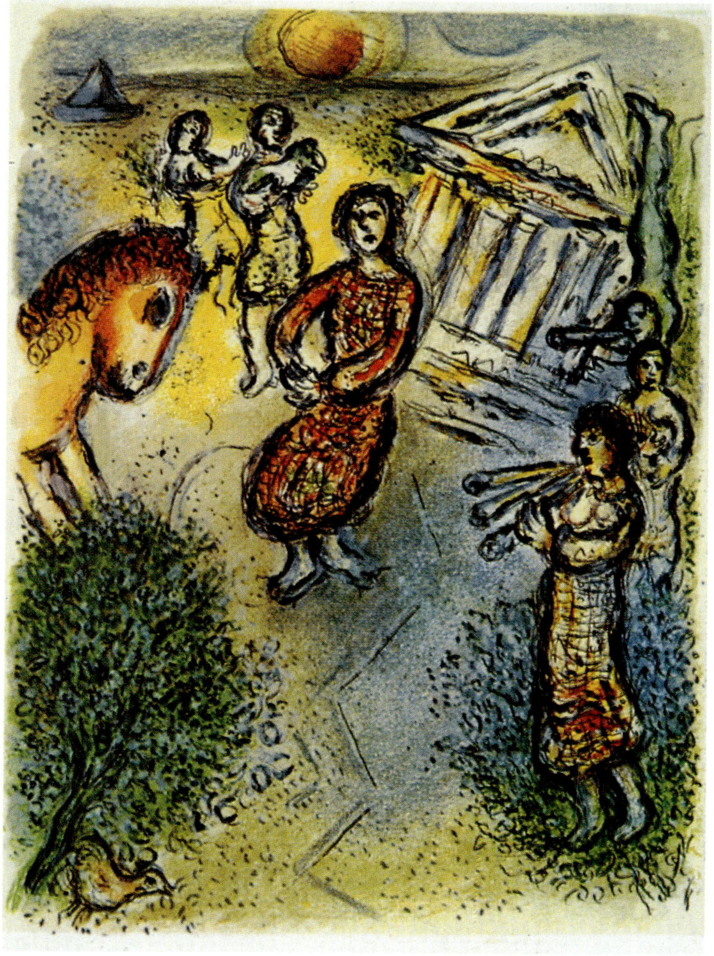

138. Das Fest
(S. 824)
Lithographie
43 x 33 cm
1974–1975
Paris, Privatsammlung

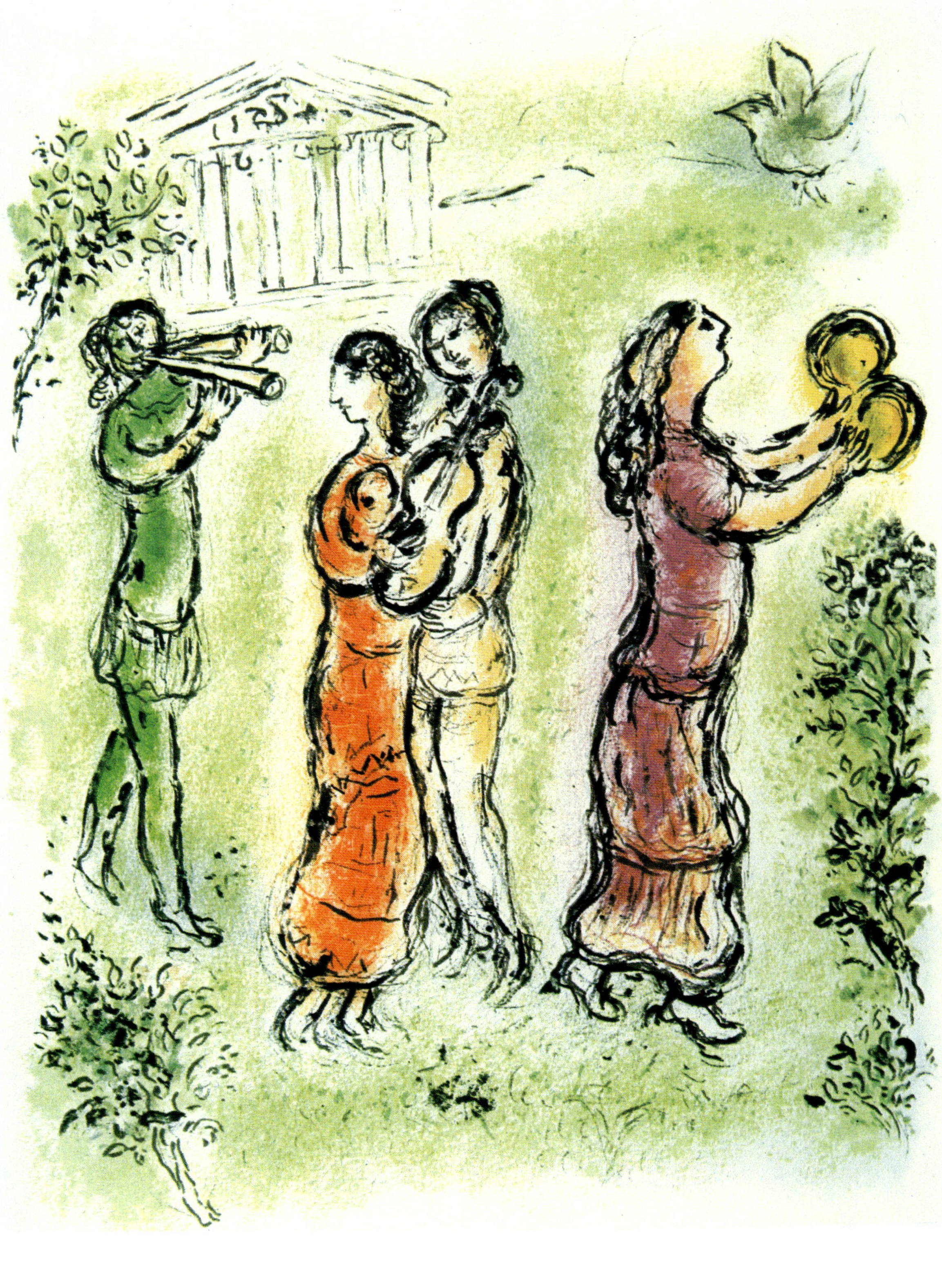

139. Eupithes
(S. 829)
Lithographie
43 x 33 cm
1974–1975
Paris, Privatsammlung

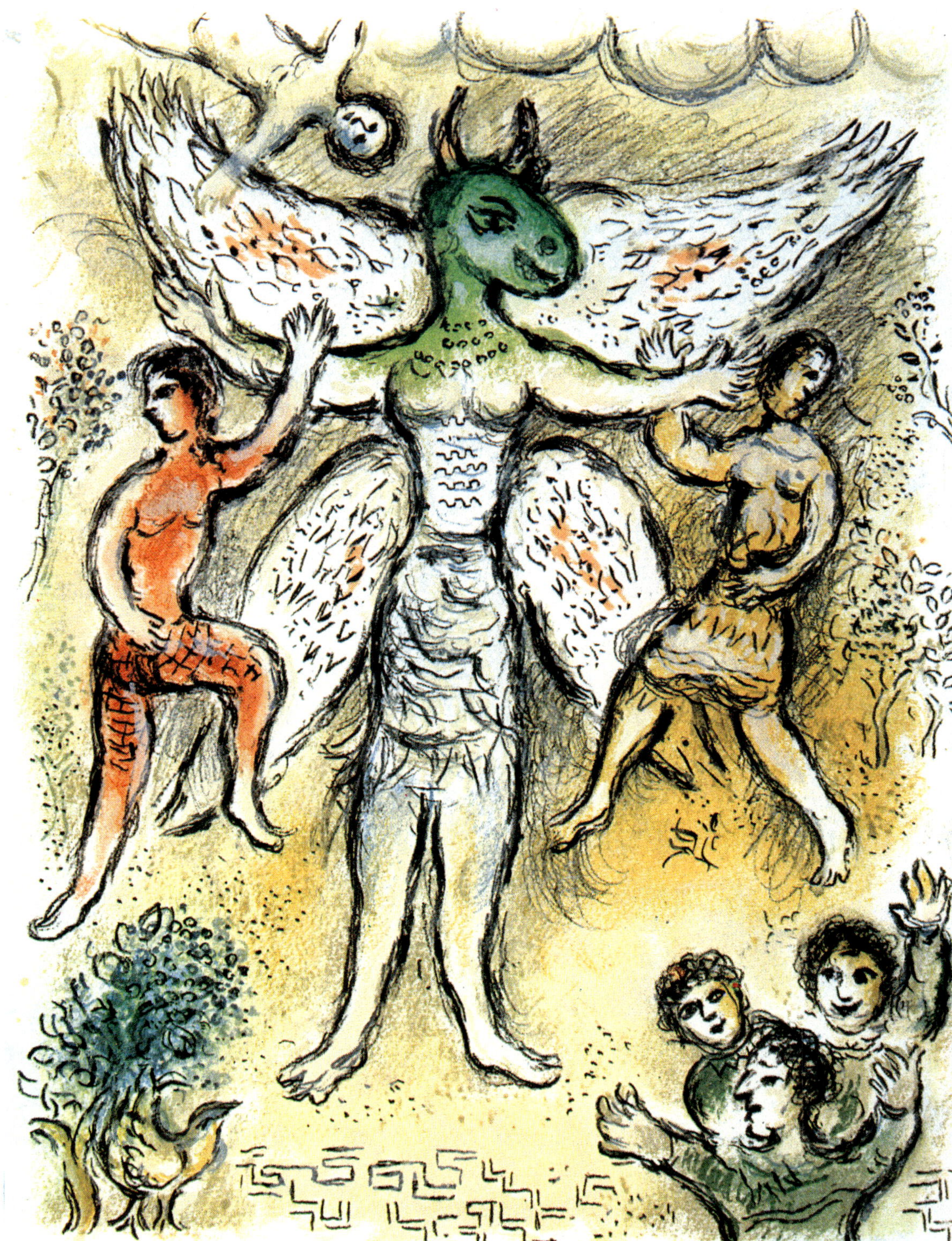

140. Der wieder-gewonnene Frieden
(S. 830)
Lithographie
43 x 66 cm
1974–1975
Paris, Privatsammlung

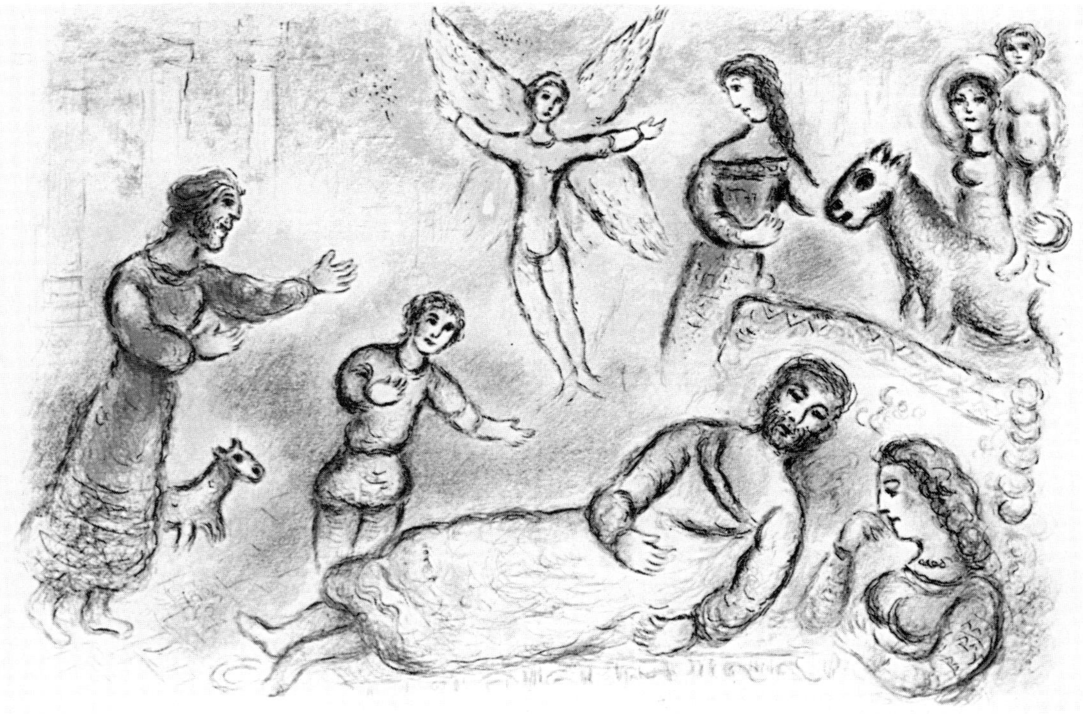

Das lithographische Werk

141. Die Liebenden

(M. 50)
Lithographie in Schwarz
40,8 x 60,9 cm
1951, Paris
Paris, Nationalbibliothek,
Kupferstichkabinett

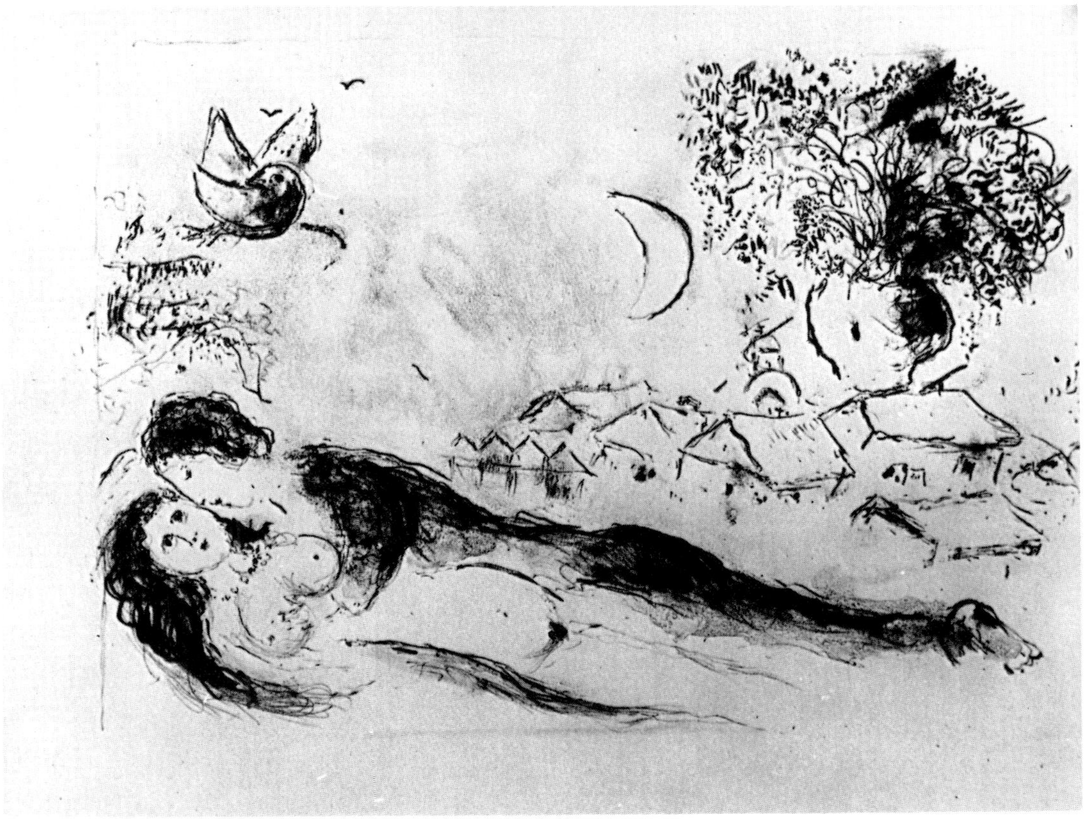

142. Madonna mit dem Fisch

(M. 51)
Lithographie in Schwarz
58,4 x 47,7 cm
1951, Paris
Paris, Nationalbibliothek, Kupferstichkabinett

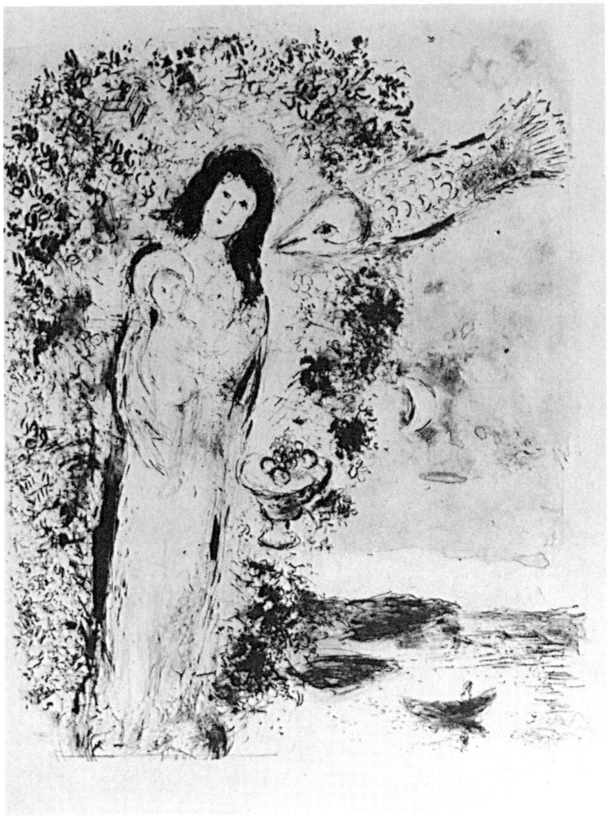

143. Der Maler mit der Palette

(M. 54)
Lithographie
58,5 x 49,5 cm
1952, Paris
Paris, Nationalbibliothek, Kupferstichkabinett

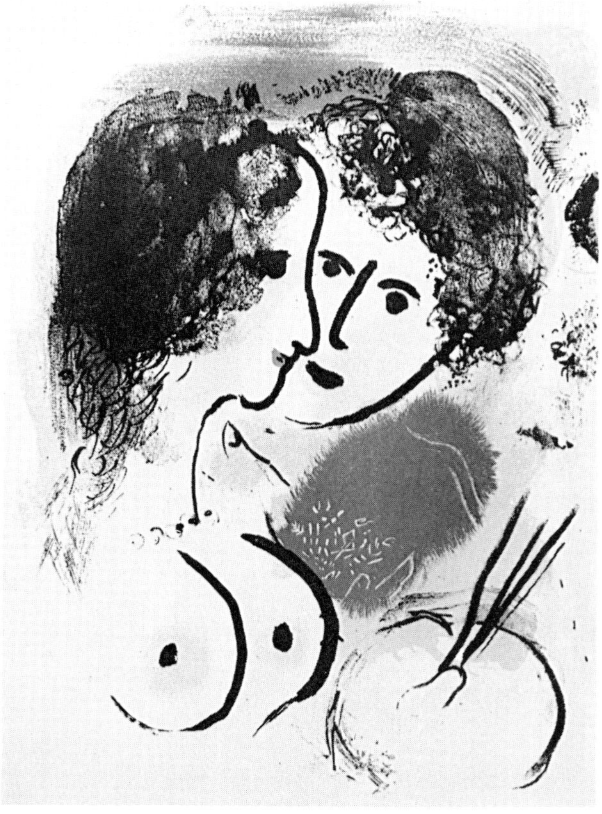

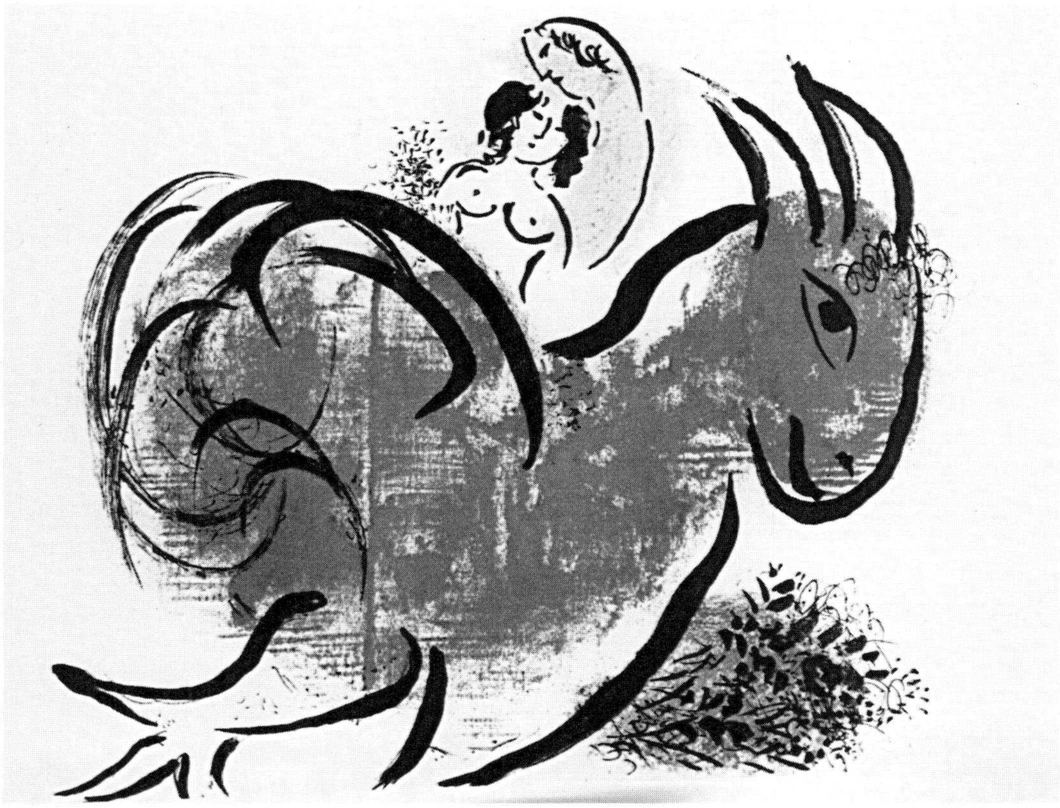

144. Der rote Hahn
(M. 60)
Lithographie
37,3 x 44,5 cm
1952, Paris
Paris, Nationalbibliothek, Kupferstichkabinett

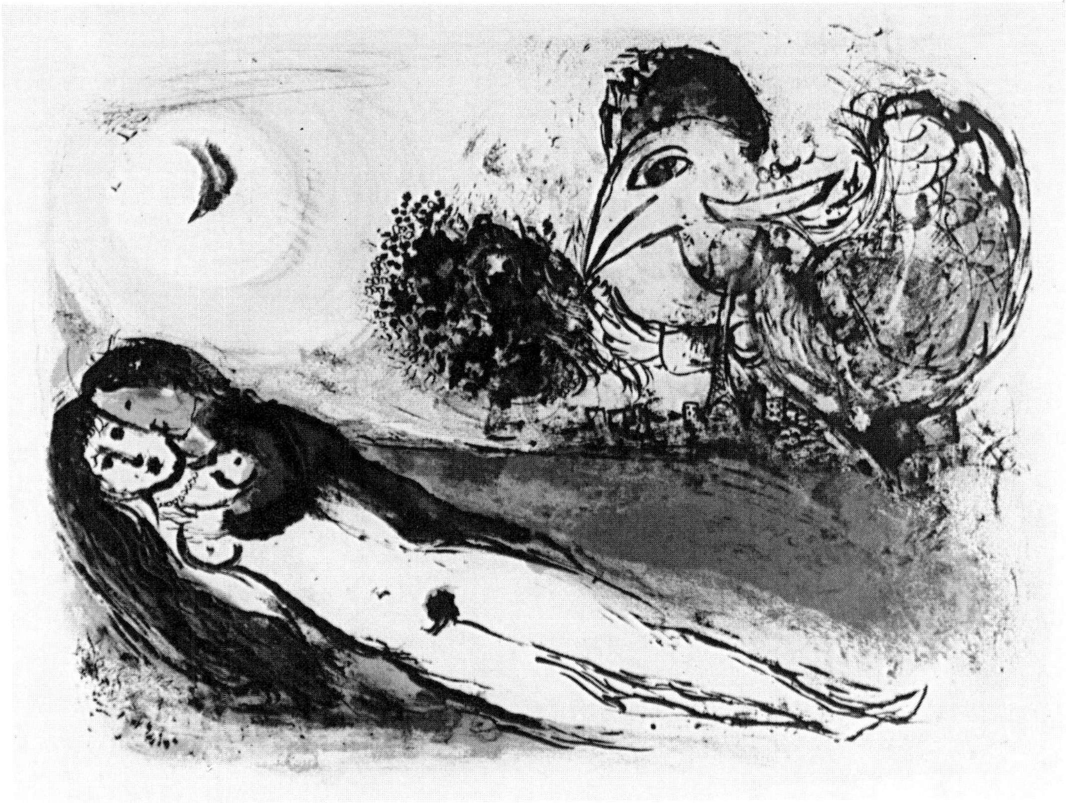

145. Guten Morgen Paris! (Bonjour sur Paris)
(M. 71)
Lithographie
47 x 54,5 cm
1952, Paris
Paris, Nationalbibliothek, Kupferstichkabinett

146. Vision von Paris
(M. 81)
Lithographie
35,7 x 53 cm
1952, Paris
Paris, Nationalbibliothek,
Kupferstichkabinett

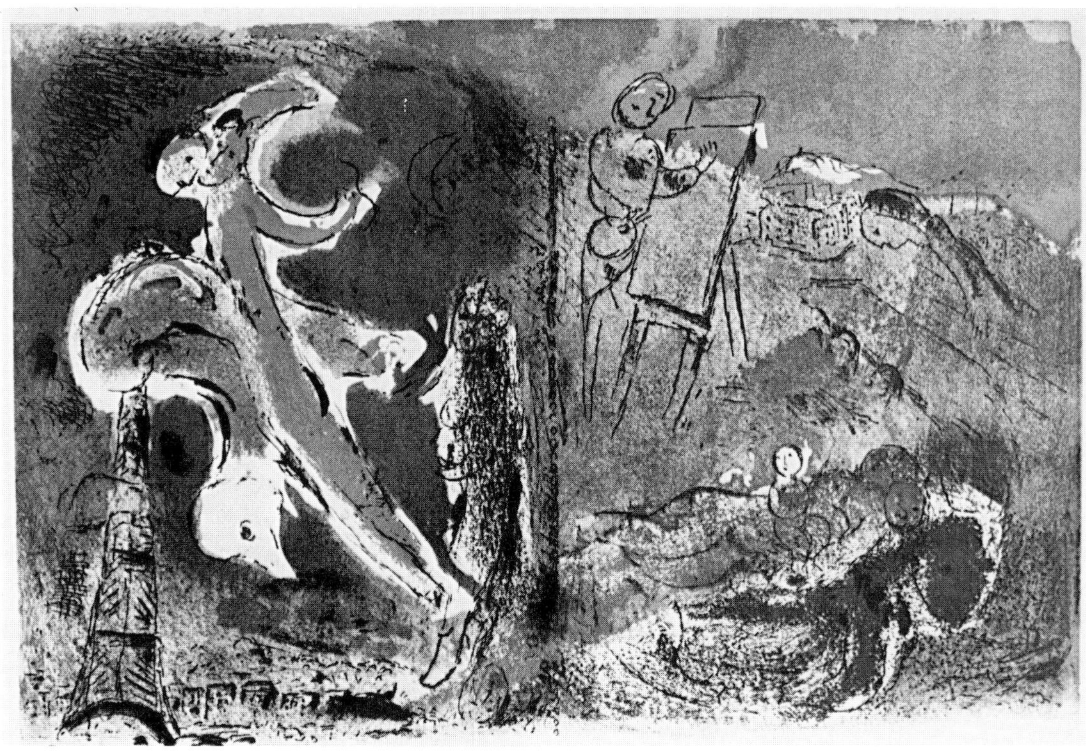

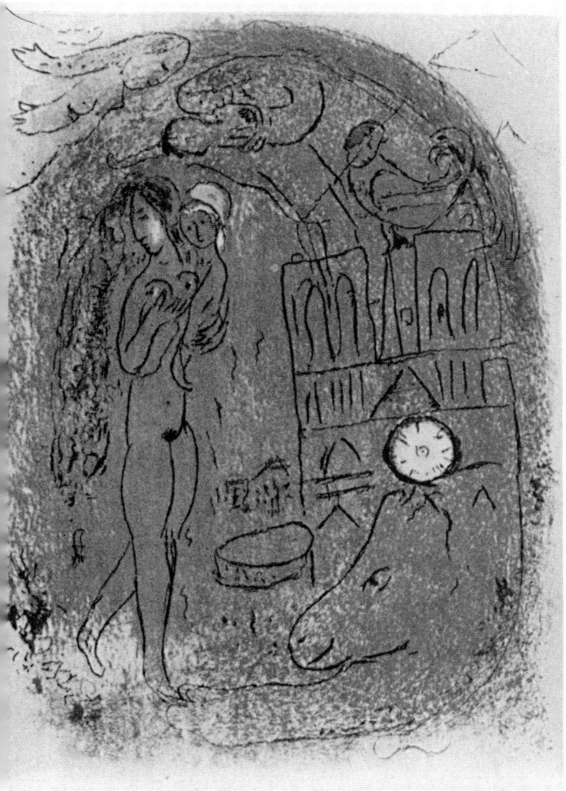

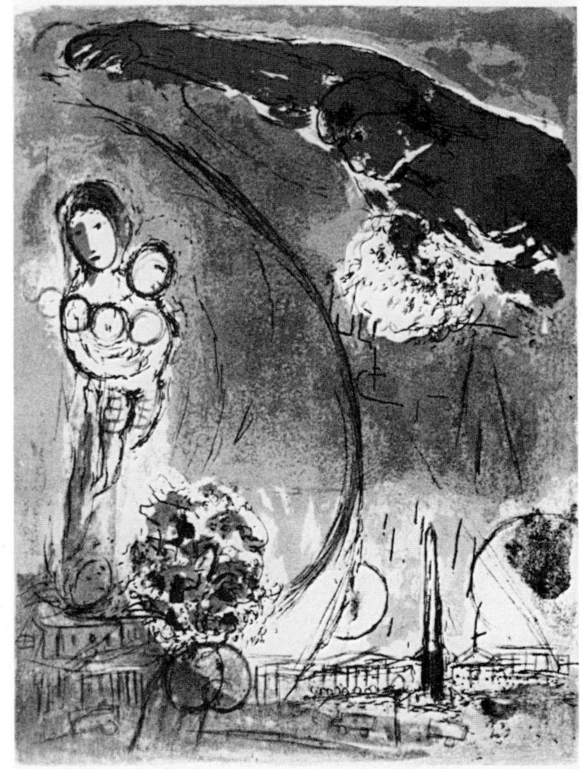

147. Mutter und Kind vor Notre-Dame

(M. 82)
Lithographie
35,5 x 26,5 cm
1952, Paris
Paris, Nationalbibliothek, Kupferstichkabinett

148. Place de la Concorde

(M. 83)
Lithographie
35,5 x 26,5 cm
1952, Paris
Paris, Nationalbibliothek, Kupferstichkabinett

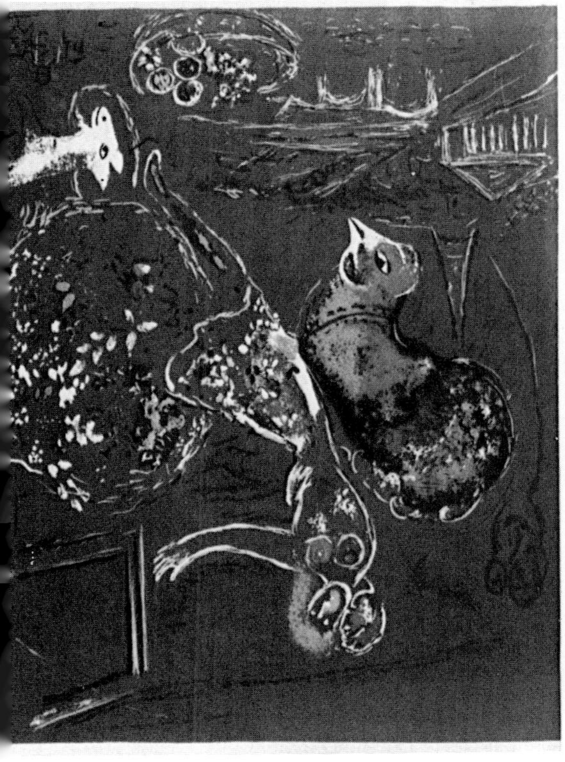

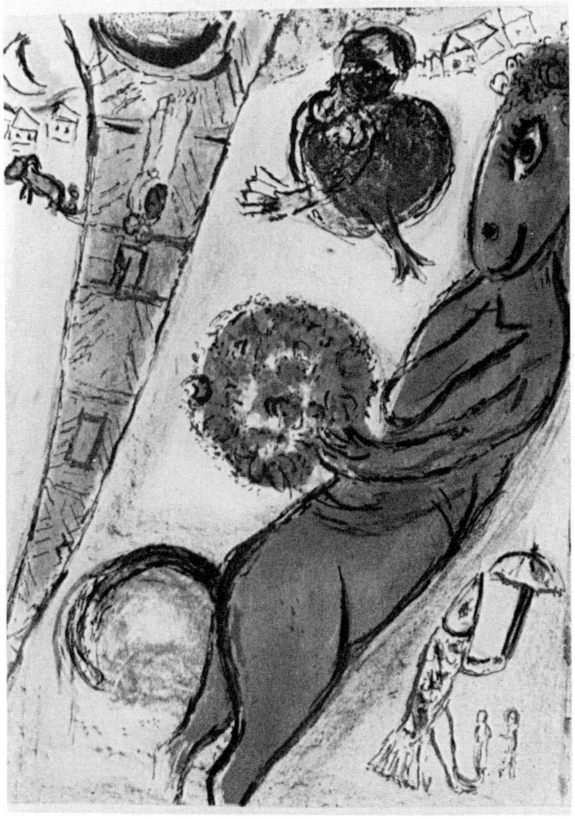

149. Die Nacht von Paris

(M. 96)
Lithographie
33,5 x 28 cm
1954, Paris
Paris, Nationalbibliothek, Kupferstichkabinett

150. Der Eiffelturm mit dem Esel

(M. 97)
Lithographie
38 x 28 cm
1954, Paris
Paris, Nationalbibliothek, Kupferstichkabinett

151. Der Sonntag
(M. 98)
Lithographie
38 x 28 cm
1954, Paris
Paris, Nationalbibliothek, Kupferstichkabinett

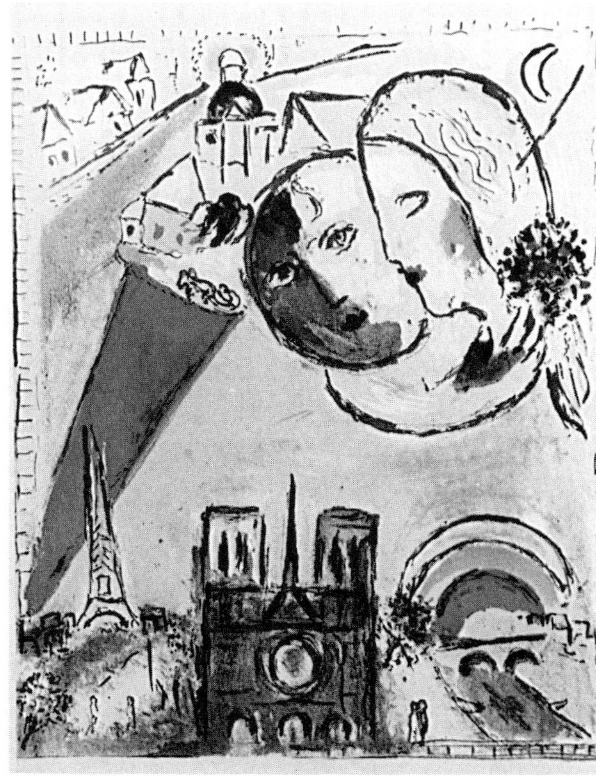

152. Kai der Blumen (Quai aux fleurs)
(M. 99)
Lithographie
35 x 27 cm
1954, Paris
Paris, Nationalbibliothek, Kupferstichkabinett

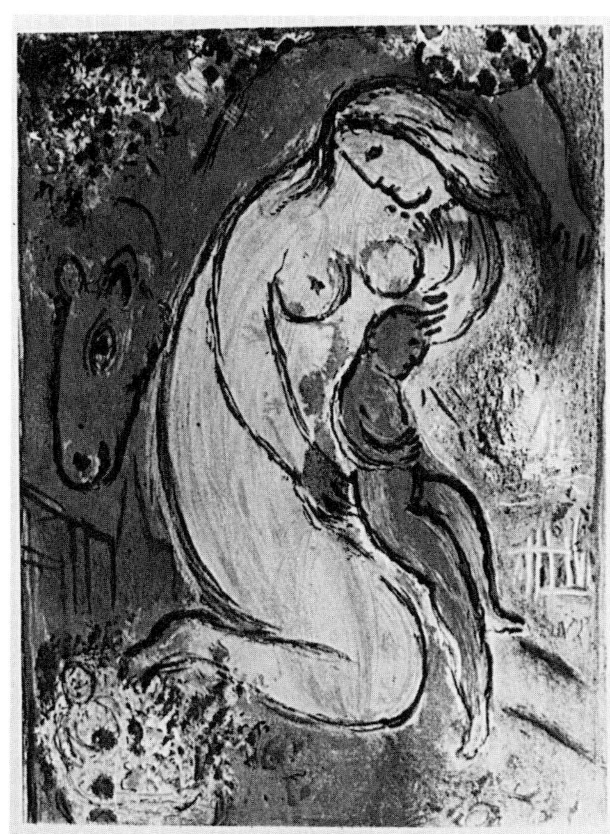

153. Die Bastille

(M. 111)
Lithographie
51,8 x 67 cm
1954, Paris
Paris, Nationalbibliothek,
Kupferstichkabinett

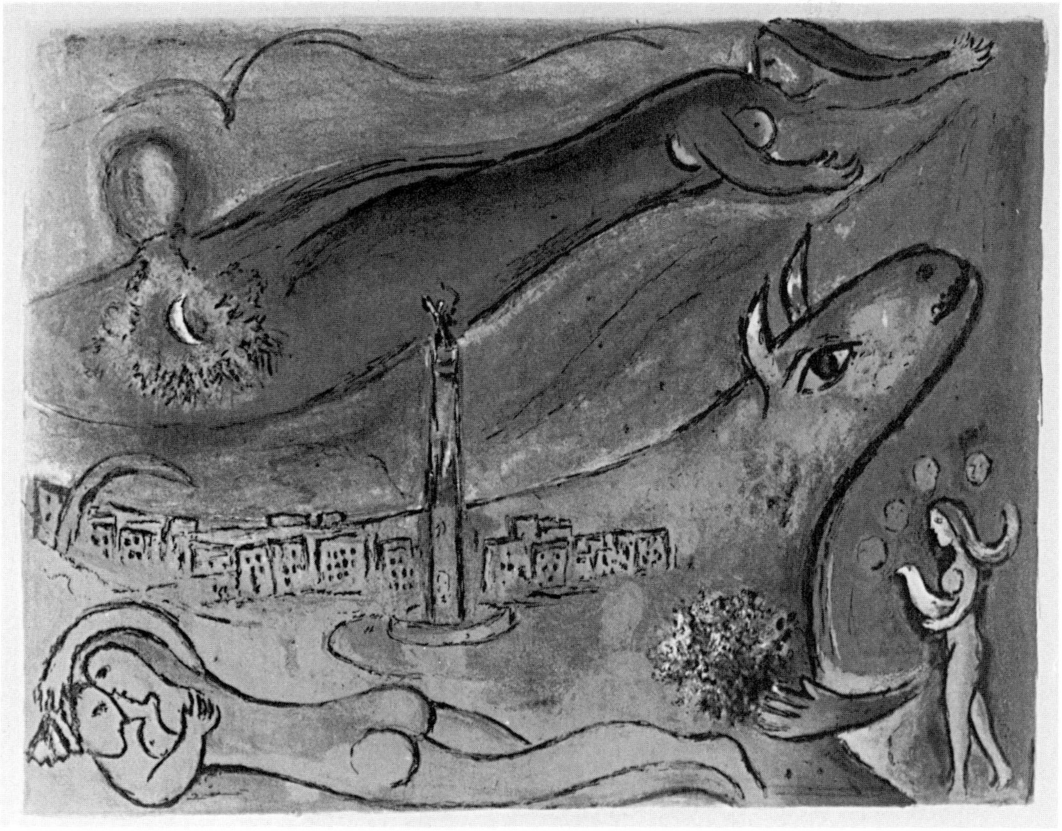

154. Die Dächer

(M. 163)
Lithographie
54 x 41 cm
1956, Paris
Paris, Nationalbibliothek,
Kupferstichkabinett

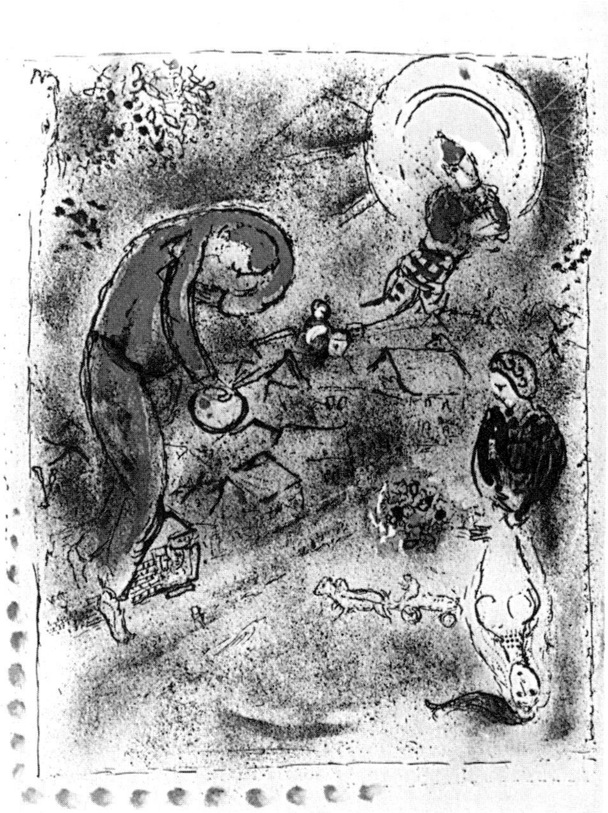

155. Die Kunstreiterin auf dem roten Pferd

(M. 191)
Lithographie
32 x 25 cm
1957, Paris
Paris, Nationalbibliothek,
Kupferstichkabinett

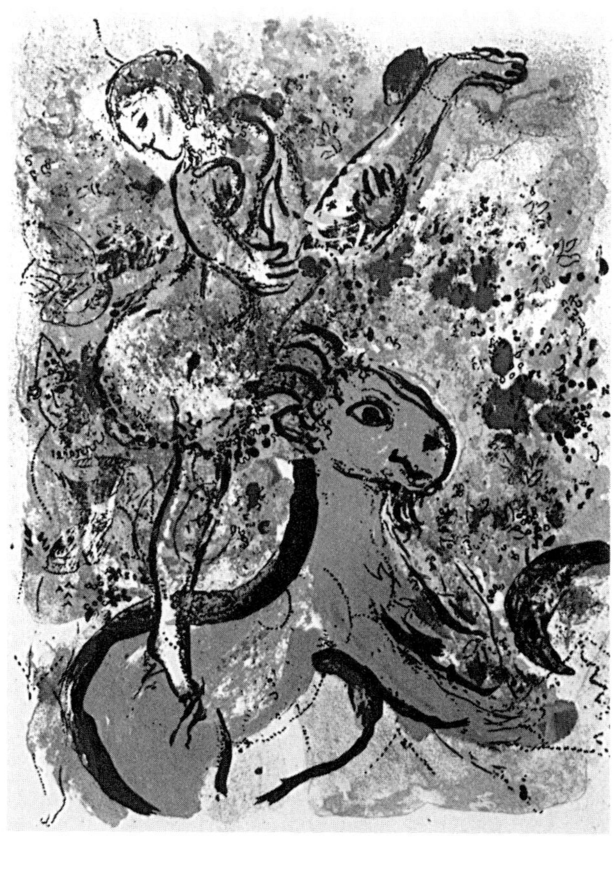

156. Landschaft mit Hahn
(M. 208)
Lithographie
38,5 x 56 cm
Paris, Nationalbibliothek, Kupferstichkabinett

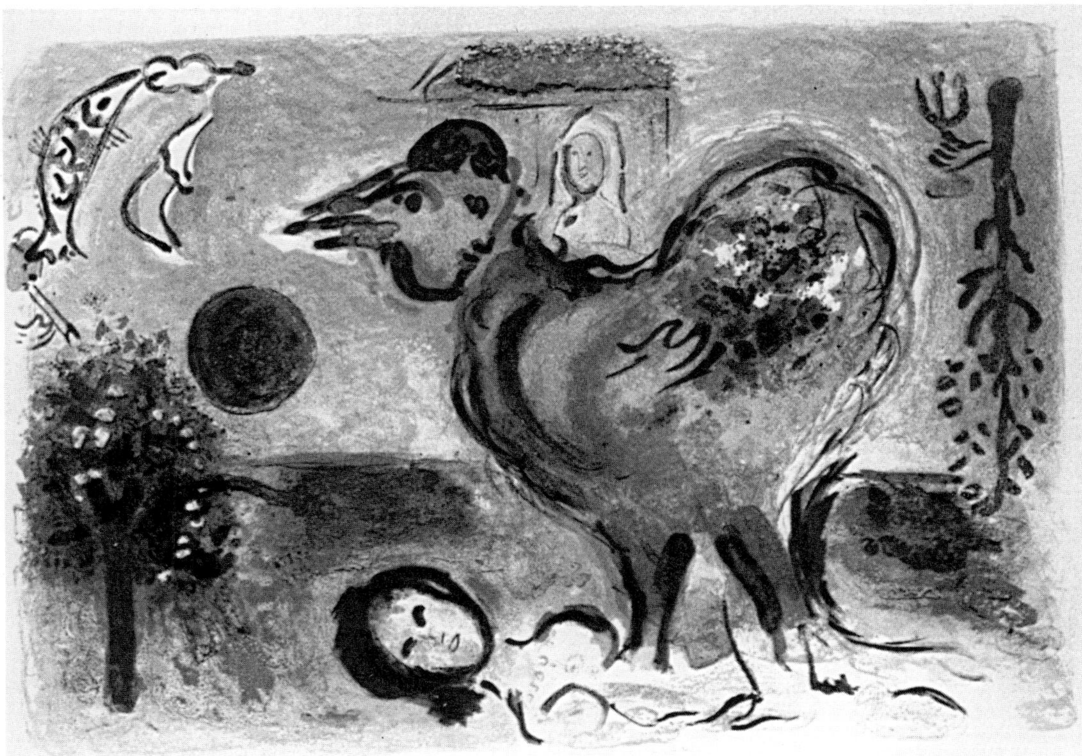

157. Blumenstrauß mit Vogel
(M. 298)
Lithographie
26 x 34 cm
1960, Paris
Paris, Nationalbibliothek, Kupferstichkabinett

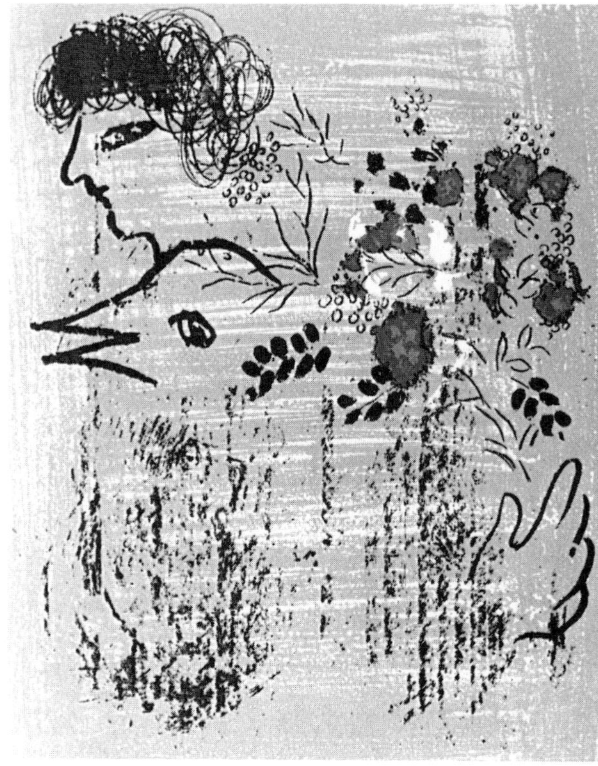

158. Der Bauer
(M. 302)
Lithographie
24 x 30 cm
1961, Paris
Paris, Nationalbibliothek, Kupferstichkabinett

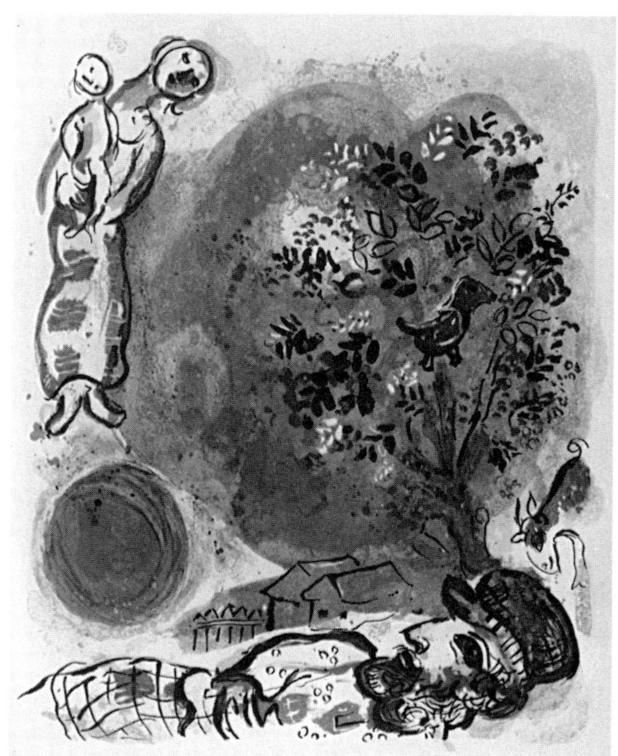

159. Die Engelsbucht (Nizza, La Baie des Anges)
(M. 350)
Lithographie
57 x 78 cm
1961, Paris
Paris, Nationalbibliothek, Kupferstichkabinett

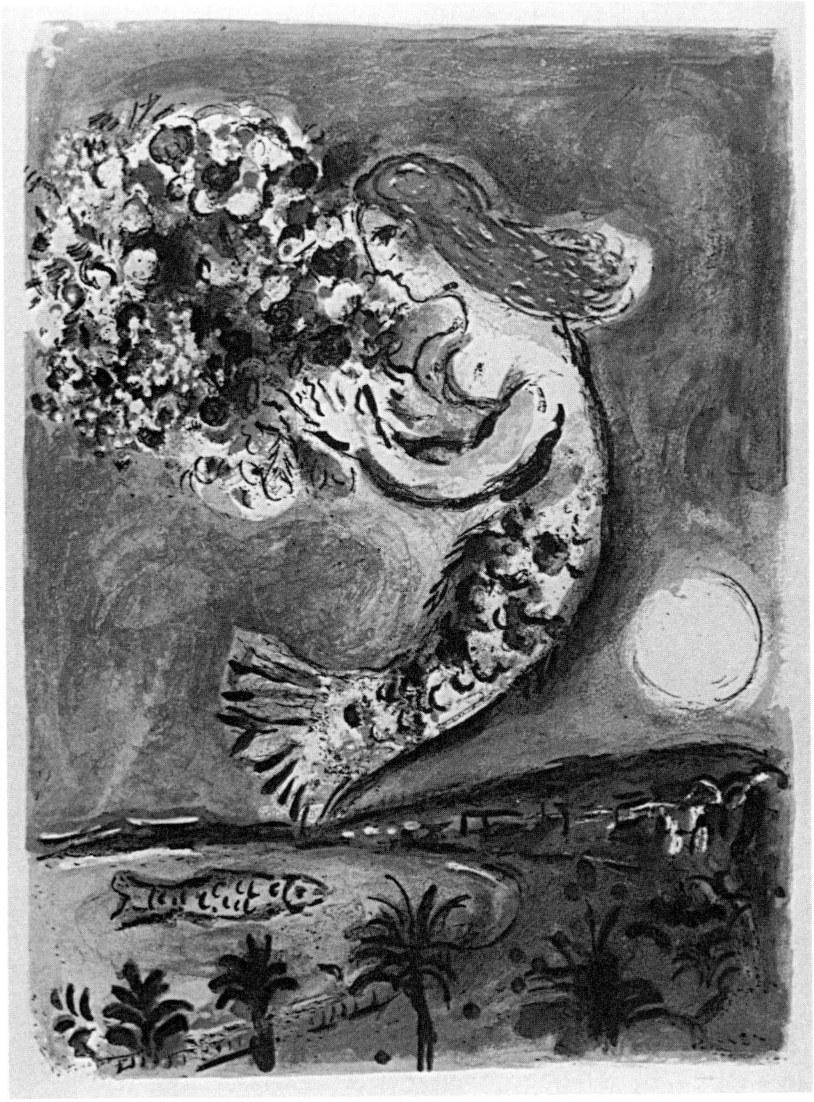

160. Der Tournelle-Kai (Paris, Quai de la Tournelle)
(M. 351)
Lithographie
39 x 60,5 cm
1960, Paris
Paris, Nationalbibliothek, Kupferstichkabinett

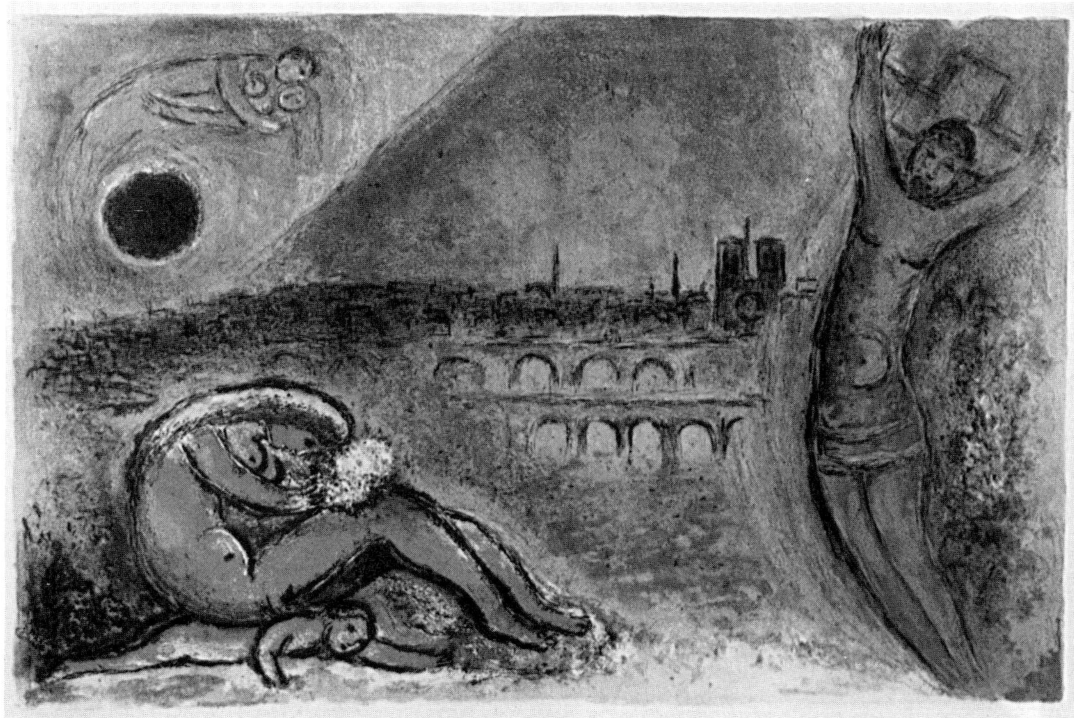

161. Der große Blumenstrauß
(M. 384)
Lithographie
80,5 x 58,5 cm
1963, Paris
Paris, Nationalbibliothek, Kupferstichkabinett

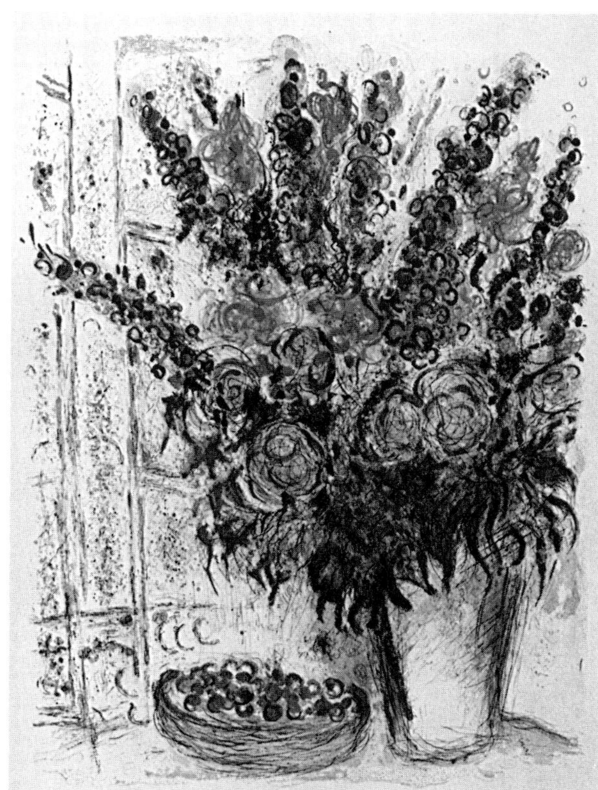

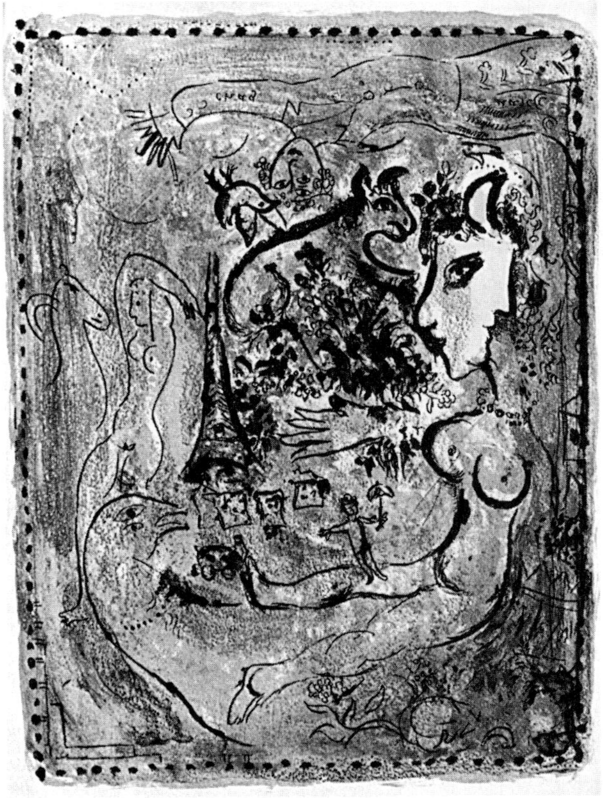

162. Nocturne (Nachtbild)
(M. 386)
Lithographie
65 x 50,5 cm
1963, Paris
Paris, Nationalbibliothek, Kupferstichkabinett

163. Profil mit roten Blumen
(M. 418)
Lithographie
65 x 45 cm
1964, Paris
Paris, Nationalbibliothek, Kupferstichkabinett

164. Selbstbildnis mit Paar
(M. 422)
Lithographie
76 x 56 cm
1964, Paris
Paris, Nationalbibliothek, Kupferstichkabinett

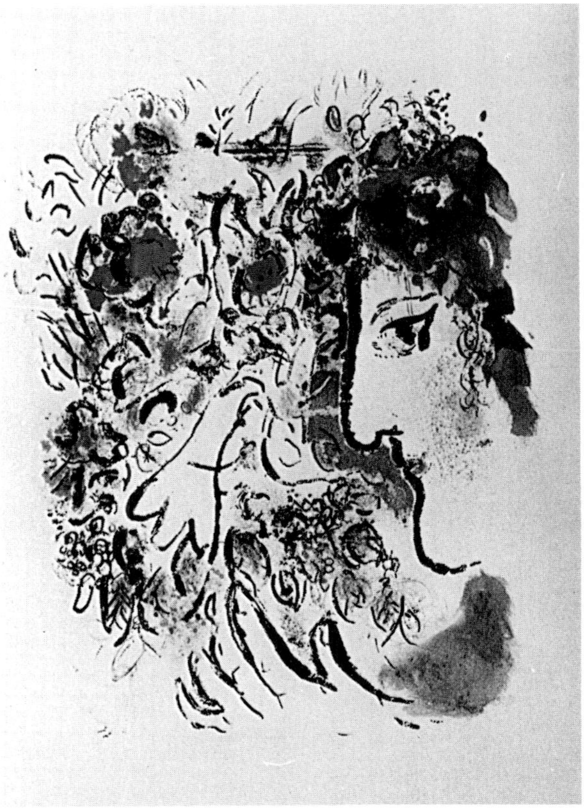

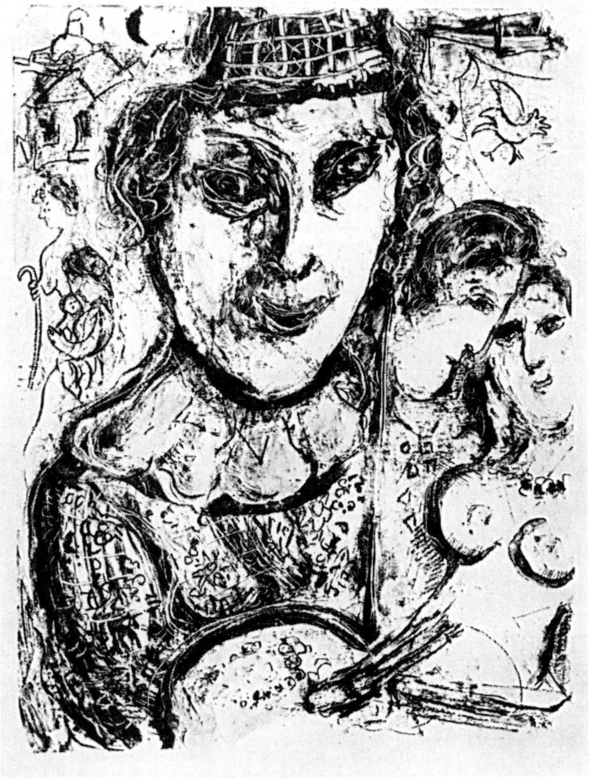

165. Das wunderbare Dorf

Endgültiger Zustand
(M. 429 bis)
Lithographie
77,5 x 57 cm
1964, Paris
Paris, Nationalbibliothek,
Kupferstichkabinett

166. Die Decke der Oper

(M. 434)
Lithographie
25 x 32,5 cm
1965, Paris
Paris, Nationalbibliothek,
Kupferstichkabinett

167. Ländliche Komposition

(M. 437)
Lithographie
62 x 46,5 cm
1965, Paris
Paris, Nationalbibliothek,
Kupferstichkabinett

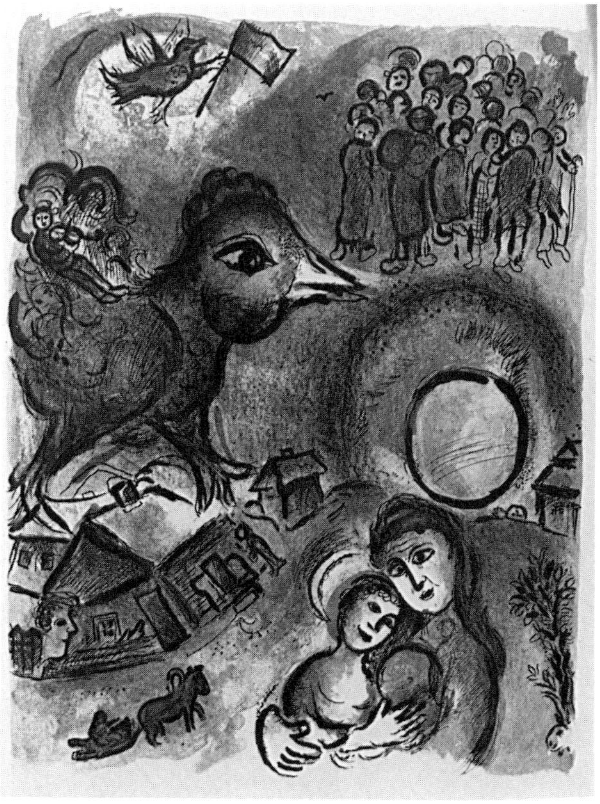

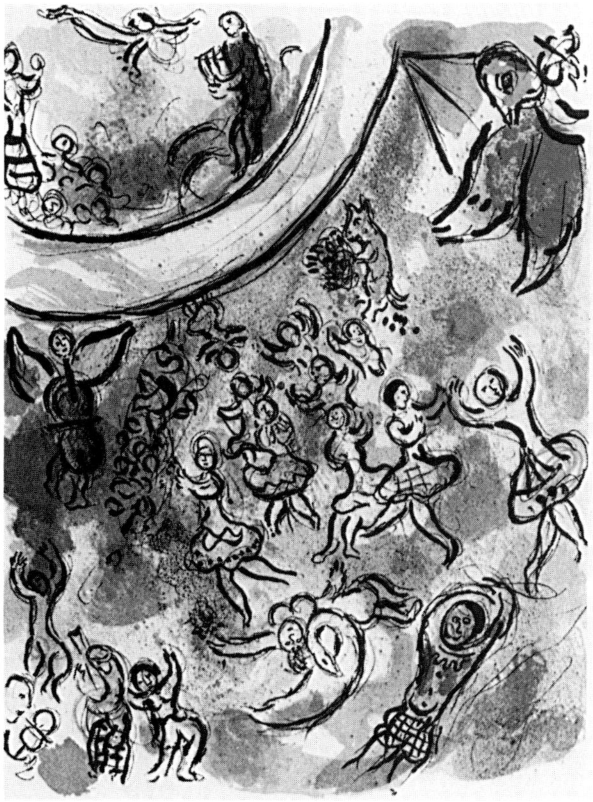

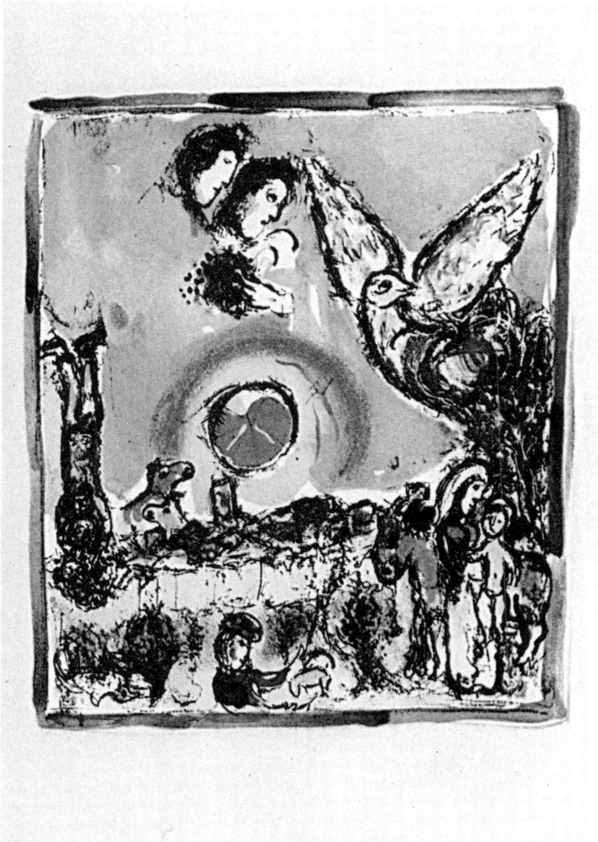

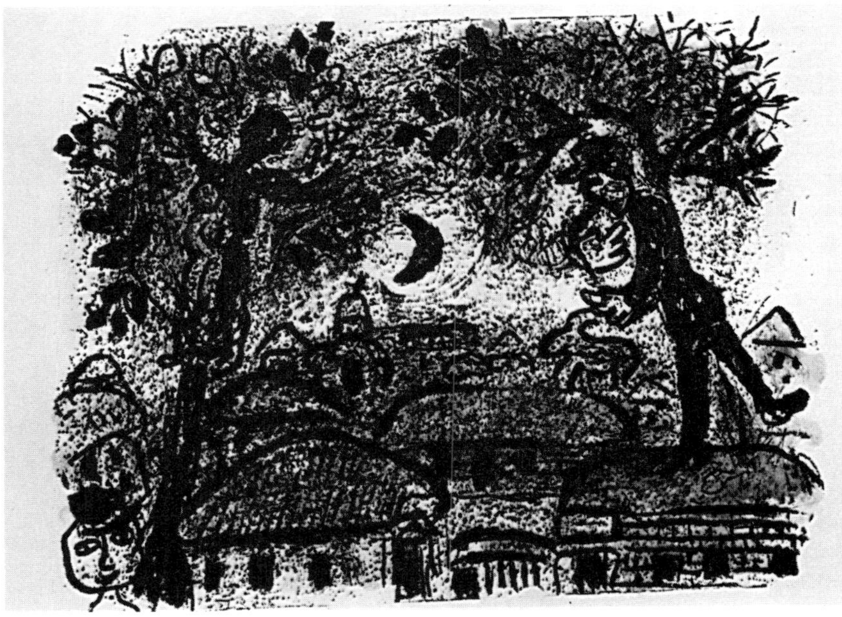

168. Der schwarze Mond
(M. 438)
Lithographie
59 x 47 cm
1965, Paris
Paris, Nationalbibliothek,
Kupferstichkabinett

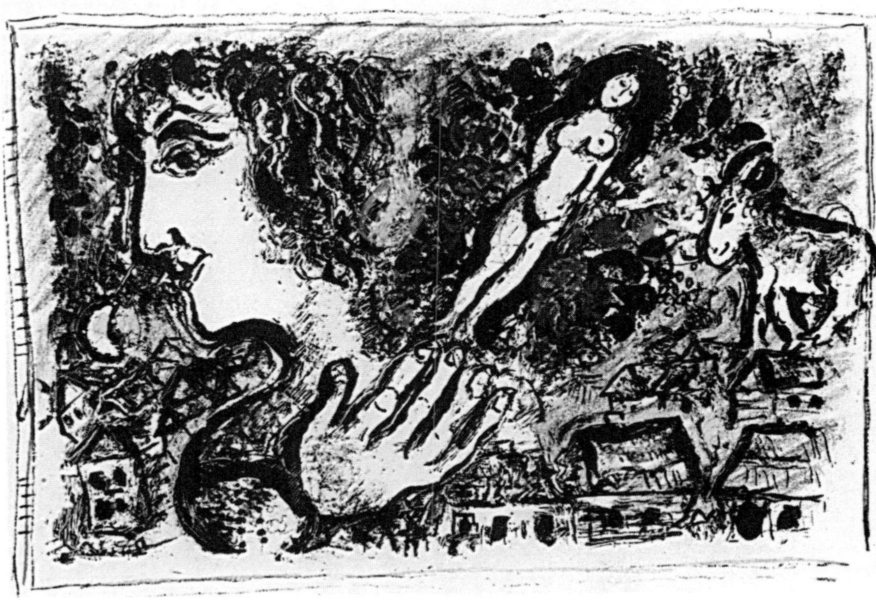

169. Die Lebensfreude
(M. 472)
Lithographie
74,5 x 53,5 cm
1967, Paris
Paris, Nationalbibliothek,
Kupferstichkabinett

170. Der Vogel-Maler (L'oiseau-peintre)
(M. 473)
Lithographie
65 x 46 cm
1967, Paris
Paris, Nationalbibliothek, Kupferstichkabinett

171. Der große Bauer
(M. 549)
Lithographie
74,5 x 56,5 cm
1968, Paris
Paris, Nationalbibliothek, Kupferstichkabinett

172. Bauer mit Blumenstrauß
(M. 550)
Lithographie
57 x 41 cm
1968, Paris
Paris, Nationalbibliothek, Kupferstichkabinett

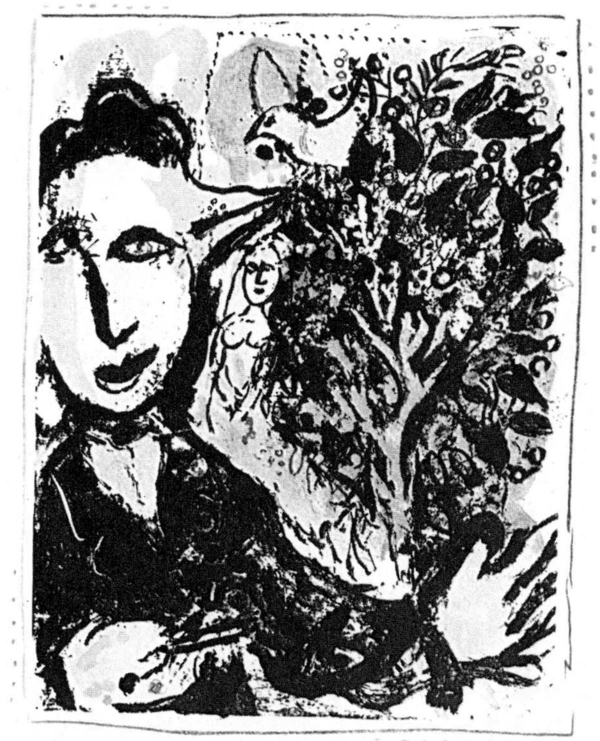

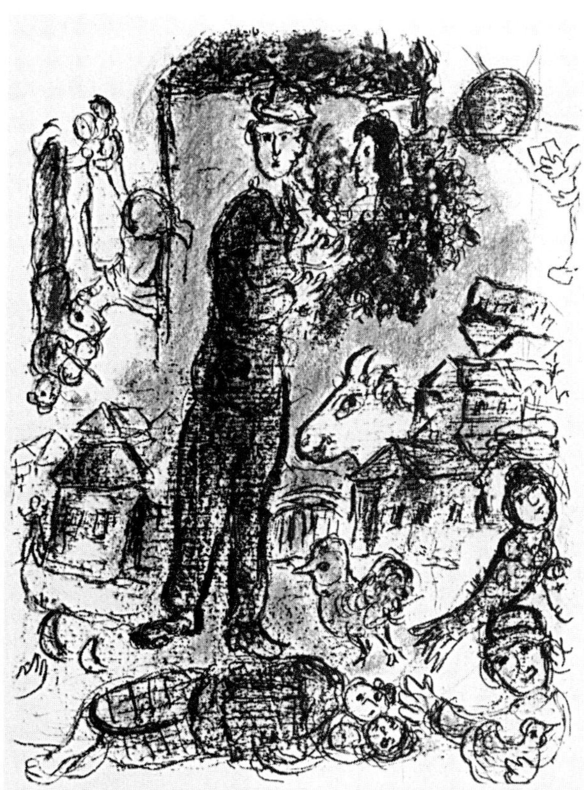

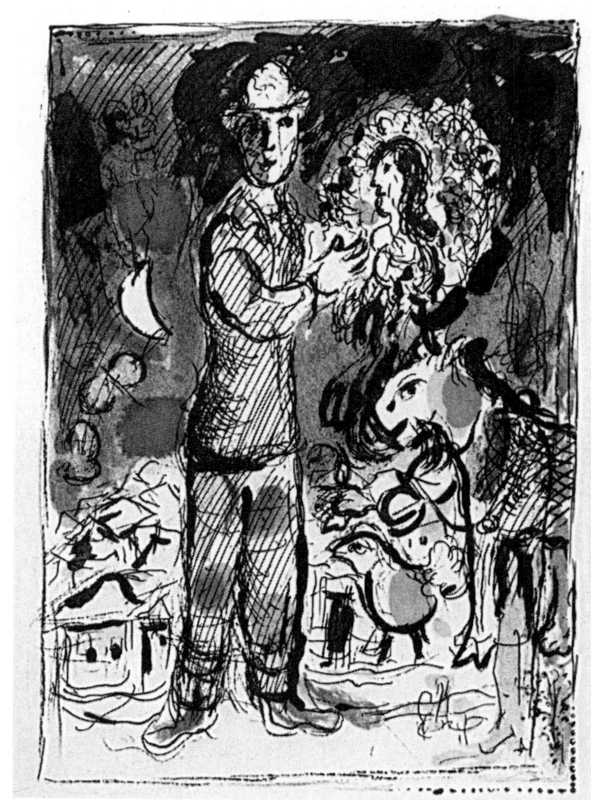

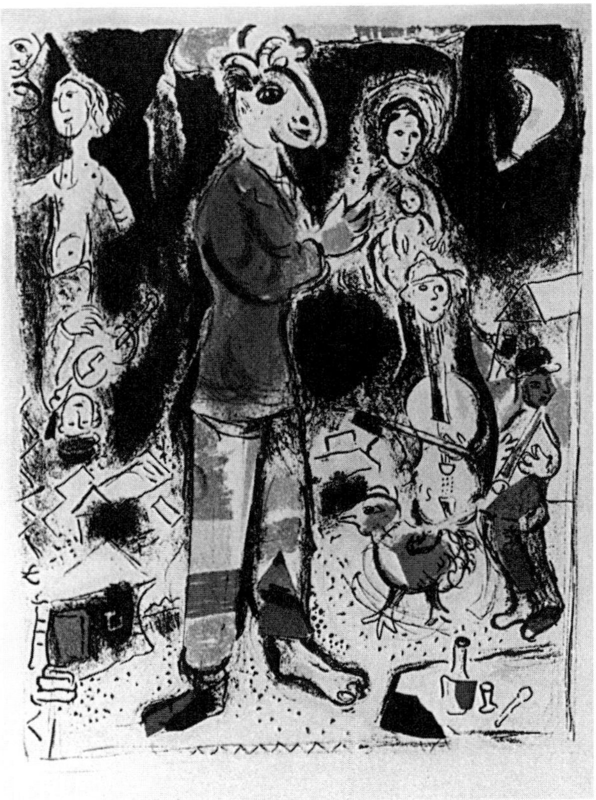

173. Bauer mit Geige
(M. 551)
Lithographie
57 x 42 cm
1968, Paris
Paris, Nationalbibliothek, Kupferstichkabinett

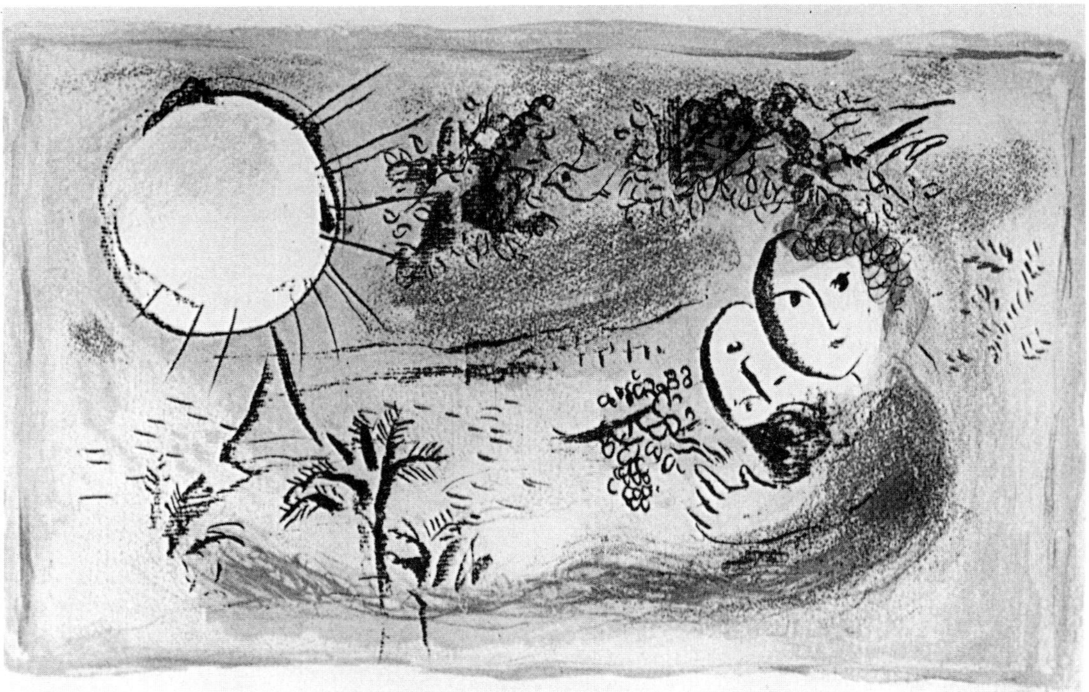

174. Die Rast
(M. 555)
Lithographie
64,5 x 46 cm
1968, Paris
Paris, Nationalbibliothek, Kupferstichkabinett

175. Innigkeit
(M. 571)
Lithographie
75,5 x 54 cm
1969
Paris, Nationalbibliothek,
Kupferstichkabinett

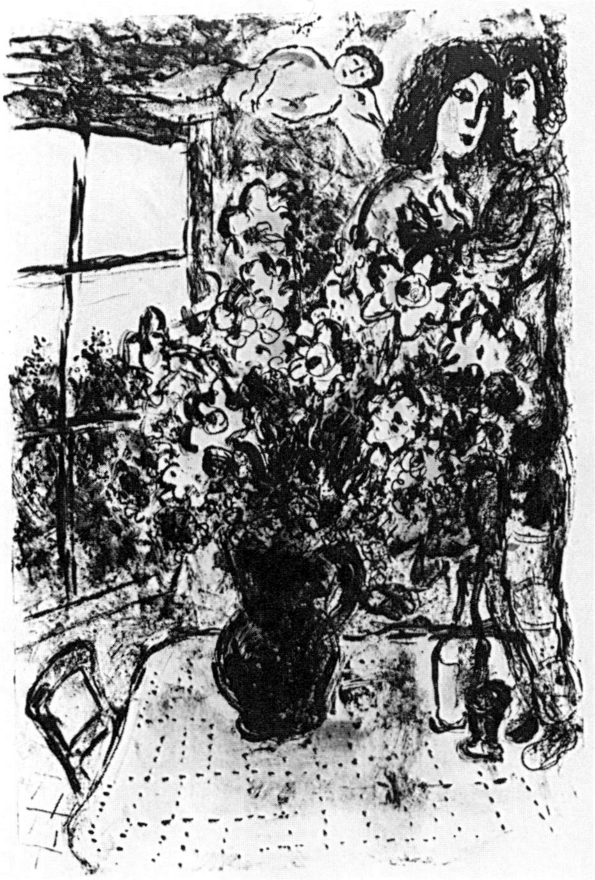

176. Die gelbe Sonne
(M. 556)
Lithographie
61 x 50,5 cm
1968, Paris
Paris, Nationalbibliothek,
Kupferstichkabinett

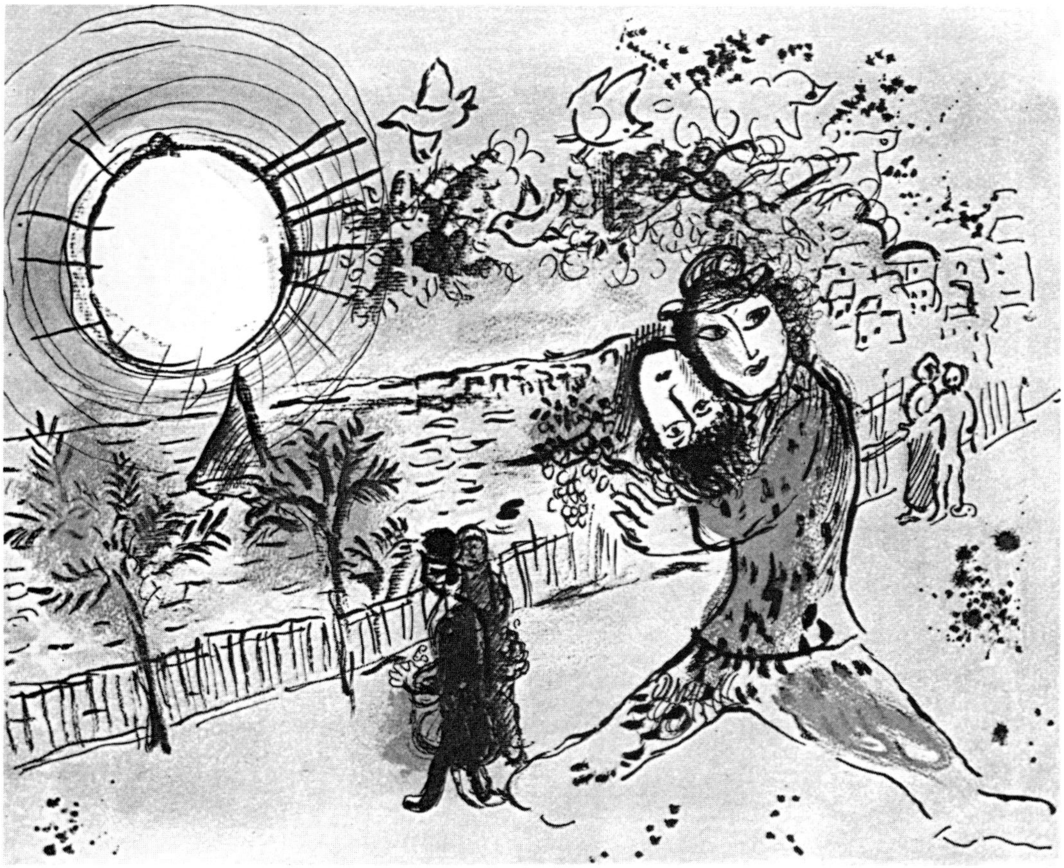

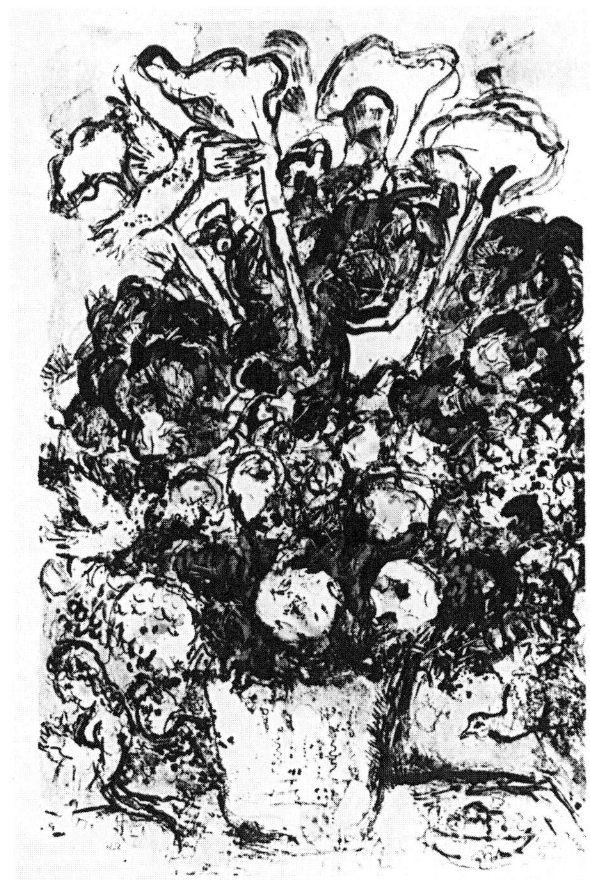

177. Der weiße Blumenstrauß
(M. 579)
Lithographie
75 x 54,5 cm
1969
Paris, Nationalbibliothek, Kupferstichkabinett

178. Der rote Blumenstrauß
(M. 580)
Lithographie
75,5 x 53 cm
1969
Paris, Nationalbibliothek, Kupferstichkabinett

179. Der Zauberer von Paris I
(M. 597)
Lithographie
102 x 68 cm
1969
Paris, Nationalbibliothek, Kupferstichkabinett

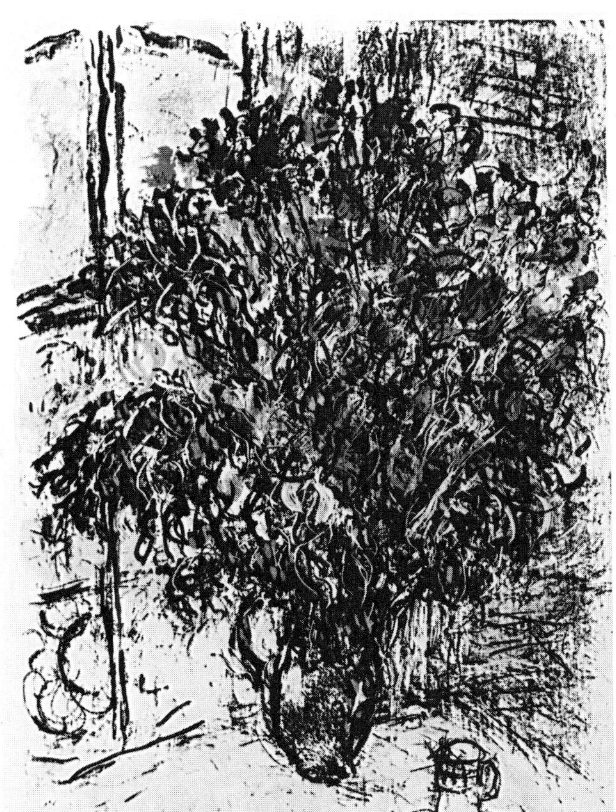

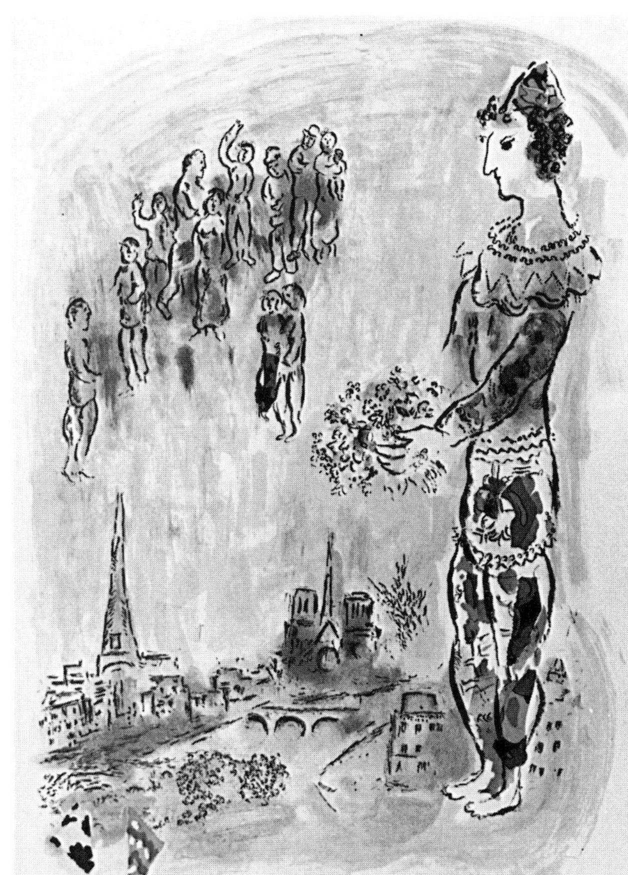

180. Der Traum von Paris
(M. 600)
Lithographie
102 x 79,5 cm
1969, Paris
Paris, Nationalbibliothek, Kupferstichkabinett

181. Das blaue Profil
(M. 647)
Lithographie
74 x 56 cm
1972
Paris, Nationalbibliothek, Kupferstichkabinett

182. Der Künstler Phönix
(M. 648)
Lithographie
77 x 51 cm
1972
Paris, Nationalbibliothek, Kupferstichkabinett

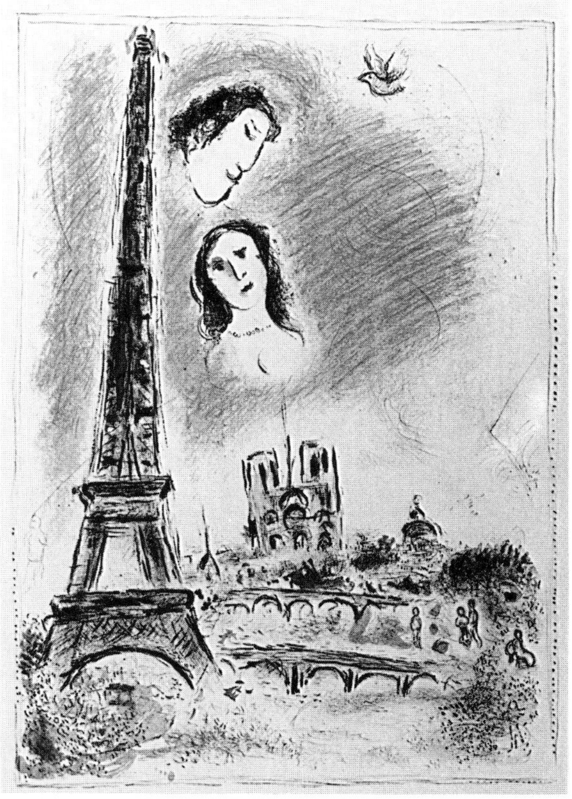

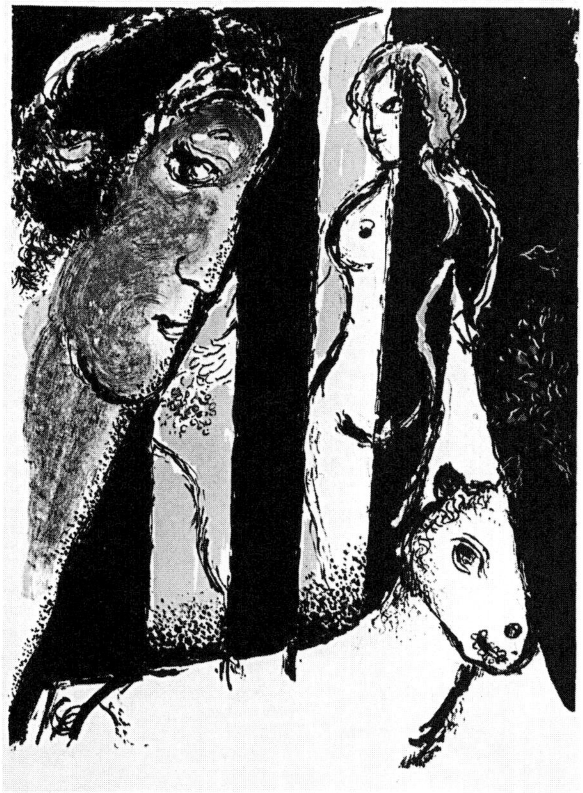

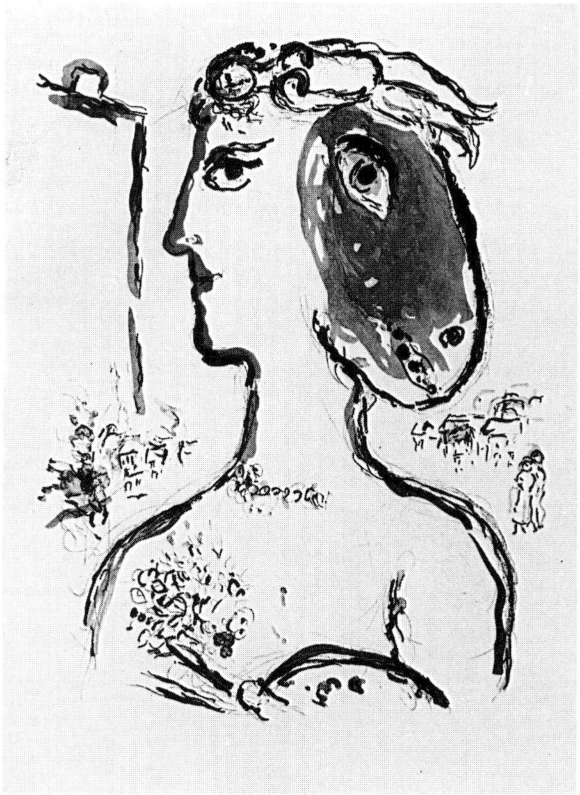

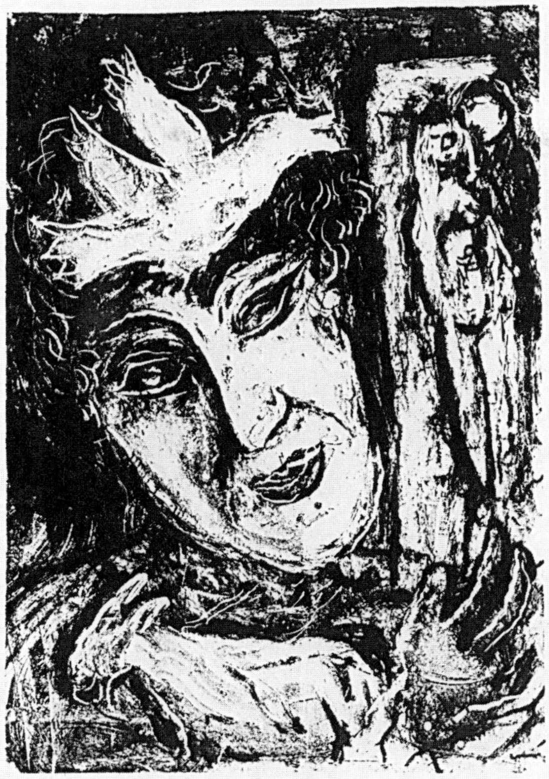

183. Der Vogel des Malers
(M. 648)
Lithographie
77 x 51 cm
1972
Paris, Nationalbibliothek, Kupferstichkabinett

184. Die Familie des Malers
(M. 679)
Lithographie
73 x 49,5 cm
1972
Paris, Nationalbibliothek, Kupferstichkabinett

185. Selbstbildnis
(M. 697)
Lithographie
75,5 x 53 cm
1972
Paris, Nationalbibliothek, Kupferstichkabinett

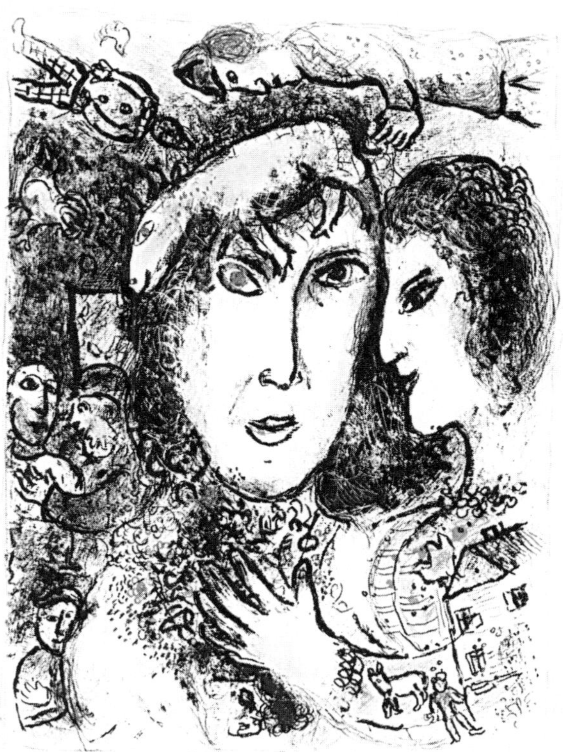

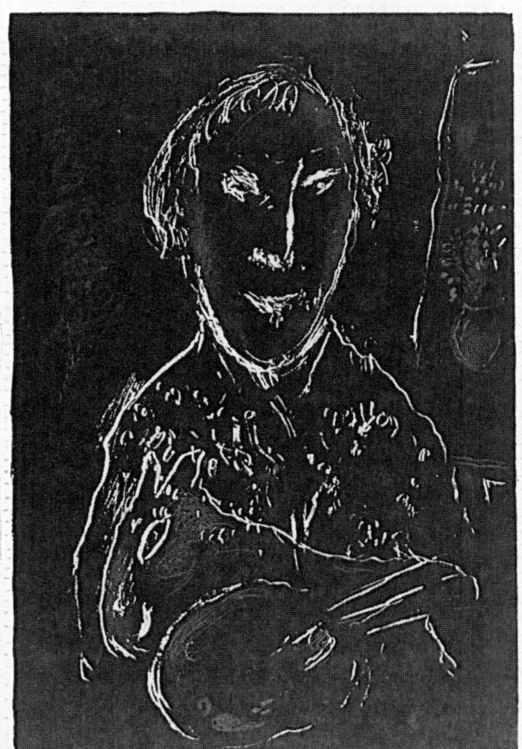

Auf Wunsch von Aimé Maeght hat Marc Chagall im Jahr 1980 eine Folge von 14 Lithographien außergewöhnlichen Formats geschaffen. In diesen Blättern vereint sich die Erinnerung an Rußland mit der Atmosphäre von Paris und Saint-Paul. Wie eine Vorahnung findet sich hier auch das Thema des Künstlers an seiner Staffelei und des Malers mit der Palette, das den Maler in seinen späten Jahren vorwiegend bewegte und einen Höhepunkt in seiner letzten Lithographie fand.

186. Schöpfung

(S. 971)
116 x 75,5 cm
1980
Nizza, Nationalmuseum
Biblische Botschaft
Marc Chagall

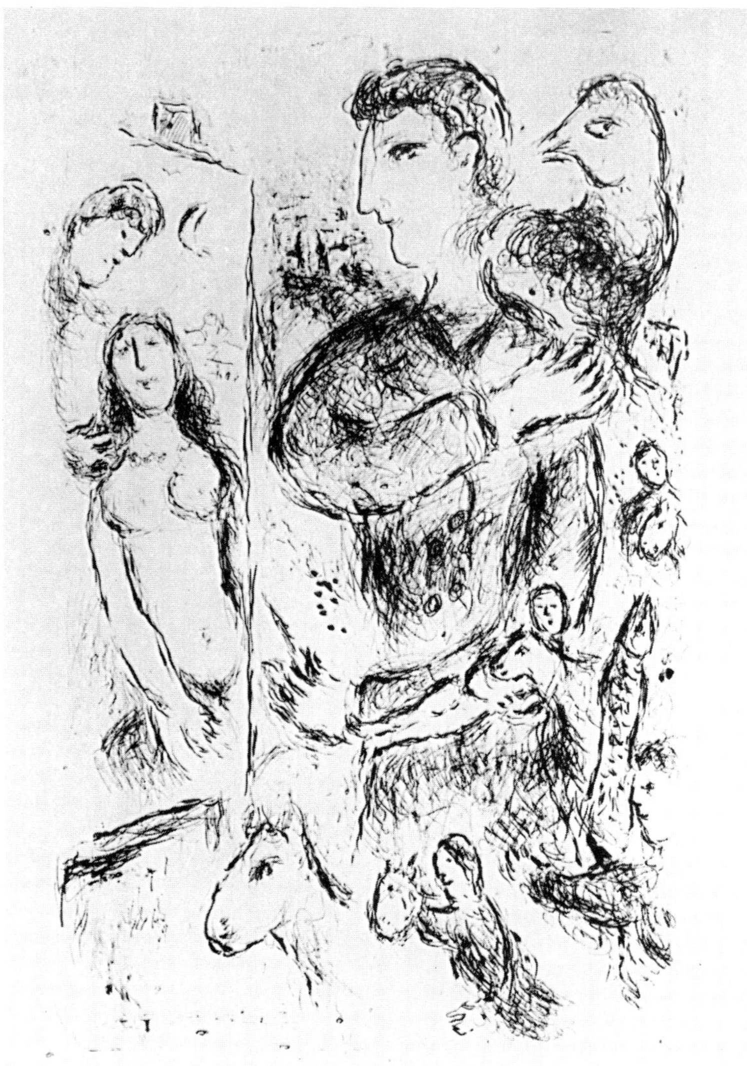

187. Das Paar in der Dämmerung

(S. 972)
116 x 75,5 cm
1980
Nizza, Nationalmuseum
Biblische Botschaft
Marc Chagall

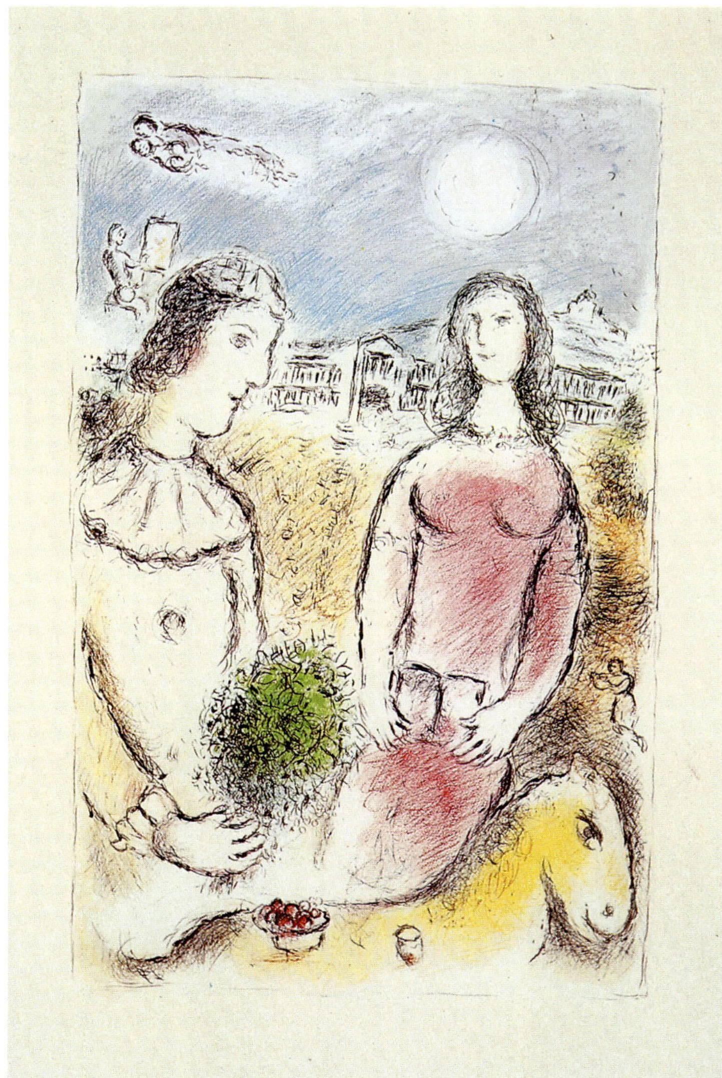

188. Am Himmel der Oper

(S. 973)
116 x 75,5 cm
1980
Nizza, Nationalmuseum
Biblische Botschaft
Marc Chagall

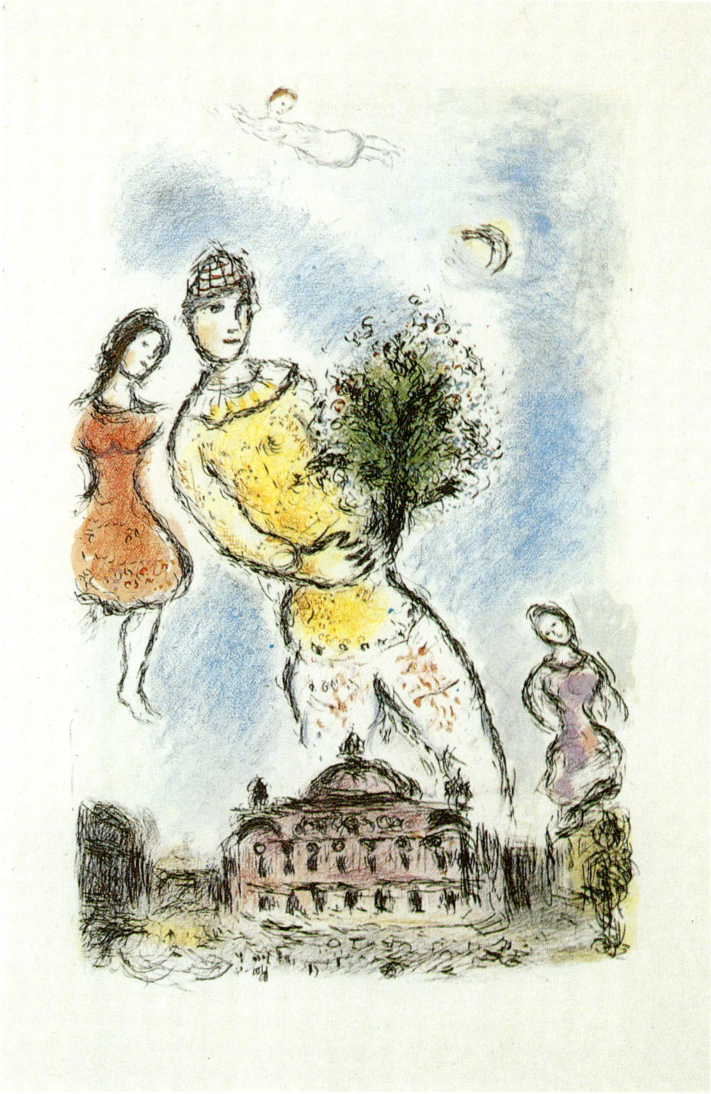

189. Die beiden Ufer

(S. 974)
116 x 75,5 cm
1980
Nizza, Nationalmuseum
Biblische Botschaft
Marc Chagall

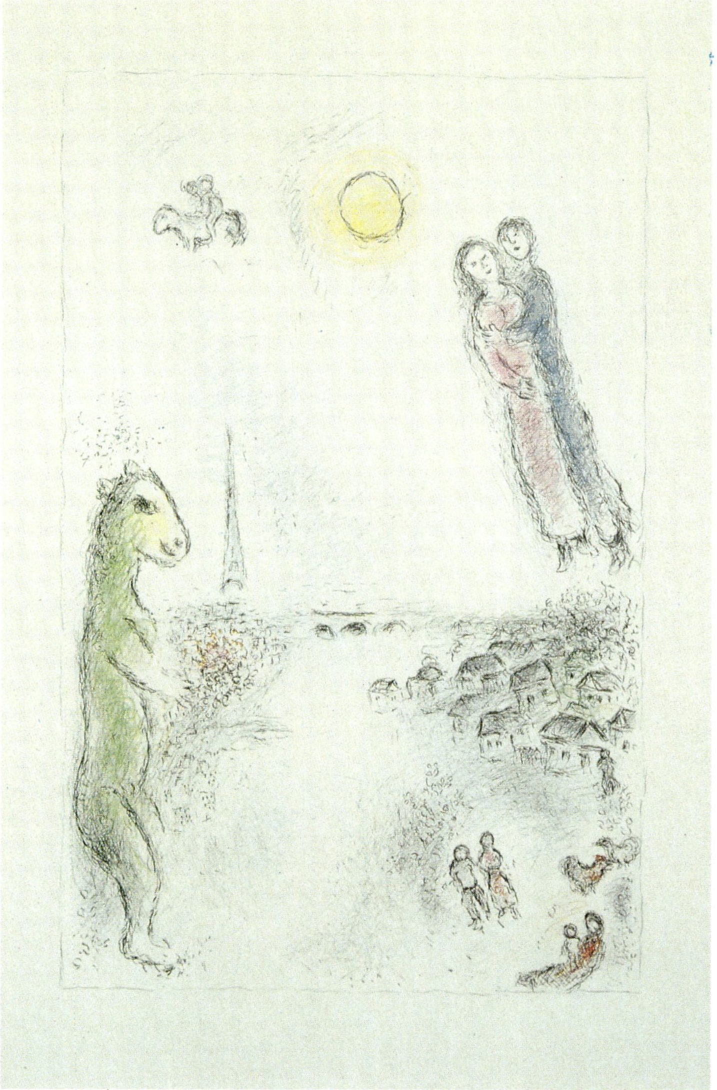

190. Der Flieder

(S. 975)
116 x 75,5 cm
1980
Nizza, Nationalmuseum
Biblische Botschaft
Marc Chagall

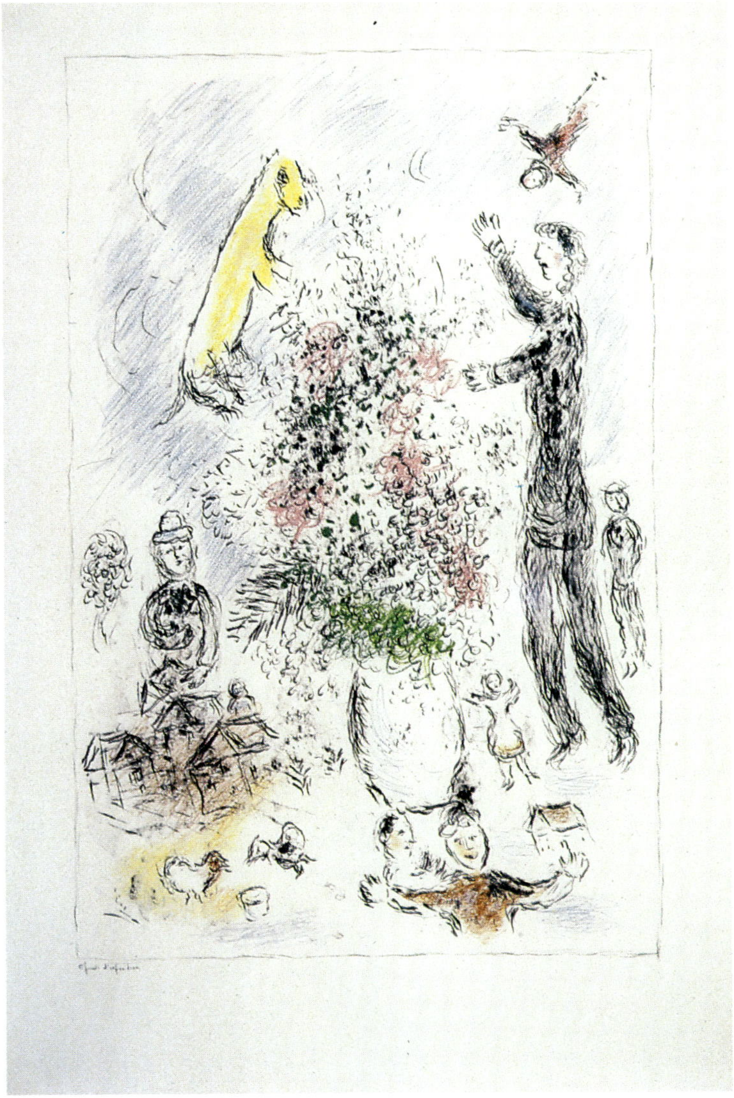

191. Die Freude

(S. 976)
116 x 75,5 cm
1980
Nizza, Nationalmuseum
Biblische Botschaft
Marc Chagall

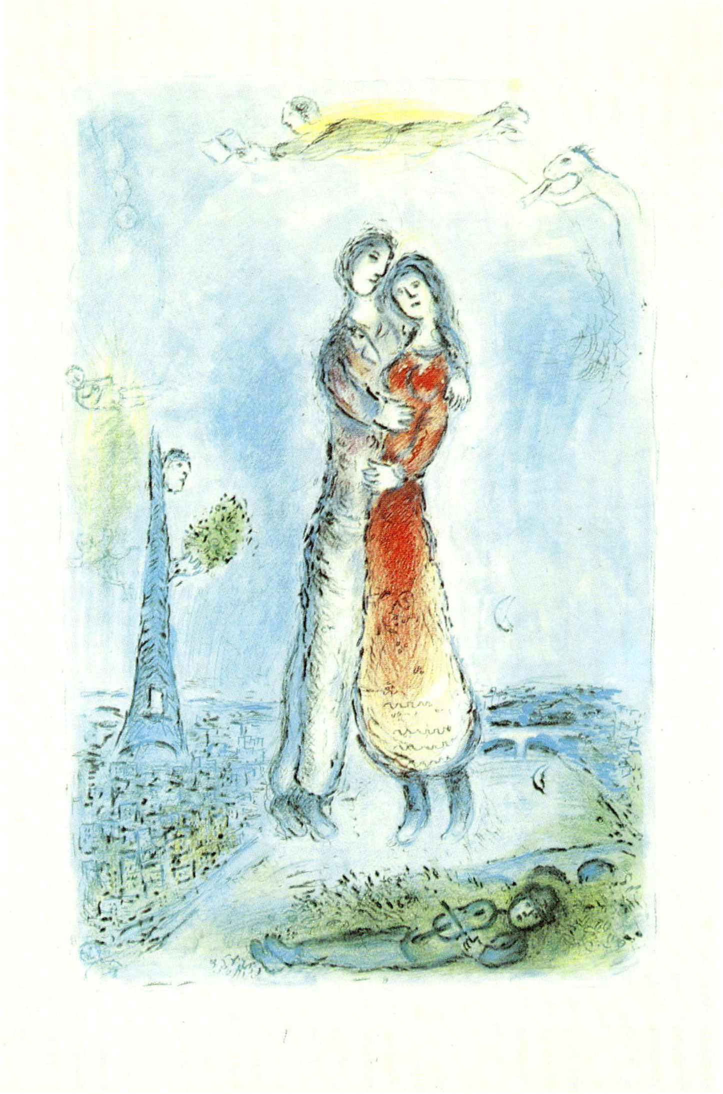

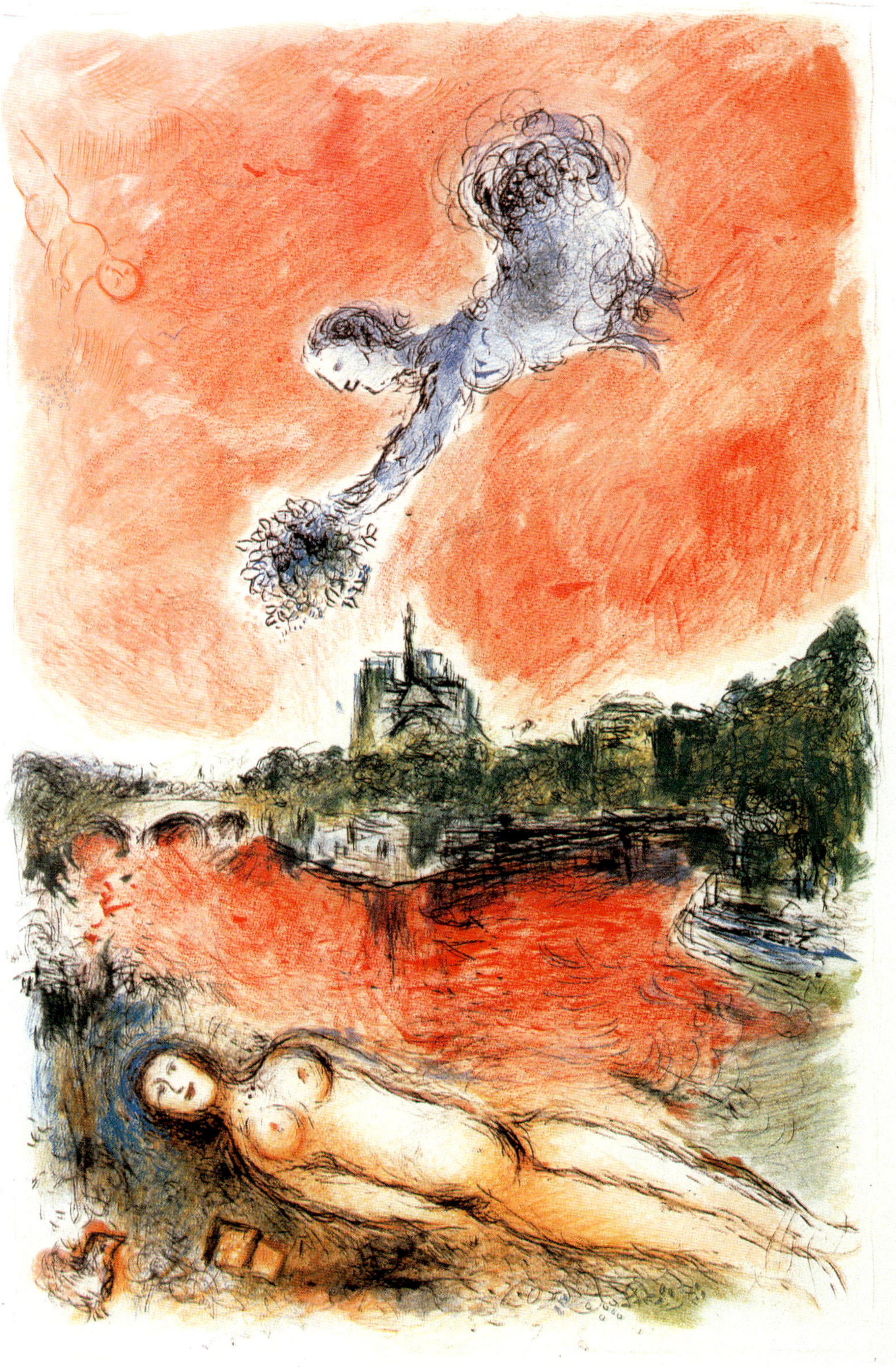

192. Blick auf Notre-Dame
(S. 977)
116 x 75 cm
1980
Nizza, Nationalmuseum
Biblische Botschaft
Marc Chagall

193. Die musizierenden Clowns

(S. 978)
116 x 75 cm
1980
Nizza, Nationalmuseum
Biblische Botschaft
Marc Chagall

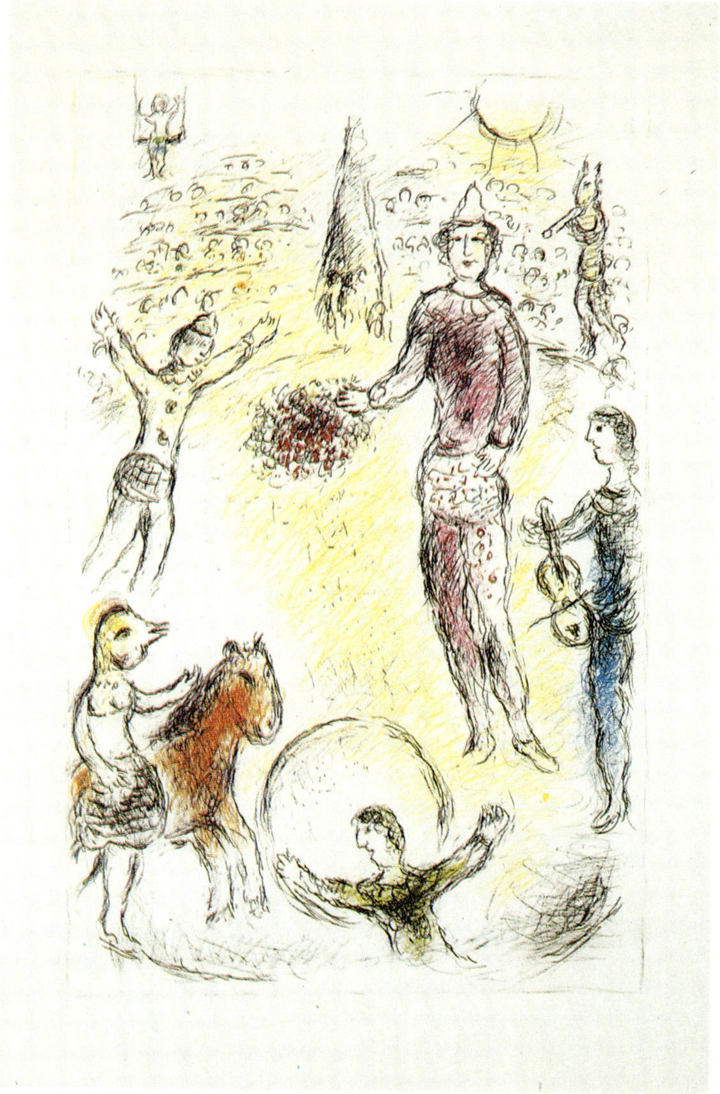

194. Rosa Blumenstrauß

(S. 979)
116 x 75 cm
1980
Nizza, Nationalmuseum
Biblische Botschaft
Marc Chagall

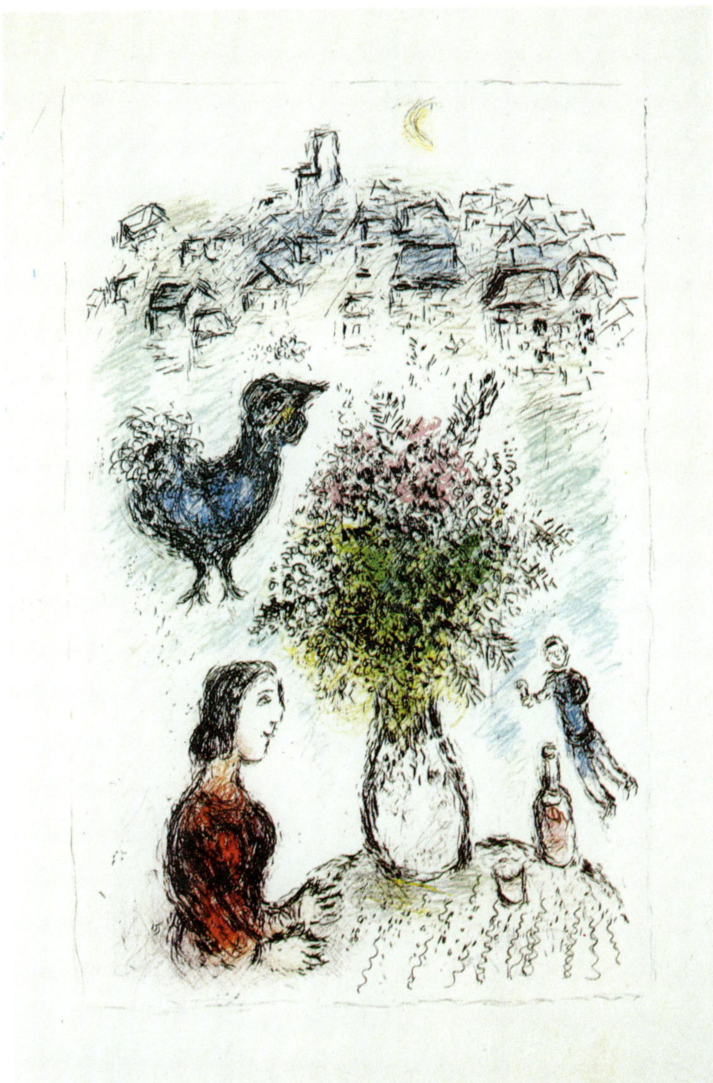

195. Der magische Ausflug

(S. 980)
116 x 75,7 cm
1980
Nizza, Nationalmuseum
Biblische Botschaft
Marc Chagall

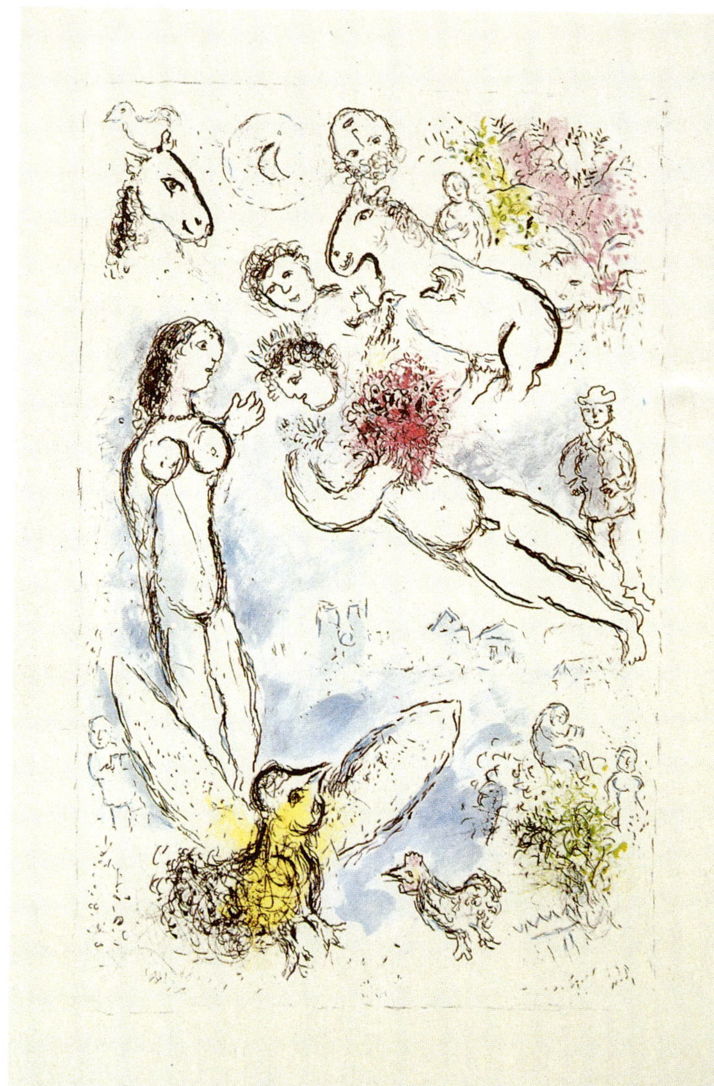

196. Die Parade

(S. 981)
116 x 75 cm
1980
Nizza, Nationalmuseum
Biblische Botschaft
Marc Chagall

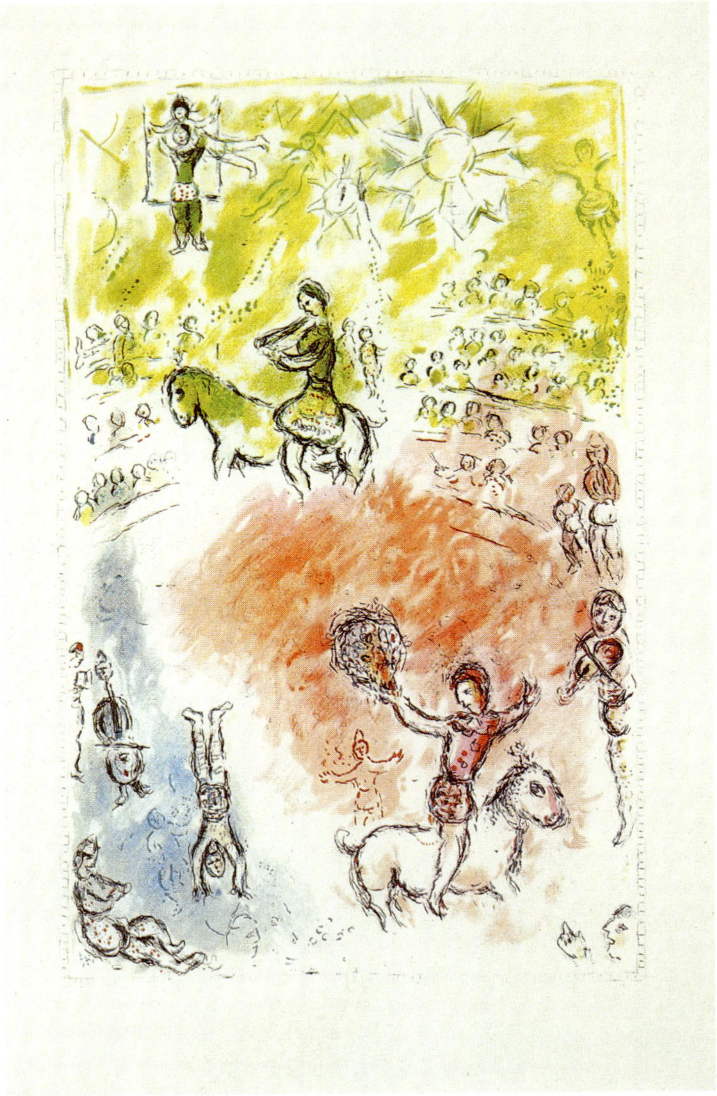

197. Die Seele des Zirkus
(S. 982)
116 x 75 cm
1980
Nizza, Nationalmuseum
Biblische Botschaft
Marc Chagall

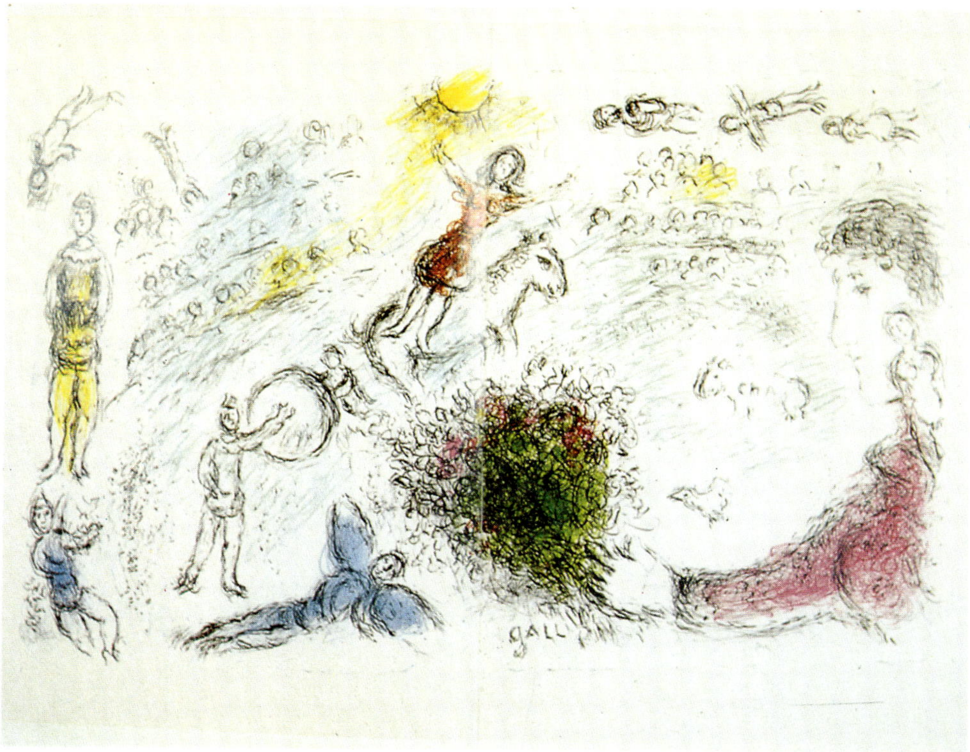

198. Die Liebenden bei der Holzhütte
(S. 983)
75 x 116 cm
1980
Nizza, Nationalmuseum
Biblische Botschaft
Marc Chagall

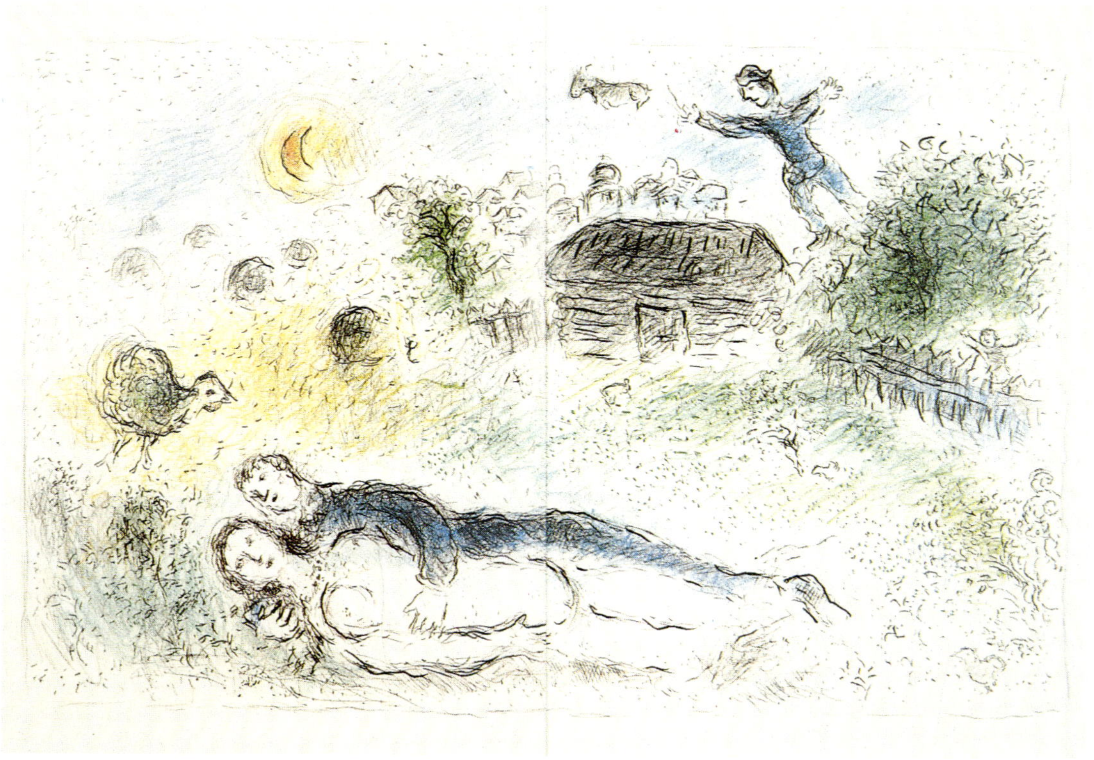

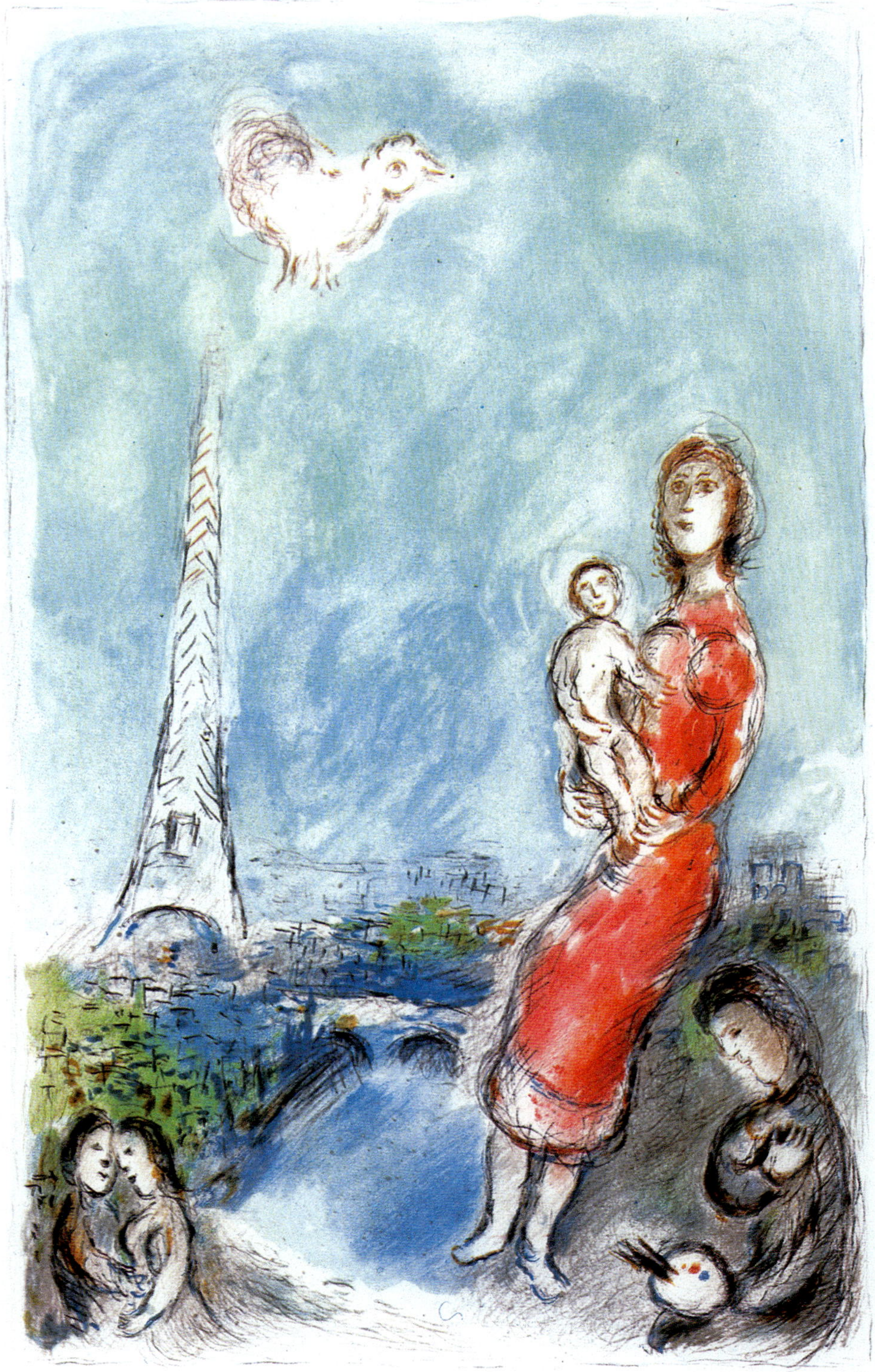

199. Rote Mutterschaft (Maternité rouge)
(S. 984)
116 x 75 cm
1980
Nizza, Nationalmuseum
Biblische Botschaft
Marc Chagall

200. Der anderen Klarheit entgegen (Vers l'autre clarté)

(S. 1050)
42 x 33 cm
1985
Nizza, Nationalmuseum
Biblische Botschaft
Marc Chagall

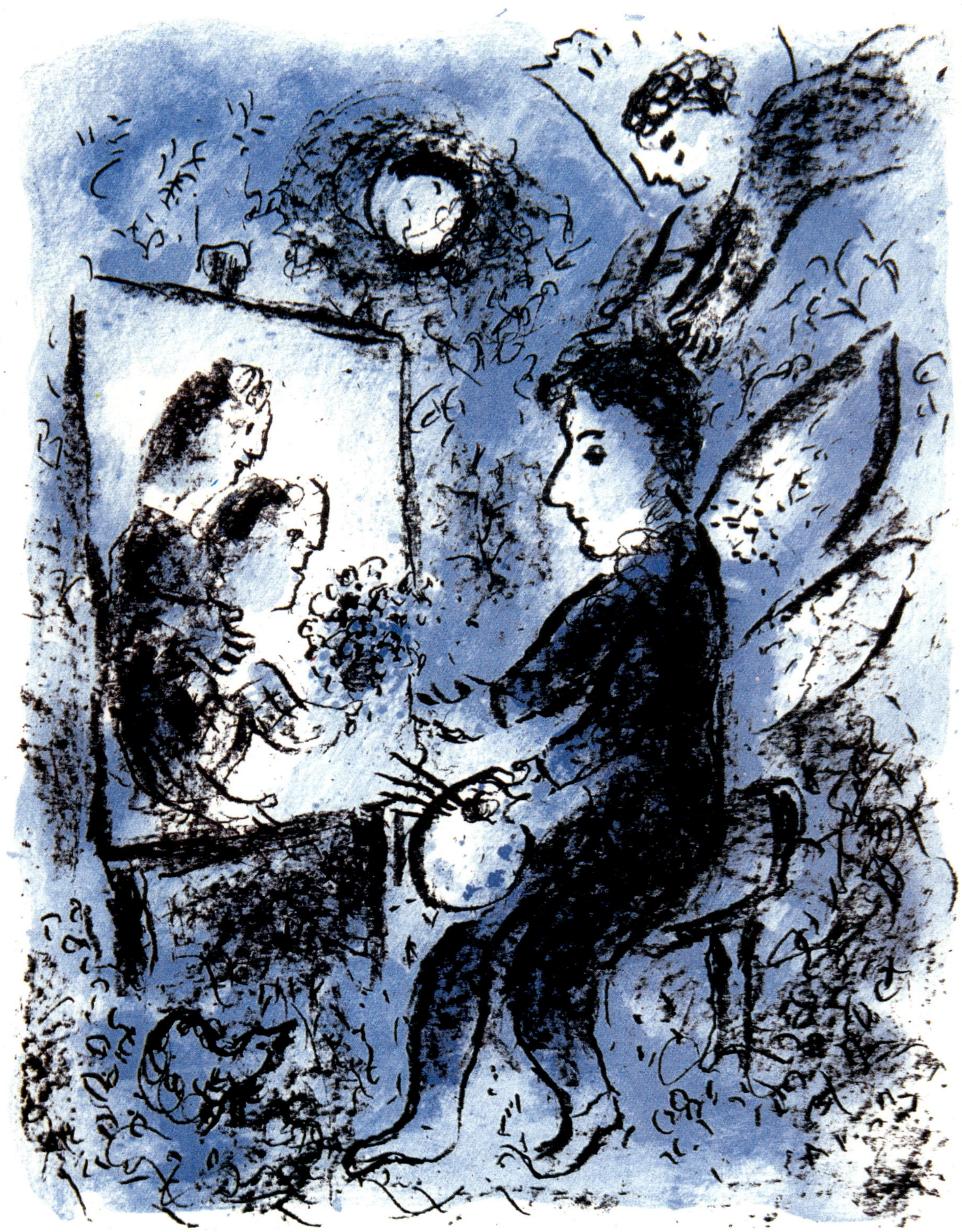

Biographie

1887 Marc Chagall wird am 7. Juli 1887 in Witebsk (Weißrußland) geboren.
1906 Er tritt in das Atelier des Malers Jehuda Pen in Witebsk ein und beginnt seine Lehre als Maler.
1907–1909 Aufenthalt in St. Petersburg. Studien im Atelier von Leon Bakst.
1910 Der Mäzen Vivaner gewährt ihm ein Stipendium für Paris. Erster Aufenthalt in Paris. Besuch der „Académie de la Grande Chaumière".
1911–1912 Chagall bezieht ein Atelier in der „Ruche" (Bienenkorb), wo zahlreiche Maler leben. Er trifft hier Delaunay, Max Jacob, André Salmon und schließt Freundschaft mit dem Dichter Blaise Cendrars. Hier entstehen seine ersten, von Guillaume Apollinaire gerühmten Werke: „Rußland, den Eseln und den andern", „Der heilige Dorfkutscher", „Ich und das Dorf", „Hommage à Apollinaire". Chagall ist mittlerweile 25 Jahre alt; Apollinaire widmet ihm das Gedicht „Rodsoge".
1913–1914 Er stellt im „Salon des Indépendants" die Bilder „Geburt", „Adam und Eva", „Der Geiger" und „Selbstbildnis mit sieben Fingern" aus.
Juli 1914 Erste Einzelausstellung in Berlin in der Galerie „Der Sturm" von Herwarth Walden.
1914–1915 Kriegserklärung. Chagall kehrt nach Witebsk zurück und heiratet Bella Rosenfeld.
1916–1918 Geburt der Tochter Ida. Wichtige Werke. Reise nach Moskau. Chagall wird von Lunatscharsky zum Leiter einer Kunstschule in Witebsk und Kommissar für die Schönen Künste ernannt. „Bella und Ida am Fenster", „Das Friedhofstor", „Das blaue Haus".
1919 Künstlerische Differenzen mit Malewitsch veranlassen Chagall zum Rücktritt von der Leitung der Kunstschule in Witebsk. Im Mai 1920 verläßt Chagall Witebsk, um nach Moskau zu gehen.
1920–1923 Entwürfe und Ausstattung für das Jüdische Theater Kameny. Ausführung der großen Wandbilder „Einführung in das Jüdische Theater", „Die Literatur", „Das Theater", „Der Tanz", „Die Musik", „Die Hochzeitstafel". Chagall verläßt Rußland endgültig im Jahr 1922, um nach Berlin überzusiedeln.
1923 Erste Radierungen in Berlin für den Kunsthändler Paul Cassirer: Illustrationen für Chagalls autobiographischen Bericht „Mein Leben". Im Inflationsjahr 1923 verläßt Chagall Berlin und geht nach Paris.
1924–1925 Chagall läßt sich in Paris 101, Avenue d'Orleans nieder. Er trifft hier Sonia und Robert Delaunay wieder und begegnet erstmals André Malraux. Der Galerist Ambroise Vollard gibt ihm den Auftrag zur Illustration von Gogols „Tote Seelen".
1926 Chagall führt für Vollard die Illustrationen zu den „Fabeln" von La Fontaine aus. Erste Ausstellung in New York.
1927–1933 Verschiedene Landaufenthalte in Frankreich. Vollard gibt ihm den Auftrag für Illustrationen zur Bibel.
1931 Reise nach Palästina. Vorbereitende Gouachen für die Illustrationen zur Bibel.
1932–1936 Mehrere Reisen nach Holland, Italien und England. Erste große Retrospektive in Basel. Reise nach Spanien und Polen.
1937 Chagall beantragt die französische Staatsbürgerschaft.
1938 In der Ausstellung „Entartete Kunst" in München werden u. a. Bilder von Chagall gezeigt und 59 seiner Werke beschlagnahmt. Ausstellung im Palais des Beaux Arts in Brüssel.
1939 Der Maler erhält den Preis der amerikanischen Carnegie-Foundation. Beim Kriegsausbruch bleibt er in Frankreich und zieht sich im Frühjahr 1940 nach Gordes in der Provence zurück.
1941 Die Judenverfolgung der Nazis veranlaßt den Künstler, Europa zu verlassen. In New York trifft er unter den Emigranten zahlreiche Künstler und Schriftsteller, darunter Léger, Bernanos, Masson, Maritain, Mondrian und André Breton.
1942–1944 Aufenthalt in den USA. Chagall entwirft Bühnenbilder und Kostüme für das Ballett „Aleko" nach der Musik von Tschaikowsky. Unter dem Eindruck des Krieges malt er die Bilder „Die gelbe Kreuzigung", „Der Krieg", „Die Obsession".
1944 Tod seiner Frau Bella.
1945–1946 Nach längerer Unterbrechung nimmt Chagall die Arbeit wieder auf. Er schafft Bühnenbilder und Kostümentwürfe für das Strawinsky-Ballett „Der Feuervogel" in der Metropolitan Opera in New York. Erste Farblithographien zu „1001 Nacht".
1947 In Europa werden mehrere Retrospektiven veranstaltet.
1948 Marc Chagall kehrt endgültig nach Europa zurück.
1949–1952 Der Künstler läßt sich in Vence in der Provence nieder. Er begegnet Valentina (Vava) Brodsky, die er am 12. Juli 1952 heiratet. Diese Ehe gibt dem Künstler die Ausgeglichenheit wieder, die sein Schaffen erfordert. Eine neue fruchtbare Schaffensperiode setzt ein.
1953–1957 Zahlreiche Reisen und viele Ausstellungen. Beginn der Gemälde zur Biblischen Botschaft.
1958 Begegnung mit dem Glaskünstler Charles Marq. Diese Zusammenarbeit wird entscheidend für Chagalls Arbeiten auf dem Gebiet der Glasmalerei. Bühnenbild und Kostüme für das Ballett „Daphnis und Chloë" von Maurice Ravel für die Pariser Oper.
1959–1966 Chagall beginnt seine Arbeiten zu den Themen der Bibel. Bilder und Glasmalerei für die Kathedrale von Metz, für Jerusalem und die UNO in New York. Der französische Minister für Kultur, André Malraux, erteilt Chagall den Auftrag für das Deckengemälde der Oper in Paris. Der Künstler führt ebenso die beiden großen Wandgemälde für die neue Metropolitan Opera in New York aus. Sein lithographisches Werk, das er in Verbindung mit seinem Freund, dem Lithographen Charles Sorlier ausführt, gewinnt zunehmend an Bedeutung.
1966 Marc und Valentina Chagall vollziehen die Übersiedelung von Vence nach Saint-Paul-de-Vence (Alpes-Maritimes) in ihr neu erbautes Haus.
1967–1969 Marc und Valentina Chagall stiften dem Fran-

zösischen Staat 17 große Gemälde zur Biblischen Botschaft. Chagall widmet sich weiterhin seinen großformatigen Bildern. Er gestaltet Farbfenster, Wandteppiche und Mosaiken, vor allem für die Juristische Fakultät und die der Wirtschaftswissenschaften in Nizza.

1969–1970 In Paris wird im Grand Palais die große Retrospektive „Hommage à Chagall" veranstaltet. Das Graphische Werk wird in der Nationalbibliothek in Paris gezeigt. Im September 1970 werden die Glasgemälde im Fraumünster in Zürich eingeweiht. Auf Anregung von André Malraux wird das *Musée National Message Biblique Marc Chagall in Nizza* begründet. Es handelt sich um das erste französische Nationalmuseum für einen lebenden Künstler.

1971–1973 Zahlreiche Ausstellungen, u. a. in der Tretjakow-Galerie in Moskau.

7. Juli 1973 Einweihung des „Nationalmuseums Biblische Botschaft" (Musée National Message Biblique Marc Chagall) in Nizza in Anwesenheit von André Malraux.

1974–1977 Der greise Künstler erbringt weitere Beweise seiner ungebrochenen schöpferischen Vitalität. Für Chicago führt er das monumentale Mosaik „Die vier Jahreszeiten" aus. Er liefert die Farbfenster für Sarrebourg und Mainz sowie das Mosaik für die Kapelle Sainte-Roseline in Arcs (Var). Dem Maler wird das Großkreuz der Ehrenlegion durch den Präsidenten der Französischen Republik, Valéry Giscard d'Estaing verliehen.

1978–1981 Ausstellung im Palazzo Pitti in Florenz. Einweihung des Fensters der Kathedrale von Chichester (Großbritannien). Auf Wunsch von Aimé Maeght gestaltet der Künstler 14 großformatige Lithographien (120 x 80 cm), Meisterwerke ihrer Art.

1984 Drei große Ausstellungen würdigen den 97. Geburtstag des Künstlers: in Paris – Centre Georges Pompidou –, in Saint-Paul – Fondation Maeght, in Nizza – Musée National Message Biblique Marc Chagall.

1985 Die Gesundheit des Künstlers läßt nach. Trotzdem setzt er hauptsächlich mit Charles Sorlier seine Arbeit fort. Am. 28. März 1985 stirbt Marc Chagall nach einer letzten Arbeitssitzung in seinem Haus in Saint-Paul-de-Vence.

1. April 1985 Feierliche Beisetzung in Saint-Paul-de-Vence, Marc Chagalls zweiter Heimat. Marc Chagall ruht in dem kleinen Dorffriedhof unter dem mediterranen Licht, das er so sehr geliebt hat.

(Diese Biographie wurde nach den Aufzeichnungen von Charles Sorlier, **Marc Chagall et Ambroise Vollard**, Paris 1981, zusammengestellt.)

Bibliographie

Cain, Julien u. Fernand Mourlot, *Chagall Lithographe.* Bd. I. 1922–1957. André Sauret, Paris 1958

Mourlot, Fernand u. Charles Sorlier, *Chagall Lithographe.* Bd. II. 1969–1973. André Sauret, Paris 1974

Cain, Julien, Mourlot, Fernand u. Charles Sorlier, *Chagall Lithographe.* Bd. III. 1962–1968. André Sauret, Paris 1969

Mourlot, Fernand u. Charles Sorlier, *Chagall Lithographe.* Bd. IV. 1969–1973. André Sauret, Paris 1974

Marteau, Robert, Mourlot, Fernand u. Charles Sorlier, *Chagall Lithographe.* Bd. V. 1974–1979. André Sauret, Monte Carlo 1984

Passeron, Roger, Mourlot, Fernand u. Charles Sorlier, *Chagall Lithographe.* Bd. IV. 1980–1985. André Sauret, Monte Carlo 1986

Alexander, Sidney, *Marc Chagall: a biography.* G. P. Putnam's Sons 1978

Apollonio, Umbro, *Chagall.* Alfieri, Mailand 1949

Bidermanas, Izis u. Roy McCullen, *Le Monde de Marc Chagall.* Gallimard, Paris 1969. Deutsch: *Marc Chagalls Welt.* Chr. Belser Verlag, Stuttgart 1968

Bucci, Mario, *Marc Chagall.* Sansoni, Florenz 1970

Cogniat, Raymond, *Chagall.* Flammarion, Paris 1968

Damase, Jacques, *Chagall.* Marabout Université, Paris 1963

Genauer, Emily, *Chagall at the met.* New York 1971

Haftmann, Werner, *Marc Chagall.* Paris 1972

Haftmann, Werner, *Chagall, Gouachen, Zeichnungen, Aquarelle.* Köln 1975

Kornfeld, Eberhard W., *Chagall, cuivres et bois gravés.* Kornfeld & Klipstein, Bern 1971

Johnson, Una. E., *Ambroise Vollard Editeur.* Wittenborn, New York 1944

Leymarie, Jean u. Gérald Cramer, *Marc Chagall Monotypes.* Bd. I. 1961–1965. Bd. II 1966–1975. Gérald Cramer, Genf 1966–1976

Malraux, André, Marteau, Robert u. Charles Sorlier, *Marc Chagall et Ambroise Vollard.* Galerie Matignon, Paris 1981

Meyer, Franz, *Marc Chagall, Das graphische Werk.* Gerd Hatje, Stuttgart 1957

Passeron, Roger, *Chagall. Bibliothèque des Arts.* Paris 1984

Provoyeur, Pierre, *Les pastels du Message Biblique.* Cercle d' Art, Paris 1983. Deutsch: *Marc Chagall – Die Biblische Botschaft – Pastelle.* Belser Verlag, Stuttgart / Zürich 1985

Provoyeur, Pierre, *Le Message Biblique.* Cercle d' Art, Paris 1983. Deutsch: *Marc Chagall – Bilder zur Bibel.* Belser Verlag, Stuttgart / Zürich 1983

Senghor, Léopold Sédar, Adhemal, John u. Charles Sorlier, *Les Affiches de Chagall.* Draeger-Vilo, Paris 1975

Schmalenbach, Werner u. Charles Sorlier, *Marc Chagall.* Draeger, Paris 1979

Verdet, André u. Bill Wyman, *Chagall méditerranéen.* Daniel Lelong, Paris 1983

Werner, Alfred, *Chagall Watercolours and gouaches.* New York 1970 u. 1977

Marc Chagall – Die großen Gemälde der Biblischen Botschaft. Belser Verlag, Stuttgart / Zürich 1986. 2. Aufl. 1987

Forestier, Sylvie, *Marc Chagall – Seine Farbfenster aus aller Welt.* Belser Verlag, Stuttgart / Zürich 1987

Ausstellungskataloge

1946, New York, Museum of Modern Art
Marc Chagall

1946, New York, Museum of Modern Art
Marc Chagall

1951, Israel
Chagall: Gouachen, Aquarelle, Zeichnungen, Radierungen, Bühnenentwürfe, Lithographien, Keramik

1952, New York, Curt Valentin Gallery
Chagall: Skulpturen, Keramik, Radierungen zu den Fabeln von La Fontaine

1958, Genf, Galerie Gérald Cramer
Chagall: Radierungen, Kaltnadelarbeiten, Holzschnitte

1958, Nizza, Galerie des Ponchettes
Chagall: Das graphische Werk

1959, Paris, Musée des Arts Décoratifs
Chagall Retrospektive

1960, Bern
Chagall: Gouachen und Aquarelle von 1911–1959, Lithographien von 1956–1960

1962, Genf, Galerie Gérald Cramer
Marc Chagall: Die Bibel. Lithographien 1956–1960

1964, Lunéville
Graphik von Marc Chagall

1964, Genf, Galerie Gérald Cramer
Chagall: Monotypien von 1961 bis 1963

1968, Genf, Galerie Cramer
Chagall: Graphik, Radierungen, Aquatinta etc.
Arbeiten von 1958 bis 1967

1970, Bern
Das graphische Werk von Chagall, 1922–1966

1970, Paris, Nationalbibliothek
Chagall: Das graphische Werk

1970, Nizza, Galerie des Ponchettes
Marc Chagall: Plakate, Lithographien, Buchillustrationen

1972, Landskrona/Schweden
Chagall: Graphisches Werk

1972, Warschau/Polen
Chagall: Radierungen 1923–1967

1972, Luzern, Galerie Rosengart
Chagall: Gouachen und Aquarelle zu dem Buch „Der Zirkus"

1972, Brüssel, Rathaus
Marc Chagall: Das graphische Werk

1972, Genf, Galerie Cramer
Chagall: „Der Zirkus", Radierungen, Monotypien, Buchillustrationen, Zeichnungen

1972, Warschau/Polen
Chagall: Radierungen 1923–1967

1973, Marseille, Galerie de Marseille
Lithographien von Chagall

1973, Nizza
Katalog des Nationalmuseums Biblische Botschaft Marc Chagall

1973, Los Angeles, County Museum of Art
Marc Chagall: Frühe graphische Arbeiten

1975, Genf, Galerie Cramer
Zu den Gedichten von Marc Chagall. Holzschnitte, Radierungen, Lithographien, Monotypien

1975, New York, Salomon Guggenheim Museum
Marc Chagall, Arbeiten auf Papier, ausgewählte Meisterwerke

1976, Genf, Galerie Cramer
Sechs illustrierte Bücher von Marc Chagall

1976, Nizza, Nationalmuseum Biblische Botschaft Marc Chagall
Lithographien von Marc Chagall zum „Sturm" von William Shakespeare

1977, Saint-Paul-de-Vence, Stiftung Maeght
Marc Chagall: Bücher, Originalgraphik für Aragon und André Malraux

1977, Luzern, Galerie Rosengart
Chagall: Schwarz und Weiß

1977–1978, Genf, Galerie Cramer
Marc Chagall: Radierungen, Lithographien, Bücher

1978, Mainz, Mittelrheinisches Landesmuseum
Marc Chagall: Illustrationen zur Bibel

1978–1980, New York, Museum of Modern Art
Marc Chagall: Druckgraphik, Monotypien, Buchillustrationen

1980, Genf, Museum Rath
Marc Chagall: Radierungen, Monotypien, Buchillustrationen

1980, Nizza, Nationalmuseum Biblische Botschaft Marc Chagall
Marc Chagall: Die Psalmen Davids

1984, Paris, Musée National d' Art Moderne, Centre Georges Pompidou
Marc Chagall, Arbeiten auf Papier

1984, Saint-Paul-de-Vecee, Stiftung Maeght
Retrospektive der Gemälde

1984, Nizza, Nationalmuseum Biblische Botschaft Marc Chagall
Glasmalerei und Skulpturen

1985, Hannover, Kestner-Gesellschaft
Marc Chagall: Retrospektive der Gemälde

Von Marc Chagall illustrierte Werke

I. WERKE MIT RADIERUNGEN

Mein Leben. Text von Marc Chagall. Folge von 26 Radierungen und Kaltnadelarbeiten. Auflage 110 Exemplare. Verlag: Paul Cassirer, Berlin 1923

Mutterschaft (Maternité)
Text von Marcel Arland. 5 Radierungen, Auflage 960 numerierte Exemplare. Verlag: Au Sans Pareil, Paris 1926

Die Sieben Todsünden (Les sept pêchés capitaux)
Texte von Jean Giraudoux, Paul Morand, Pierre Mac Orlan, André Salmon, Max Jacob, Jacques de Lacretelle und Joseph Kessel. 15 Radierungen, Auflage 300 numerierte Exemplare. Verlag: Simon Kra, Paris 1926

Chagall
Text von André Salmon. Eine Radierung von Marc Chagall, Auflage 60 Exemplare. Verlag: Editions des Chroniques du Jour, Paris 1928

Marc Chagall
Text von Paul Fierens. Eine Radierung, Auflage 50 Exemplare. Verlag: La Revue d' Art, Antwerpen 1929

Chagall und die jüdische Seele (Chagall et l'âme juive)
Text von René Schwob, Auflage 50 Exemplare, mit zwei Radierungen. Verlag: Pierre Matisse, New York 1945

Die toten Seelen (Les Ames Mortes)
Text von Nikolai Gogol. Zwei Bände mit 107 ganzseitigen Radierungen. Verlag: Editions Verve, Paris 1949

Dichtung unbekannter Toter (Poèsie des morts inconnus)
Text von Iliaz. Mit einer Radierung, Auflage 170 Exemplare. Verlag: Le Degré 41, Paris 1949

Die Fabeln von La Fontaine (Les Fables de La Fontaine)
2 Bände, 100 Radierungen, Auflage 200 Exemplare. Verlag: Editions Verve, Paris 1952. Bei 85 Exemplaren sind die Radierungen vom Künstler aquarelliert.

Die Bibel
In zwei Bänden. 105 Radierungen. Auflage 295 Exemplare. Verlag: Verve, Paris 1956. Zusätzlich 100 vom Künstler aquarellierte Exemplare.

Ein Gedicht in jedem Buch (Un poème dans chaque livre)
Text von Paul Eluard. Mit einer Radierung zu dem Gedicht „L'amoureuse". Auflage 120 Exemplare. Verlag: Louis Broder, Paris 1956

Schlechte Gesellschaft (Des mauvais sujets)
Text von Jean Paulhan. 10 Farbradierungen, Auflage 153 Exemplare. Verlag: Les Bibliophiles de L'Union Française, Paris 1958

Gemalte Worte (Paroles peintes)
Text von Louis Aragon. Mit einer Farbradierung. Auflage 233 Exemplare. Verlag: O. Lazar-Vernet, Paris 1962

Brief an Marc Chagall (Lettre à Marc Chagall)
Text von Jerzy Ficowski. Mit 5 Radierungen. Auflage 190 Exemplare. Verlag: Adrien Maeght, Paris 1970

Wer etwas sagt, ohne irgendetwas zu sagen (Celui qui dit les choses sans rien dire)
Text von Louis Aragon. Mit 25 Farbradierungen. Auflage 205 Exemplare. Verlag Maeght, Paris 1976

Und auf der Erde (Et sur la Terre)
Text von André Malraux. Mit 15 Radierungen. Auflage 225 Exemplare. Verlag: Maeght, Paris 1977

Psalmen Davids (Psaumes de David)
Mit 32 Radierungen. Auflage 175 Exemplare. Verlag: Gérald Cramer, Genf 1979

II. WERKE MIT HOLZSCHNITTEN

Gedichte
Text von Marc Chagall. 24 Farbholzschnitte, Auflage 238 Exemplare. Verlag: Editions Gérald Cramer, Genf 1968

III. WERKE MIT LITHOGRAPHIEN

Vier Geschichten aus 1001 Nacht
(Four tales from the Arabian Nights)
Englischer Text. Album mit 13 Farblithographien, Auflage 111 Exemplare. Verlag: Pantheon Books, New York 1948

Boccaccios Erzählungen (Contes de Boccace)
Bilder der Handschrift des Herzogs von Burgund. 26 Tuschzeichnungen. Verlag: Editions Verve, Paris 1950

Das Licht des Ursprungs (La lumière des origines)
Text von Gaston Bachelard, zwei Farblithographien. Verlag: Revue Derrière le Miroir, 44/45, Paris 1952

Pariser Visionen (Visions de Paris)
Drei Farblithographien und fünf Schwarzweißlithos. Verlag: Revue Verve, 27/28, Paris 1952

Marc Chagalls Paris (Paris de Marc Chagall)
Text von Lionello Venturi. Neun Farblithographien und zwei Schwarzweißlithos. Verlag: Revue Derrière le Miroir, 66–68, Paris 1954

Chagalls Uhren (De Klokken van Chagall)
Text von Bernhard Majorik, mit einer Schwarzweißlithographie. Verlag: Steendrukkerij de Jong & Cie., Hilversum 1956

Die Bibel (La Bible)
Text von Meyer Schapiro und Jean Wahl. Mit 18 Farblithographien und 12 Schwarzweißlithos. Verlag: Revue Verve 33/34, Paris 1956

Chagall (Chagall à sa juste place)
Text von Jean Paulhan. Mit vier Farblithographien und drei Schwarzweißlithos. Verlag: Revue Derrière le Miroir, 99/100, Paris 1957

Marc Chagall
Text von Jacques Lassaigne. Mit 13 Farblithographien und zwei Schwarzweißlithos. Verlag: Maeght, Paris 1957

Auf vier Wänden (Sur quatre murs)
Eine Farblithographie. Verlag: Revue Derrière le Miroir, 119, Paris 1958

Dichter - Maler - Bildhauer (Poètes - Peintres - Sculpteurs)
Eine Farblithographie. Verlag: Revue Derrière le Miroir, 119, Paris 1960

Blick auf Paris (Regard sur Paris)
Text von Gérard Bauer, mit drei Farblithographien, Auflage 180 Exemplare. Verlag: André Sauret, Monte Carlo 1960

Zeichnungen zur Bibel (Dessins pour la Bible)
Text von Gaston Bachelard. Mit 25 Farblithographien und 24 Schwarzweißlithos. Verlag: Editions Verve, Paris 1960

Daphnis und Chloë (Daphnis et Chloé)
Text von Longo Safista. 2 Bände mit 42 Farblithographien, Auflage 270 Exemplare. Verlag: Editions Verve, Paris 1961

Chagalls Religion (La religion de Chagall)
Text von Yves Bonnefoy, mit zwei Farblithographien. Verlag: Revue Derrière le Miroir, 132, Paris 1962

Kronenhalle 1962
Text von Gustav Zumsteg, mit einer Schwarzweißlithographie. Verlag: Buchdruckerei N 22, Zürich 1962

Fenster für Jerusalem (Vitraux pour Jérusalem)
Text von Jean Leymarie, mit zwei Farblithographien und sechs zusätzlichen Lithographien. Auflage 250 Exemplare. Verlag: A. Sauret, Monte Carlo 1962

Mit Chagall (Avec Chagall)
Text von Marcel Arland, mit zwei Farblithographien und einer Schwarzweißlithographie. Verlag: Revue Derrière le Miroir, 147, Paris 1964

Zwölf Entwürfe für die Fenster von Jerusalem
(Douze maquettes pour les vitraux de Jérusalem)
Text von Julien Cain, mit zwei Farblithographien, Auflage 85 Exemplare. Verlag: A. C. Mazo, Paris 1964

Die Deckengemälde der Pariser Oper
(Le plafond de l'Opéra de Paris)
Text von Jacques Lassaigne, mit einer Farblithographie. Verlag: A. Sauret, Monte Carlo 1965

Die Geschichte des Exodus (The Story of the Exodus)
Englischer Text, mit 24 Farblithographien. Auflage 285 Exemplare. Verlag: Leon Amiel, New York 1966

Vier Themen (Quatre Thèmes)
Eine Farblithographie. Verlag: Editions XXe siècle, Paris 1966

Im Lande der Götter (Sur la terre des Dieux)
Text von Robert Marteau, mit 12 Farblithographien, Auflage 125 Exemplare. Verlag: A. C. Mazo, Paris 1967

Nizza und die Côte d'Azur (Nice et la Côte d'Azur)
Text von Jean Adhémar, mit 2 Farblithographien, Auflage 85 Exemplare. Verlag: F. Mourlot, Paris 1967

Für einen neuen Humanismus (Vers un nouvel humanisme)
Mit einer Farblithographie. Verlag: Editions XXe siècle, Paris 1967

Der Zirkus (Le Cirque)
Text von Marc Chagall, mit 23 Farblithographien und 14 Schwarzweißlithos, Auflage 270 Exemplare. Verlag: Editions Verve, Paris 1967

Das Lied von Marc Chagall (Chant de Marc Chagall)
Gedicht von André Frenaut

Wie ein perfekter Chemiker (Comme un parfait chimiste)
Text von Claude Esteban, mit zwei Farblithographien. Verlag: Revue Derrière le Miroir, 182, Paris 1969,

Elegien der Passatwinde (Elegies des Alizés)
Gedichte von L. S. Senghor, mit einer Farblithographie. Auflage 450 Exemplare. Verlag: Editions du Seuil, Paris 1969

Das Ballet (Le Ballet)
Text von Jacques Lassaigne, mit einer Farblithographie. Verlag: Editions XXe siècle, Paris 1969

La mise en mot
Text von Elsa Triolet, mit einer Farblithographie. Auflage 225 Exemplare. Verlag: Editions Skira, Genf 1969

Marc Chagall zu Ehren (Hommage à Marc Chagall)
Mit einer Farblithographie. Verlag: Editions XXe siècle, Paris 1970

Panorama 70
Mit einer Farblithographie. Verlag: Editions XXe siècle, Paris 1970

Die Biblische Botschaft (Le Message Biblique)
Text von Marc Chagall. Vorwort von Jean Chatelain, mit einer Farblithographie. Verlag: Fernand Mourlot, Paris 1972

Marc Chagall - Keramik und Skulpturen
(Marc Chagall - Céramiques et sculptures)
Text von André Malraux und Charles Sorlier, mit einer Farblithographie. Verlag: A. Sauret, Monte Carlo 1972

Feenwelt und Königreich (La Féérie et le Royaume)
Text von Camille Bourniquel, mit 10 Farblithographien. Auflage 250 Exemplare. Verlag: Fernand Mourlot, Paris 1973

Bewundernswerter Chagall (Chagall l'admirable)
Text von Louis Aragon, mit drei Farblithographien. Verlag: Revue Derrière le Miroir, 198, Paris 1972

Die Odyssee (L'Odyssée)
Text von Homer, mit 43 Farblithographien und 39 Schwarzweißlithos. Auflage 270 Exemplare. Verlag: A. Sauret, Monte Carlo 1975

Marc Chagall
Text von André Pieyre de Mandiargues, mit einer Farblithographie. Verlag: Maeght, Paris 1975

Die Dichtung (La Poésie)
Text von Georges Pompidou, mit einer Farblithographie. Auflage 150 Exemplare. Verlag: Associations des Bibliophiles d'Art et de Poésie, Paris 1976

Die Ateliers von Chagall (Les Ateliers de Chagall)
Text von Robert Marteau, mit 7 Lithographien und zwei Holzschnitten. Auflage 270 Exemplare. Verlag: Fernand Mourlot, Paris 1976

Die Wege der Freundschaft (Les chemins de l'amitié)
Text von Aimé Maeght, mit einer Farblithographie. Verlag: Revue Derrière le Miroir, 225, Paris 1977

Glossar

Unter *Original-Druckgraphik* verstehen wir vom Künstler auf einen soliden Träger, die Druckplatte, gezeichnete, gemalte oder gravierte Arbeiten, die nach Einfärben der Platte auf ein Blatt Papier gedruckt werden. Das Ergebnis wird als Stich, Druck, Abzug, Blatt o. ä. bezeichnet.

Der *Probedruck* vor der endgültigen Auflage dient als Maß für die gleichbleibende Druckqualität der Auflage. Der Künstler versieht ihn mit dem eigenhändigen Vermerk „Gut zum Druck" und seiner Signatur.

Die Druckgraphik wird je nach ihrem Träger, der Druckplatte, und der angewandten graphischen Technik klassifiziert.

Marc Chagall verwendete für seine *Stiche* als Träger meist *Kupfer* sowie *Zink* für die *Lithographie.*

Die Kaltnadelradierung
Auf Kupfer- oder Zinkplatten kommt die *kalte* Nadel ohne Ätzung zur Anwendung, ein scharf geschliffener Stahlstift, der einen deutlichen Grat hinterläßt. Die Bezeichnung *Kaltnadelradierung* ist der entsprechenden Druckgraphik vorbehalten.

Die Radierung
Mit der Radiernadel kann auch eine zuvor mit deckendem Lack überzogene Metallplatte bearbeitet werden. Mittels der eingeritzten Zeichnung wird das Kupfer oder Zink der Platte freigelegt, die beim Eintauchen in Salpetersäure *(Scheidewasser)* oder Eisenchlorid in der Weise geätzt wird, daß die Zeichnung stärker hervortritt. Diese Druckgraphik bezeichnet man als *Radierung.*

Die Aquatinta
Um den Ton einer Tuschzeichnung (Lavis) zu erhalten, bedeckt der Künstler die Trägerplatte möglichst gleichmäßig mit feinem Harzpulver (Kolophonium). Unter Hitzeeinwirkung verschmelzen die Harzkörner zu einem tiefen Schwarz. Der Künstler kann auch durch deckenden Firnisauftrag mit dem Pinsel bestimmte Partien aussparen und unterschiedliche Helligkeitswerte durch schichtweises Vorgehen erzielen. Das Ergebnis dieses Verfahrens heißt *Aquatinta.*

Die Lithographie
Durch die Begegnung mit dem Drucker-Lithographen Fernand Mourlot fand Marc Chagall Zugang zum Steindruck, der *Lithographie.* Anfangs wandte er sich der Papier-Lithographie zu, wobei mit dem Fettstift auf Papier gezeichnet wird, das befeuchtet und auf eine lithographische Platte aus feinporigem Kalkstein oder auf eine Zinkplatte übertragen wird. Sodann arbeitete Chagall direkt auf dem Stein, was größere technische Varianten zuläßt.

Bei diesem Flachdruckverfahren zeichnet der Künstler mit Fettkreide oder Tusche. Wird der lithographische Stein angefeuchtet, so absorbiert die von der Zeichnung freie Platte das Wasser und weist die fette Druckfarbe ab. Nur die bereits farbigen Linien und Partien nehmen weitere Farbe auf. Wird schließlich ein Blatt Papier auf die eingefärbte Druckplatte gepreßt, ergibt das den Druck, den man als *Lithographie* bezeichnet.

Der Holzschnitt
Marc Chagall fertigte in den Jahren 1922–1923 in Berlin fünf Holzschnitte sowie 1943 einen weiteren in New York. Diese Arbeiten wurden auf Hirnholz ausgeführt, das quer zum Stamm geschnitten ist. Im Gegensatz dazu wurde für die späteren Farbholzschnitte der Jahre 1962–1967 Längsholz von weicherer Wirkung verwendet.

Nachdem der Künstler bei diesem Hochdruckverfahren die Zeichnung auf die Holzplatte aufgebracht hat, wird diese durch Ausheben des Holzes mit Meißel, Messer und Stichel so hervorgeholt, daß die übrigbleibenden Stege und Flächen beim Abdruck seitenverkehrt den *Holzschnitt* ergeben.

Der Linolschnitt
Nachdem Marc Chagall bereits 1939 einen Linoleumschnitt ausgeführt hatte, entwarf er 1981 eine weitere Folge von 14 Linolschnitten.

Die Technik des *Linoleumschnitts* ist der des Holzschnittes nah verwandt, mit dem Unterschied, daß das weichere Material der Linoleumplatte die Bearbeitung mit Schneidfeder oder Messer sehr erleichtert.